Elogios para

LA CACERÍA

"Un recuento tan osado como importante. Es ambas cosas, una reconstrucción aguda de una muerte desgarradora y un diagnóstico de un mal nacional... con *La cacería*, Ojito ha hecho, verdaderamente, un servicio incalculable. Extraordinario". —Junot Díaz, autor de *La breve y maravillosa vida de Óscar Wao*

"Mirta Ojito narra una historia formidable, y nos conecta con la gente real, que con mucha frecuencia se omite en los debates sobre inmigración. Al hacerlo, Ojito sondea las profundidades de lo que significa ser americano, en una nación de inmigrantes, cuyas historias e identidad están profundamente unidas al proceso de llegada y asimilación —y muchas veces de rechazo—. Este libro debe ser lectura obligatoria en cualquier comunidad enfrentada con el tema de la inmigración, que muchas veces se percibe como algo abstracto y divisivo. Ojito nos ayuda a comprendernos a nosotros mismos como nación, donde el lema *E pluribus unum* —'De muchos, uno'— celebra la unidad de nuestra diversidad, de la misma forma que ella lo hace en este libro. Una historia impactante, escrita magistralmente, impregnada de una inteligencia profunda, compasiva y sanadora". —Julia Álvarez, autora de *Una boda en Haití*

"El asesinato de un inmigrante ecuatoriano motivado por prejuicios étnicos es el centro de la absorbente y compleja historia de Mirta Ojito; pero más allá de presentar las trágicas maquinaciones del prejuicio, nos ofrece un cuento edificante sobre la universalidad —y maravilla— de personas comunes, en este caso, latinos que luchan por el sueño americano. Todo está narrado con la autoridad de una periodista altamente respetada, que con su propia experiencia como inmigrante le presta a este libro la profundidad, el conocimiento y la agudeza que solamente alguien con su experiencia puede expresar de manera convincente —y con todo el derecho—".   —Oscar Hijuelos, autor y ganador del premio Pulitzer por la novela *Los reyes del mambo tocan canciones de amor*

"Gracias a la retórica hiperbólica sobre la inmigración que es arrojada por todos los medios de comunicación, se nos olvida que existen sueños en ambos lados de la división que ha atravesado la sociedad estadounidense y amenaza nuestra conciencia de nosotros mismos. La estimada periodista Mirta Ojito escribe sobre la inmigración desde el punto de vista de los que lo han vivido a carne propia: el alcalde de Patchogue de descendientes italianos, un mesero colombiano que se hizo ciudadano estadounidense, jornaleros ecuatorianos indocumentados, un grupo de adolescentes sin nada que hacer y que bombeaban de adrenalina y padres desconsolados en dos continentes. Este es un libro importante. No pude parar de leerlo".   —Esmeralda Santiago, autora de *Cuando era puertorriqueña*

"A través de una historia real e impactante, *La cacería* nos muestra cómo un pueblo típicamente americano confronta la inmigración. Este libro no sólo nos revela los fallos de nuestro sistema de inmigración, sino que nos recuerda cómo nos vemos los unos a los otros y cómo tratamos a todos nuestros vecinos aunque ellos no luzcan iguales a nosotros. Es una historia sobre la naturaleza humana".

—Wes Moore, autor de *El otro Wes Moore*

Mirta Ojito

LA CACERÍA

Mirta Ojito nació en La Habana, Cuba, y llegó a Estados Unidos en 1980. Periodista desde 1987, ha recibido el premio de la Sociedad Norteamericana de Editores de Periódicos por sus reportajes en el extranjero, y compartió el premio Pulitzer de reportajes nacionales del año 2001 por su contribución a la serie de *The New York Times* "How Race Is Lived in America". Ha trabajado para el *Miami Herald, El Nuevo Herald* y *The New York Times*. Es autora de *El mañana: memorias de un éxodo cubano* y miembro del Consejo de relaciones exteriores.

LA CACERÍA

LA CACERIA

Una historia de inmigración
y violencia en Estados Unidos

MIRTA OJITO

Traducción de Enriqueta Fernández

VINTAGE ESPAÑOL
Una división de Random House LLC
Nueva York

Para mis hijos:

Juan Arturo, Lucas y Marcelo,
americanos en el más justo sentido de la palabra.

Y para mi padre, Orestes Ojito,
quien lo hizo todo posible.

El odio, como nos puede hacer creer una simple palabra, no es una simple emoción o conducta, sino contrariamente, representa una compleja variedad de fenómenos psicológicos que pueden ser expresados de muchas maneras diferentes por diferentes personas. La razón por la cual algunas personas expresan "odio" en forma de actos criminales es algo que nunca comprenderemos completamente.

—NATHAN HALL, *Hate Crime*

ÍNDICE

NOTA DE LA AUTORA

Intentar recrear eventos que sucedieron cincuenta, veinte o cinco años atrás es un acto de fe que depende mayormente, pero no solamente, de la bondad de aquellos que fueron testigos de los hechos y de su disposición para contarlos. He tenido la suerte, de lo que estoy inmensamente agradecida, de que muchas personas en Patchogue, Nueva York, y en Gualaceo, Ecuador me contaron sus vivencias. Les pedí que recordaran, con lujo de detalle, eventos que sucedieron varios años antes de conocernos. Como es tan difícil recordar detalles precisos de conversaciones que tuvieron lugar hace tanto tiempo, opté por usar citas solamente en los casos en que las tomo directamente de los medios de noticias, como artículos de periódicos o videoclips, así como cuando cito transcripciones de entrevistas, confesiones, documentos judiciales o mis propias notas de entrevistas.

Solamente nueve personas saben lo que pasó la noche del 8 de noviembre de 2008. Una de ellas, Marcelo Lucero, está muerta; su amigo, Ángel Loja, habló conmigo, pero los siete jóvenes que aún permanecen en prisión por el ataque a Lucero y a Loja y la muerte de Lucero se han negado a hablar, al igual que sus padres; con la excepción de Bob Conroy, padre de Jeffrey Conroy, y de Denise Overton, la madre de Christopher Overton. Su cooperación me ha permitido hacer un retrato más claro de sus hijos.

Jeffrey Conroy me escribió una carta desde la prisión que mantuve cerca de mi escritorio por más de un año junto a una foto de Lucero. En la foto, del cuarto grado en Ecuador, Lucero mira con expresión seria y su cuerpo bloquea parcialmente un mapa de Norte América. En su carta, con fecha 16 de julio de 2011, Conroy escribió que él creía que yo iba a "escribir un libro justo" y que mi trabajo sería "equilibrado y respetuoso". Por más de tres años, he trabajado arduamente para estar a la altura de esa expectativa y para honrar las historias de aquellos que en Patchogue y en Gualaceo respondieron a mi curiosidad y escrutinio.

LA CACERÍA

PRÓLOGO

El 8 de noviembre de 2008, después de varias cervezas y una cena temprana, Marcelo Lucero, un inmigrante ecuatoriano indocumentado, salió a dar un paseo con su amigo de la niñez, Ángel Loja, cerca de las líneas del tren en Patchogue, un pueblo de doce mil habitantes a la orilla del mar en el condado de Suffolk, en el estado de Nueva York. Solamente tres años atrás, la revista *Forbes* lo había proclamado como uno de los condados más seguros y más prósperos de Estados Unidos.[1] Suffolk también es uno de los condados mas segregados del país.[2]

Antes de que la tenue luz de la luna se desvaneciera, Lucero murió desangrado de un navajazo. Un grupo de adolescentes de vecindarios cercanos había salido a dar caza a *beaners*, el insulto racista que usaban para referirse a los latinos, según luego le explicaron a la policía. Esa misma noche, algo más temprano, habían acosado y golpeado a otro hombre latino, un colombiano de nacionalidad estadounidense, llamado Héctor Sierra. Por lo menos uno de los adolescentes también confesó que se dedicaban a atacar a hispanos por lo menos una vez a la semana.

Lucero no fue el primer inmigrante asesinado en los Estados Unidos por una caterva encolerizada y, sin duda alguna, no va a ser el último. Por lo menos otros dos inmigrantes fueron asesinados en el Noreste del país en 2008; pero el caso de Lucero es especialmente inquietante, porque el que empuñó el arma era un atleta destacado de *high school*, en un pueblo típicamente norteamericano, donde la mayoría de los residentes, de descendencia italiana e irlandesa, enarbolan con orgullo la bandera el 4 de Julio y celebran Navidad con un desfile en Main Street. Si sucedió allí, puede suceder en cualquier parte.

Patchogue, situado en el centro de Long Island, está solamente a 60 millas de Manhattan; lo suficientemente lejos como para escapar del bullicio, la suciedad y el desasosiego de la ciudad y lo suficientemente cerca como para sentir su efervescencia, su magnetismo y su *glamour*. Lucero, que probablemente no conocía la clasificación de *Forbes* de la ciudad como un lugar idílico para vivir y educar hijos, había llegado a Patchogue en 1993, siguiéndole los pasos a otros miembros de su pueblo, que por treinta años habían estado asentándose en ese pedazo de tierra que todavía lleva el nombre que le dieron los indios que una vez la habitaron.

En Ecuador, Lucero también vivía en un pueblo pequeño, llamado Gualaceo. Un pueblito donde gran parte de su gente se ha marchado a Patchogue. Los que quedan le llaman *El pequeño Patchogue*, como una forma de conocer la influencia de los dólares que fluyen desde Long Island y la conexión vital entre los dos pueblos. Mes tras mes, las remesas desde Nueva York han ayudado a los gualaceños a prosperar, a pesar de la larga y profunda crisis económica que forzó al gobierno a eliminar la moneda nacional y a adoptar el dólar americano hace más de una década.

El día antes de su muerte, Lucero, de treinta y siete años, había estado hablando de regresar a casa. Le había enviado a su familia, a través de años de trabajos mal remunerados, cerca de $100,000 para comprar un pedazo de tierra y construir una casa de tres plantas donde soñaba vivir con su madre, su hermana y su sobrino. Estaba impaciente por reunirse con ellos. Su hermana, Rosario, le había pedido ocupar el lugar del padre de su hijo. "Es hora de regresar", le había dicho Lucero a Joselo, su hermano menor, que también vivía en Patchogue[3].

"Estaba cansado", recuerda Joselo. "Ya había hecho bastante".

Lucero tenía planeado viajar antes de la Navidad, como

regalo anticipado para su madre enferma. Joselo le había prometido llevarlo al aeropuerto. Nunca tuvo esa oportunidad.

Supe que habían matado a Marcelo Lucero cuando salió en las noticias, pero me enteré de los detalles de su muerte a través de un estudiante de posgrado de la Universidad de Columbia, Ángel Canales, que inmediatamente decidió investigar la historia a través de un documental para su tesis. La historia me conmovió por muchas razones, y ninguna de ellas por mi condición de inmigrante. A pesar de que nunca sentí el peso de ser "ilegal", he llevado conmigo otro tipo de estigma.

Llegué de Cuba en 1980, a los dieciséis años, en un barco llamado *Mañana*, parte de una flotilla que trajo más de ciento veinticinco mil refugiados cubanos desde el puerto del Mariel a las costas del sur de la Florida en un periodo de cinco meses. Varios miles de esos refugiados habían cometido crímenes en Cuba o los cometieron al llegar a este país. Rápidamente, y más rápido de lo que me tomó aprender inglés o comprender lo que sucedía a mi alrededor, fuimos todos juzgados por las acciones de unos pocos. Nos endilgaron el calificativo de "marielitos", con una fuerte connotación negativa, respaldada por *Scarface*, la desafortunada pero popular película de Brian de Palma, en la que Al Pacino hace el papel de un narcotraficante marielito. Fue —todavía es— un estigma difícil de borrar. En 2005, cuando se publicó un libro que escribí sobre la flotilla del Mariel, muchos sintieron la necesidad de señalar mi historia como un caso aislado: una marielita exitosa y que hasta había llegado a *The New York Times*.

En realidad, la verdad es muy distinta. Mi historia no es única. La mayoría de los refugiados del Mariel son personas honestas, decentes y trabajadoras. Las excepciones nos han dado una mala reputación. Esas experiencias me enseñaron lo que es vivir bajo la sombra de un calificativo poco popular. A pesar de que "ilegal" no es un término tan nocivo como "criminal", aunque bien se le acerca, ha resultado ser más dañino y peligroso que "marielito".

El asesinato de Marcelo Lucero también me atrajo por razones profesionales. Me recordó de una historia que escribí para *The New York Times* en 1996 sobre un pueblito de Hudson Valley llamado Haverstraw donde, de acuerdo al censo de 1990, el 51 por ciento de los residentes eran hispanos, a pesar de que todos sabían que la proporción se acercaba más al 70 por ciento. A sólo treinta millas del norte de Manhattan, Haverstraw había sido un imán para los puertorriqueños desde los años cuarenta. En años recientes, le habían seguido los dominicanos. El alcalde de la ciudad, Francis "Bud" Wassmer, me dijo que ya no reconocía la ciudad donde había nacido y crecido. La biblioteca pública tenía una selección extensa de libros bilingües, el ritmo merengue emanaba de las ventanas rosadas de las mansiones victorianas frente al río y la antigua tienda de caramelos había sido cerrada, mientras dieciocho nuevas bodegas habían abierto sus puertas.

Mi historia incluía los siguientes párrafos:

> Los suburbios, por mucho tiempo el refugio de los que escapan de la ciudad, han estado atrayendo gradualmente a los nuevos inmigrantes, que alentados por sus familias y fascinados por las promesas de una vida mejor, evitan la ciudad y se dirigen directamente a ellos desde los grandes aeropuertos internacionales del país, en busca del proverbial sueño americano.
>
> Según sociólogos y demógrafos, esa tendencia, arraigada en cualquier lugar donde existe una población significativa de inmigrantes, está transformando la identidad de muchos suburbios. También está haciendo de ellos lugares más heterogéneos y más interesantes, pero

como nunca antes está imponiendo en esos pequeños pueblos no preparados las dolencias y la agitación de las grandes ciudades.

Los nuevos inmigrantes, a diferencia de los que llevan tiempo viviendo en el país, tienen necesidades especiales. Lo más probable es que no hablen inglés. Necesitan trabajos, ayuda para encontrar un lugar donde vivir con alquiler asequible, ayuda para inscribir a sus hijos en las escuelas e información para establecer crédito y abrir una cuenta de banco. Es posible que también necesiten asistencia social para poder sobrevivir mientras buscan empleo. Y todo eso en su propio idioma.

Las ciudades, donde tradicionalmente se han asentado los inmigrantes, además de ofrecer los servicios necesarios, tienen experiencia en ayudarlos para que puedan adaptarse más fácilmente a la vida en Estados Unidos. Lugares como Haverstraw no siempre están habilitados para cubrir las necesidades de los nuevos inmigrantes.

"Tenemos problemas sociales como cualquier comunidad urbana", dijo el señor [Ronaldo] Figueroa, "pero no tenemos los recursos para enfrentarnos a ellos de la misma manera, por lo que tienden a acelerarse a un paso más rápido del que podemos llevar".[4]

En la historia, incluí citas del trabajo de Richard D. Alba y John R. Logan, profesores de sociología de la Universidad Estatal de New York en Albany, quienes investigaban el desenvolvimiento de grupos minoritarios en los suburbios de la Ciudad de New York, Chicago, Miami, San Francisco y Los Ángeles.

"La pregunta es, ¿cómo van ellos a cubrir las necesidades de estos nuevos inmigrantes en el ambiente suburbano?", me contó el profesor Logan. "Esto es algo nuevo para los suburbios y presenta un reto para las instituciones públicas".

Doce años después, cuando escuché sobre el caso de Lucero, me vinieron a la mente los profesores Logan y Alba. Recordé las palabras del alcalde Wassmer, que me dijo que el problema con los hispanos en Haverstraw era que generaban mucha basura. Perpleja, le pregunté a qué se refería. Su respuesta fue: "Quiero decir, el arroz y los frijoles son muy pesados, ya sabes". El otro problema, según el alcalde, era que a los hispanos les gusta caminar por las calles y congregarse en la noche bajo la tenue luz de las antiguas farolas de la ciudad. De hecho, Lucero había salido a dar un paseo cuando fue atacado y asesinado por siete adolescentes. ¿Era algo inusual para los habitantes de Patchogue caminar tarde en la noche por las calles desiertas? ¿Se sintió alguien amenazado por dos hombres latinos que daban un paseo? ¿Era ese el reto al que Logan se refería cuando habló de la vorágine que él vislumbraba? ¿Eran esos los "problemas" a los que el alcalde solamente pudo hacer alusión refiriéndose a la basura?

La historia de Haverstraw siempre me pareció inconclusa. Como les sucede a muchos periodistas, me sumergí de lleno en obtener información, publicar la historia y seguir con otra tarea asignada. Nunca le di seguimiento. Patchogue, pensé, era mi oportunidad de atar cabos, de investigar lo que pudiera haber sucedido pero que, según creo, nunca sucedió, en Haverstraw.

El hecho de que Lucero fuera dado muerte en un pueblo tan cerca de Nueva York y por jóvenes solamente a dos o tres generaciones de sus raíces de inmigrantes, impactó hasta aquellos que por varios años sabían que se estaba gestando un problema detrás de la aparente fachada de tranquilidad de los suburbios.

"Es algo así como escuchar la campanas y no tener idea si la misa está empezando o terminando", dijo Paul Pontieri, hijo, el alcalde del pueblo, quien tiene en su oficina una foto de su abuelo italiano pavimentando las calles de Patchogue. "Yo escuché, pero no presté atención. Hubiera querido haberlo hecho".[5]

El crimen no tomó por sorpresa a los expertos en crímenes de odio y que sabían que los ataques contra los inmigrantes hispanos habían aumentado en un 40 por ciento entre 2003 y 2007.[6] De acuerdo al FBI, los crímenes contra hispanos representaron el 64 por ciento de todos los ataques por motivos étnicos en 2008.[7] En los dos años que le siguieron a la muerte de Lucero, los reportes de crímenes de odio cometidos en el condado de Suffolk se elevaron en un 30 por ciento, en perfecta proporción con la tendencia nacional.[8] No se conoce si han tenido lugar más ataques o si un número mayor de víctimas, impulsados por el caso de Lucero, han revelado sus propias experiencias de abusos.

El asesinato de Lucero, así como el creciente número de ataques contra otros inmigrantes, ilustra la ansiedad que impera en el país con relación a la inmigración y plantea serias y delicadas preguntas que la mayoría prefiere ignorar. ¿Qué nos hace estadounidense? ¿Qué nos une a todos como nación? ¿Cómo protegemos lo que sabemos, lo que poseemos? ¿Cómo es posible que jóvenes aún en *high school* puedan sentir tanto afán en proteger su territorio y tanto odio hacia los nuevos habitantes que cometen el supremo acto de violencia, arrancando una vida que según ellos no vale nada simplemente por ser extranjera?

El tema de este siglo es el movimiento global, cómo estimularlo y cómo contenerlo. Existen hoy en día pocos temas tan cruciales y determinantes como el manejo del aparentemente interminable flujo de inmigrantes hacia los países más ricos.

Hasta la guerra contra el terrorismo, que desde el 11 de septiembre ha tomado especial relevancia, resulta un reto a la inmigración: quién entra y quién se queda sin poder entrar al país. El incesante flujo de inmigrantes influye en la lengua que hablamos (tengamos en cuenta el constante debate sobre la educación bilingüe y la aceptación tácita, en algunas grandes ciudades como Miami y Nueva York, de la preponderancia del español), lo que comemos, las personas que contratamos, los jefes para los quienes trabajamos e incluso la música a la que bailamos.

En un ámbito más amplio, los inmigrantes afectan la política exterior, el debate sobre la seguridad nacional, la política nacional y local, las asignaciones presupuestarias, el mercado laboral, las escuelas y el trabajo de la policía. Ninguna institución puede ignorar el papel que juegan los inmigrantes en la vida diaria de la mayoría de los países industrializados del mundo.

En Estados Unidos, la inmigración se encuentra en el ojo de la tormenta de la nación y de su identidad, y sin embargo, sigue representando un conflicto: vigilantes armados patrullan el Río Grande, mientras los trabajadores indocumentados laboran diariamente cuidando de nuestros hijos o repartiendo comida hasta nuestras puertas. En 2011, los miembros del congreso consideraron debatir si los niños nacidos en Estados Unidos de padres indocumentados deberían ser ciudadanos del país con todas las de la ley, mientras en Arizona los estudios de temas latinos fueron declarados ilegales.

Mientras el gobierno federal gasta millones de dólares levantando un muro inefectivo en la frontera con México, los 11.1 millones de inmigrantes indocumentados que viven en Estados Unidos se preguntan si el muro es construido para mantenerlos fuera o dentro del país. De hecho, el 40 por ciento de los inmigrantes indocumentados, o más de cuatro millones de personas, no saltaron la cerca ni cavaron un túnel para entrar a Estados Unidos. Llegaron a los aeropuertos de la nación como turistas, estudiantes o trabajadores con permiso, y simplemente extendieron indefinidamente su estadía una vez que las visas caducaron.[9]

El debate migratorio no afecta solamente a los inmigrantes hispanos, que constituyen el mayor número de extranjeros en Estados Unidos, sino a todos los inmigrantes. El Centro de Estudios Migratorios, un grupo de expertos en Washington, D.C., reportó en agosto de 2012 que el número de inmigrantes en el país (documentados e indocumentados) se elevó a una cifra récord de cuarenta millones en 2010; un aumento de un 28 por ciento más que en el año 2000.[10]

En un informe de 2007, los expertos generaron una proyección del crecimiento demográfico y estudiaron el impacto de los diferentes niveles de inmigración en el tamaño y la edad de la sociedad norteamericana. Encontraron que si el flujo de inmigrantes continúa a los niveles presentes, la población nacional se incrementará a 468 millones de personas en 2060, un 56 por ciento más que la actual cifra de habitantes. Los inmigrantes y sus descendientes se calculan en 105 millones, es decir un 63 por ciento de ese aumento.[11] En el 2060, una de cada tres personas en Estados Unidos será hispana.[12] Otro estudio de la Institución Brooklyn, que vio la luz en 2011, reveló que "la población de Estados Unidos de niños blancos, ahora la mayoría, será la minoría en esa década". En estos momentos, las minorías son el 46.5 por ciento de los habitantes menores de 18 años de edad.[13]

Como nación, continuamos progresando lentamente sobre el tema de la inmigración. ¿Somos todavía una nación de inmigrantes, o solamente recibimos a aquellos que siguen las leyes, y aún más, que se parecen a y actúan como nosotros? En el condado de Suffolk, las respuestas son complejas.

El condado prefiere personas que tengan documentos legales, que hablen inglés, que no jueguen voleibol en el patio hasta las tantas de la noche mientras beben con sus amigos, que no generen mucha basura, que paguen impuestos, que sepan cuándo deben sacar la basura y no olviden de taparla, que apoyen —y por lo menos no interfieran— con los programas deportivos escolares, que no orinen en las paredes del 7-Eleven, que no busquen trabajo por las calles y que mantengan cortados sus arbustos y las cercas pintadas, preferentemente de blanco.

"Así les digo a los inmigrantes con frecuencia", dijo John F. 'Jack' Eddington, nieto de inmigrantes irlandeses y legislador del condado de Suffolk que vive en Medford, pero que mantiene su oficina legislativa en Patchogue, "cuando te mudes a un nuevo pueblo, en el momento que entres a tu nueva casa, en realidad antes de entrar, detente en los escalones de la entrada y mira a tu alrededor. Fíjate cómo la gente cuida de su casa, de sus jardines y de sus carros. Eso es lo mismo que debes hacer tú".[14]

Paul Pontieri, el alcalde de Patchogue, me dijo prácticamente las mismas palabras en dos entrevistas diferentes. Otras personas en Patchogue tienen opiniones similares con relación a los problemas de asimilación. Está claro que en ese pueblo —si no en todo el país— la noción de lo que significa ser americano está estrechamente ligada a la idea de poseer una casa: cómo obtenerla, cómo mantenerla y cómo protegerla de extraños. Y no hay otro lugar en que el concepto de casa sea más sagrado, casi sacrosanto, que en los suburbios; el lugar en el que por décadas la clase media ha buscado refugio del deterioro urbano, la desesperación, la pobreza y de todos los males sociales que aquejan a las ciudades y de que —por lo menos según el mito— los suburbios están libres.

En las últimas décadas, no obstante, los inmigrantes han ido tras trabajos en las áreas rurales y urbanas. En 2010, el censo arrojó que "la población de inmigrantes creció en más de un 60 por ciento en lugares donde los inmigrantes eran menos del 5 por ciento en 2000". El censo también mostró que el mayor crecimiento demográfico ocurrió en los suburbios. "Pero, a diferencia de las pasadas décadas, cuando los blancos estaban a la cabeza de ese crecimiento, los hispanos son ahora la causa. Más de un tercio de los 13.3 millones de los nuevos habitantes de los suburbios eran hispanos".[15]

Un estudio de la Universidad Brown de septiembre de 2012 confirmó la tendencia, y descubrió que "de los aproximadamente 15,000 lugares en el país —definidos como ciudades, pueblos, suburbios y áreas rurales que gobiernan sus propios asuntos fiscales— un 82.6% era blancos en su mayoría en 2012, a comparación con un 93.4% en 1980. Lugares donde los blancos constituían por lo menos el 90% de la población, cambiaron más drásticamente, a un 36% en 2010 de un 65.8% en 1980".[16]

Y así, el proceso de aculturación que experimentaba el inmigrante en el anonimato de la ciudad —desde aprender las palabras esenciales en inglés hasta comprender cuán cerca debía situarse para hablar con un americano— ahora ocurre abiertamente en los suburbios, bajo el escrutinio de los vecinos, que se preocupan por el valor de la propiedad, los impuestos y la altura del césped en el jardín; exactamente como lo vislumbraron Alba y Logan algunos años atrás.

El condado de Suffolk, donde el crecimiento de la población en las dos últimas décadas ha sido resultado de la inmigración, se ajusta perfectamente en esta tendencia demográfica. Algunos pueblos han cambiado de ser prácticamente de población blanca a tener un 17 por ciento de población latina.[17] En 2008, la población latina de Patchogue y Medford, mayormente de Ecuador, alcanzó el 24 por ciento.[18]

En Patchogue, aprender cómo se poda el césped de la forma

correcta es un asunto serio y determinante, un hito en el proceso de asimilación. Francisco Hernández, que nació en Nueva York y se mudó a Patchogue de Queens, recuerda cómo su vecino tuvo que enseñarle qué productos comprar para mantener su jardín en óptimas condiciones. "Los españoles (hispanos o las personas que hablan español) aprenden, si duda", dijo en un documental en 2009. "Miren a Raúl, mi vecino. Su jardín era una porquería. Ahora tiene uno de los mejores jardines del vecindario. No permite que ningún carro se estacione en él".[19]

Esas son las pequeñas cosas que pueden poner un vecino en contra otro en el condado de Suffolk, particularmente si el que no usa el fertilizante correcto habla otro idioma que no sea el inglés.

Mientras seis de las zonas postales del condado de Suffolk están entre las más ricas de Estados Unidos, Patchogue y Medford son predominantemente de clase media, con pequeños centros comerciales y pizzerías. Estos son pueblos donde viven maestros, policías y dueños de cafeterías; no donde ejecutivos de Wall Street pasan sus vacaciones o donde niños ricos de Park Avenue aprenden a montar a caballo. Por consiguiente, lo más probable es que las familias trabajadoras que viven en lugares como Patchogue y Medford no vean a los nuevos inmigrantes como empleados para contratar, sino como competidores por los trabajos que ellos también desean.[20]

Los defensores de los inmigrantes dicen que el rechazo contra los hispanos que crece en las personas jóvenes está alimentado por la retórica que ellos absorben en los pasillos y clases de sus escuelas, por los medios de comunicación y por las conversaciones en sus hogares.[21] El resultado de varias investigaciones ha comprobado que es así. Esas investigaciones también muestran que la mayoría de los ataques contra los inmigrantes son motivados por el miedo.

Eddington, el legislador y residente de Medford, me dijo: "Yo pienso que la diferencia, en estos momentos, consiste en que tenemos gente... mudándose a Patchogue que no habla inglés y que no creció en esta comunidad; y yo creo que, en este caso, la gente le tiene miedo a las diferencias culturales".[22] Sería más fácil y más conveniente tener un villano es este libro. El obvio seria Jeffrey Conroy, el adolescente condenado por la muerte de Lucero. Tenía diecisiete años y problemas de conducta en la escuela, y una vez le pidió a un amigo que le hiciera un tatuaje con los símbolos de la supremacía blanca: una esvástica y un rayo. Sin embargo, muchas personas en el condado de Suffolk ven a Jeffrey también como una víctima, un joven deportista que, a pesar de ser amistoso con los latinos en su grupo de amigos, se había permeado del odio que destilaban los que los rodeaban, fundamentalmente hombres y mujeres en puestos claves del gobierno. Nadie tenía más autoridad en el condado de Suffolk cuando Jeffrey era pequeño que Steve Levy, un hombre con una posición antiinmigrante tan marcada que un artículo posterior a la muerte de Lucero en el Southern Poverty Law Center (Centro legal para la pobreza sureña) en Montgomery, Alabama, lo llamó "el facilitador", responsabilizándolo por el ataque a Lucero y de otros tantos antes. Solía referirse a sus críticos como "comunistas" y "anarquistas" y fue cofundador de Alcaldes y Ejecutivos por la Reforma Migratoria, un grupo nacional que propugnaba por decretos locales contra los inmigrantes indocumentados. En una ocasión, dijo que las mujeres inmigrantes cruzaban la frontera para dar a luz a "bebés anclas", un término usado por los que afirman que el país está bajo asedio por la invasión de mexicanos.[23]

Aunque es cierto que Levy era el más franco y el más visible de los políticos de Long Island que continuamente avivaban el fuego del odio contra los inmigrantes, no era el único. Aún más importante, y como buen político astuto, no hubiera utilizado el tema de la inmigración en sus discursos de campaña política si no hubiera reconocido que sus palabras eran bien recibidas por la mayoría de los votantes en su condado.

La muerte de Lucero dejó una marca en Patchogue, y colocó al pueblo en el ojo de la tormenta política en que ha degenerado el tema de la inmigración. La noche del 8 de noviembre de 2008, un sábado, los habitantes de Patchogue se acostaron a dormir en su placido pueblo. Cuando se despertaron a la mañana siguiente tenían camiones de noticias parqueados frente a sus casas. Pontieri supo del ataque mientras tomaba café y leía el periódico del domingo, sentado en su patio. Diana Berthold, una artista local, escuchó la historia en la televisión. En estado de desesperación y por la fuerza de la costumbre, comenzó a coser un edredón. Jean Kaleda, una bibliotecaria del pueblo, regresaba de unas cortas vacaciones cuando una amiga se lo dijo. El estómago le dio un vuelco.

Equipos de cine y televisión tomaron el pueblo. Un documental de media hora fue rápidamente hecho, PBS envió un equipo para filmar un programa y un teatro local puso en escena una obra sobre el asesinato. Además, los estudiantes de una universidad local redactaron composiciones sobre Lucero y los crímenes de odio con la esperanza de ganar becas para sus estudios. Un poco después, la familia de Lucero creó un fondo para becas, con el fin de ayudar a los estudiantes de último año de *high school* —el mismo *high school* donde los atacantes estudiaban— a pagar por sus estudios. (Al final de 2012, cuatro estudiantes recibieron la beca por un valor de entre $250 y $500 cada uno). Un grupo de cerca de veinte mujeres trabajaron por más de un año para coser una manta de tres partes utilizada en la campaña local contra el odio. Campeonatos de fútbol, que incluían equipos de latinos, se convirtieron en eventos anuales, iniciados por Eddington, diputado local, y un grupo de ecuatorianos bajo el estandarte de la Fundación Lucero comenzó a reunirse regularmente para tratar temas que afectan a la comunidad. (En una reunión en noviembre de 2011, el grupo vaciló entre determinar si entregarían caramelos y juguetes a los niños en un evento Navideño y cómo responder a un hombre que había protestado durante un desfile del pueblo porque los latinos habían sido incluidos).

Más allá de los titulares de la prensa, las entrevistas y las reuniones de la comunidad, y después de que los camiones de las noticias se marcharon, ha quedado el ir y venir cotidiano de este pueblo aparentemente adormecido y encantador. Es aquí, en los detalles mundanos de historias y relaciones personales, donde mi libro se concentra. En ese proceso bilateral de asimilación y adaptación —un drama que se cuece día a día en cada pueblo, pequeño y no tan pequeño de Estados Unidos— en donde los estereotipos toman forma y se cementan, donde se crean opiniones y donde se toman las decisiones políticas. Cuando el proceso funciona bien, como generalmente ocurre, Estados Unidos alcanza su punto más alto, dándoles la bienvenida y ofreciéndoles regalos y oportunidades a los recién llegados como no lo hace ningún otro país en la Tierra. Cuando no es así, como está sucediendo en un mayor número de ocasiones, Estados Unidos llega a su punto más bajo y se torna intolerante, proteccionista y muestra desdén hacia los demás. (Los estados de Arizona y de Alabama son vivos ejemplos, con sus leyes de antiinmigración).

En Patchogue, Marcelo Lucero pensó que había encontrado un hogar, no obstante temporal, pero para el pueblo él siempre fue un desconocido, un forastero y un hombre invisible. Pontieri aún se siente molesto cuando recuerda que varios días después de la muerte de Lucero un hombre hispano del pueblo se le acercó para hablarle de sus temores. Pontieri le preguntó dónde vivía. Allí, le dijo el hombre, señalando una pequeña casa blanca de madera a dos puertas de donde Pontieri había crecido y la casa que visitaba todos los días para saber cómo se encontraba su madre. "¿Cómo es posible que nunca lo he visto?". Pontieri me preguntó sin esperar una respuesta. "He estado aquí por años y nunca lo he visto. Y yo conozco a todo el mundo en este pueblo". Cuatro años después, quise encontrarme con aquel hombre y le pregunté a Pontieri cuál era su nombre. Se le había olvidado, o nunca lo supo.[24]

Por supuesto que Pontieri no conoce a todo el mundo en su pueblo. Tampoco conoció a Lucero, como la mayoría de las personas en Patchogue. Solamente después de su muerte supieron cuál era su nombre. Sólo la muerte los obligó a saber quién era él.

CAPÍTULO I

UNA NAVAJA ENSANGRENTADA

Desde el estrado, Ángel Loja sabía que iba bien —sereno, en control y con las manos cruzadas sobre el regazo. Exactamente como le habían instruido, daba respuestas directas, mientras miraba al abogado y ocasionalmente le daba una mirada al fiscal o al juez para sentirse seguro, tratando de articular cada palabra cuidadosamente y de decir la verdad, según lo que recordaba. Entonces, el abogado de la defensa mencionó la navaja y Loja, quien tenía treinta y siete años de edad, casi pierde la compostura.

"¿En algún momento vio usted la navaja?", le preguntó William Keahon, el abogado que representaba a Jeffrey Conroy, el joven que con diecisiete años había confesado haber apuñalado y matado al amigo de Loja, Marcelo Lucero.

"Nunca".

"¿En algún momento vio usted a alguien apuñalar a Marcelo?".

"No, porque en el segundo ataque...".

"No le estoy preguntando... por favor, deténgase".

"Lo siento. Lo siento".

"Está bien", dijo el abogado y pasó a la siguiente pregunta.[25]

Pero no estaba bien. Un simple "no" no expresaba los sentimientos de Loja, las noches que había estado despierto pensando lo que hubiera podido ser y las horas que había pasado reflexionando sobre lo que había hecho el día del ataque. No era justo que el abogado quisiera que contestara con un simple sí o no. Ninguna de las dos respuestas describía con exactitud sus temores o sus remordimientos.

La verdad fue que Loja se había refugiado en un callejón cercano. Le había gritado a Lucero que lo siguiera, pero Lucero decidió enfrentarse a los que lo atacaban. Era la verdad, él no había visto la navaja. Hubiera deseado haberla visto.

"¿Y cuando usted llegó a la estación de policía, habló con un detective o un policía inmediatamente o tuvo que esperar?", continuó el abogado.

"Tuve que esperar".

"¿Sabe por cuánto tiempo?".

"Dos, tres horas. Tres horas".

"Y durante ese tiempo, en esas dos o tres horas que estuvo esperando para hablar con un policía, se enteró de lo que le pasó a su amigo Marcelo Lucero?".

"No".

"Muy bien. Entonces, ¿cuándo se dio cuenta?".

"No me enteré hasta que los detectives se me acercaron. Se presentaron. Me dijeron que eran detectives. Lo primero que les pregunté fue ¿cómo está mi amigo?".

"¿Y qué dijeron?".

"Dijeron: 'Lo siento. Tu amigo falleció. Está muerto'".

En ese momento del juicio, Loja no pudo contener las lágrimas. Quiso volver atrás, estar en el apartamento de una sola habitación de Lucero, cerrar la puerta y quedarse con su amigo mirando televisión. Deseó no haber salido nunca ese día. Si no lo hubiera hecho, si hubiera dicho que no cuando

Lucero lo llamó la tarde del 8 de noviembre 2008, si no hubiera sido tan complaciente con su amigo mayor y más sabio, Lucero estaría vivo todavía.

Consideró decirle que no a la invitación de su amigo ese día, pero notó algo de desesperación o soledad en su voz. Más tarde Loja se preguntaría: ¿Sabría Lucero que iba a morir ese día? ¿De alguna manera intuyó que tenía solamente unas horas más de vida y por eso no quería estar solo? Ese día, Lucero no necesitaba un salvador, porque Loja estaba seguro que él no hubiera podido haber salvado a su amigo. Lo que Lucero necesitaba, llegó a esa conclusión después del ataque, era un testigo.

Y allí estaba él, testificando más de dieciséis meses después.

"¿Y cómo se conoció usted con Lucero?", le preguntó la fiscal Megan O'Donnell, abriendo las compuertas de un río de recuerdos.

Loja carraspeó antes de contestar.

"Conozco a Marcelo Lucero desde que yo tenía cinco años".

Era poco lo que no sabía el uno del otro. Habían nacido con dieciséis meses de diferencia y sus madres eran amigas y vecinas en Gualaceo, un pueblito polvoriento en un valle cerca de Cuenca, una ciudad no muy grande de Ecuador conocida por sus edificios coloniales, calles angostas y un río que la divide en dos. Su pueblo, sin embargo, tiene muy poco en común con Cuenca, que para los gualaceños es más bien un punto de referencia, una forma de conectarlos con un sitio más conocido geográficamente. Gualaceo, con solamente una calle central, un cementerio y una estación de autobuses, no tiene el encanto colonial ni las riquezas que trae el turismo a Cuenca. En Gualaceo no existen hoteles de lujo ni restaurantes y ningún lugar que sirva, digamos, una tortilla de espinacas a la hora del desayuno. A un turista se le haría difícil encontrar un lugar donde comer después de la 7:00 p.m., pero sí encontraría docenas de tiendas que venden zapatos de piel en un sinfín de colores y estilos, por lo menos dos mercados de comida, dos iglesias y dos periódicos locales. Gualaceo le debe su belleza a la naturaleza. Partido en dos por el río Santa Bárbara —que los conquistadores españoles creían desbordaba en oro— y rodeado de montañas majestuosas, algunos lo llaman un pedacito de cielo.

Para Lucero y Loja, Gualaceo resultó un pedazo de cielo muy pequeño. Ellos querían más.

Loja pertenecía a una familia grande. Una familia que había sufrido grandes pérdidas y el desasosiego de la adicción, pero también había conocido la redención, la prosperidad y tal vez hasta un milagro.

Él era el segundo varón mayor de una familia de nueve hijos, aunque solamente llegó a conocer a seis de sus hermanos. Cuando él nació, sus padres, que habían sido demasiado pobres para obtener medicina o servicios médicos, habían perdido tres hijas de tres, cinco y seis años, por enfermedades misteriosas que ningún remedio casero pudo curar. En ese momento, la mamá de Loja era la única trabajando para apoyar a la familia, mientras su esposo ahogaba su desamparo y tristeza en el alcohol. El matrimonio y sus hijos sobrevivientes vivían con los abuelos paternos en una casa modesta en el campo. Eso tenía muy disgustada a la mamá de Loja, que creía que cada familia debería tener su propia casa.

La mamá de Loja se mudó con sus hijos a una casa que construyó con sus propias manos con palos y piedras. Sacudido por esto, el padre de Loja dejó la bebida, sacó a su familia de aquella choza improvisada y se convirtió en un devoto de la Virgen María. Durante el día, trabajaba en la construcción; por las noches, rezaba el rosario con sus amigos y vecinos. La familia prosperó y se mudó para el centro del pueblo. El padre continuó mejorando y finalmente comenzó a vender materiales de construcción, un trabajo que exigía menos y pagaba mejor. Los Loja, aunque nunca fueron ricos, lograron alcanzar el estatus de clase media. Loja, a diferencia de Lucero, nunca se fue a la cama con hambre.

A los nueve años, Loja tuvo una visión que cambió su vida. Jugaba con su hermano Pablo, de siete años por aquel entonces, afuera de la casa de piedra de su abuelo. Un tío había muerto y la familia acababa de regresar del funeral. Los adultos estaban dentro de la casa, ocupándose de los ancianos y preparando la comida. Finalmente, las estrellas se hicieron visibles en la noche. Los hermanos levantaron la mirada, maravillados con la belleza del cielo, y la forma súbita en que el sol había desaparecido detrás de las regias montañas de la provincia de Azuay en los territorios más altos del país, donde algunos picos alcanzan quince mil pies sobre el nivel del mar.

Todo estaba en silencio, sólo escuchaban los sollozos que salían de la casa y los perros que ladraban en la distancia. De repente, los niños vieron que la estrella más brillante del cielo explotaba y su luz viajaba hacia donde ellos jugaban, iluminando un punto solamente a varios pasos de distancia. La luz titiló y se derramó como el río en las tardes de verano. Loja quiso tocarla, pero se contuvo. Boquiabiertos y paralizados de miedo y emoción, los niños vieron que la luz cobraba la forma de la imagen de Jesucristo. La imagen, que parecía flotar y mirarlos directamente, tenía una túnica blanca, los brazos extendidos y las pálidas manos estaban perforadas y sangraban, al igual que las imágenes de Cristo que habían visto incontables veces en la iglesia. Pablo salió corriendo hacia sus padres, pero Loja no se movió. Después de unos segundos, la imagen se desvaneció dejando detrás una cortina de niebla y a un niño que desde ese momento se creyó especial y protegido por una fuerza divina.

Al pasar el tiempo, después de convertirse en un gran atleta, Loja no tuvo duda de que Dios había iluminado un camino para él. Aún más tarde, después de sobrevivir el paso del desierto para llegar a Nueva York en un viaje de diecinueve días, sintió que estaba endeudado con Dios. Con Él a su lado, y con sus afilados instintos de atleta, se sintió invencible, algo indispensable para un latino de piel oscura en el condado de Suffolk en los albores del siglo xxi.

Los latinos del condado de Suffolk sabían que bandas de jóvenes recorrían las calles en busca de inmigrantes para acosarlos y golpearlos. Algunos tenían miedo de ir por la noche a la biblioteca a las clases gratis de inglés, porque sabían que a la salida los matones los estarían esperando. Loja y Lucero habían escuchado muchas historias, pero pensaban que esas cosas ocurrían mayormente en Farmingville, una comunidad cercana donde la tensión entre residentes latinos y no latinos había sido noticia por casi una década.

Habían escuchado sobre dos trabajadores mexicanos que en el año 2000 habían sido engañados con promesas de trabajo en un edificio abandonado en Shirley, aproximadamente a quince minutos de Farmingville, por dos hombres blancos que los habían golpeado salvajemente. Recientemente, había habido reportes de pateaduras y confrontaciones en otros dos pueblos del condado de Suffolk, y sabían que Patchogue no estaba inmune.

Desde la ventana de su cocina, con vista a un estacionamiento, Loja vio una vez cómo un hombre latino era agredido por un grupo de adolescentes blancos. Lo empujaron y lo obligaron a hacerse un ovillo como preparándose para un aterrizaje forzoso y le pasaron por arriba con sus bicicletas. Los adolescentes se fueron en sus bicicletas y el hombre se puso de pie, se sacudió el polvo, se pasó las manos por la cara y se fue

quedarse atrás, ni siquiera por comida. Comenzó a arrancar pedazos de cacto. Las manos le sangraban por las espinas y tenía la boca reseca y apretada del sabor amargo.

En el camino se encontró con una mujer que se había caído dentro una fosa y pedía ayuda, mientras los demás la ignoraban y continuaban caminando, por temor a separarse del grupo. Loja se detuvo y la ayudó a salir sin mucho esfuerzo.

"¿Cuál es tu nombre?", le preguntó.

"Ángel", le dijo.

"Entonces eres mi ángel de la guarda".

A Loja le gustó lo que dijo la mujer y comenzó a sentirse responsable por los otros miembros del grupo. Su juventud, energía y atletismo le daban ventaja sobre los otros, que apenas podían caminar. Cuando una anciana, algo pasada de peso, se cayó, Loja la levantó y la cargó en sus anchas espaldas hasta que la mujer comenzó a protestar porque él apestaba a cigarrillo. Loja se libró de la mujer, poniéndola en el suelo. Enseguida, la mujer comenzó a insultarlo, pero Loja no le contestó. Continuó caminando y grabó en su memoria la manera fluida en que todo puede cambiar de un momento a otro, incluyendo la gratitud. Un hombre podía pasar de héroe a pestilencia en cuestión de horas.

Loja había cumplido veintidós años unos días antes de abandonar Gualaceo. Había aprendido más del mundo en dos semanas que en dos décadas de vida en su casa.

En algún momento durante la noche, una camioneta recogió al grupo y lo llevó hasta un rancho en Houston, donde cada uno pagó $40 a los coyotes por una nueva muda de ropa de baja calidad, por darse una ducha y por sándwiches de jamón y queso. Después, Loja tomó un autobús hacia Nueva York y en tres días, el 2 de septiembre de 1994, se encontró en Times Square, con nada más que la ropa que llevaba puesta.

En Gualaceo, Loja había memorizado el número telefónico

de unos parientes y durante el viaje con frecuencia lo repetía en su mente para asegurarse de no olvidarlo. Cuando trató de comunicarse, una grabación le dijo que el teléfono estaba desconectado. A pesar de que no sabía inglés, algo le decía que nadie contestaría. Otro hombre joven del grupo le ofreció quedarse en donde vivía su hermano en Manhattan. Loja aceptó y se unió a ocho hombres en un apartamento de una sola habitación en el sótano de un edificio de la calle 34 y la Tercera Avenida. Allí, encontró un lugar en el suelo donde dormir.

La ciudad no intimidó a Loja, que estaba acostumbrado a viajar por todo Ecuador durante los campeonatos de baloncesto y había visitado ciudades grandes con su padre. Lo único que le impresionó fue el sistema subterráneo de trenes con sus estruendos, carros sucios y un sinnúmero de gente apretujada una contra otra, todos con expresiones vacías. Al igual que los millones de inmigrantes que lo precedieron, Loja se dio a la tarea de conquistar la ciudad. Pero primero, necesitaba un trabajo.

Lo encontró a los dos días, cuando alguien le dijo que en un restaurante chino buscaban lavaplatos. Loja fue al restaurante y en cuanto entró lo llevaron a un cuarto interior y le mostraron una enorme pila de ollas grasientas, más alta que sus cinco pies y nueve pulgadas de altura, y que se tambaleaban peligrosamente. Impávido, comenzó a fregar, pero nunca podía hacer bajar la pila. Mientras más rápido trabajaba, más rápido el dueño del lugar agregaba más ollas.

"¡Apúrate, tú, holgazán¡ ¡Más rápido, más rápido! ¿Dónde crees que estás? ¡Trabaja, trabaja, trabaja!", le decía el hombre.

Loja no entendía una palabra de inglés, y mucho menos inglés con acento mandarín, pero entendía el tono y le pedía a otro lavaplatos que le tradujera. Al final del día, se quitó el delantal y salió de allí sin recibir un centavo para nunca regresar jamás. No lo asustaba el trabajo fuerte, lo que lo asustaba era el lenguaje abusivo. Jamás lo habían tratado así en su casa. Se sintió disminuido e indeseado, pero pensó que un restaurante chino no podía destruir su imagen de América o sus planes de ahorrar suficiente dinero para ayudar a su familia y finalmente regresar a casa.

Encontró trabajo haciendo ensaladas en el restaurante Sbarro, al otro lado de Madison Square Garden, y pronto fue promovido a cocinero. El trabajo era bueno además de fijo, y lo ayudó a pagar los $6,000 que había pedido prestado para viajar a Nueva York. Pagó $300 al mes, y en dos años ya había pagado la deuda, con interés. En 1996, se mudó a Woodside, Queens, a vivir con una de sus hermanas que acababa de cruzar la frontera. La vida en Queens, rodeada de muchos otros inmigrantes, muchos de su mismo pueblo, era más tolerable que lo que había sido su vida solitaria en Manhattan.

Después de cinco años en Sbarro, donde ganaba cerca de $240 a la semana con un salario de $7.25 la hora, un amigo le mencionó que los trabajos en Long Island pagaban mejor. Un hombre podía ganar $400 a la semana trabajando en la construcción o recogiendo hojas de jardines perfectamente cuidados, le dijo su amigo. Loja no lo pensó dos veces. Metió algunas piezas de ropa en una bolsa y tomó el tren, dejando atrás el trabajo y la ciudad.

Era el final del verano de 2000 y Loja iba rumbo a Patchogue donde, le aseguraron sus amigos, muchos gualaceños habían encontrado trabajos, casas grandes y limpias, cierta paz y alegría. Un antiguo zapatero, le dijo el amigo, les había allanado el camino.

CAPÍTULO 2

PÁJAROS PINTADOS EN EL AIRE

Desde la ventanilla del avión del vuelo de Aerolíneas Argentinas Julio Espinoza pudo ver la ciudad, que se alargaba y titilaba debajo, exactamente como la había visto innumerables veces en las películas. Pero ahora, Nueva York le parecía más grande, impresionante y prohibida, aun peligrosa. No se concentró en las luces, sino en la oscuridad.

¿Qué será lo que no puedo ver? pensó, e inmediatamente se cubrió la cara con las manos y comenzó a llorar. El matrimonio argentino sentado a su lado lo ignoró, como lo había hecho durante las cinco horas y media de viaje. Casi a tres mil millas de distancia, en su casa de Ecuador, quedaban su mujer, Ana, y sus tres hijas, la mayor de sólo siete años. Viajaba con una visa que le permitía entrar y salir del país cuando quisiera. Como era un hombre de negocios, el gobierno de Estados Unidos no temía que él se quedara. Además, no parecía ser el tipo de persona que necesitara hacerlo.

Era alto, bien parecido, de piel blanca y la cara ancha, con una expresión crédula, y por lo tanto confiable. Tenía una sonrisa franca y ojos amistosos que se cerraban en dos líneas cuando se reía. Llevaba su pelo lacio y oscuro bien corto atrás y algo largo al frente, lo que le daba un aspecto aniñado. Vestía su mejor traje —oscuro, con una corbata azul y una camisa blanca impecable de manga larga. Aparentaba estar de paso, posiblemente para cerrar un negocio o para encontrar inversores para su supuestamente próspera zapatería en Bullcay, una aldea en las afueras de Gualaceo, un lugar tan pequeño que hasta a algunos ecuatorianos se les hace difícil localizarlo en el mapa.

Espinoza no había mentido a los oficiales de inmigración que le revisaron el pasaporte antes de salir del país ese día, el 15 de agosto de 1981. Él era, sin lugar a dudas, un hombre de negocios. Lo que no les había dicho era que no tenía un centavo y que los $1,200 que tenía en el bolsillo eran prestados. No venía a Estados Unidos a visitar el Empire State Building y a tomar copas en el hotel Plaza con sus socios, sino para hacer lo que tuviera que hacer —lavar platos, barrer pisos, cortar hierba— para pagar la deuda de $30,000 que lo había puesto en la incómoda situación en que se veían, cada vez más, muchos ecuatorianos de su clase: en la necesidad de emigrar hacia el norte para poder mantener a sus familias.

La deuda era una carga pesada para Espinoza, con sólo veinticinco años. Espinoza, el hijo mayor de una madre soltera que había llegado a tener seis hijos, había trabajado desde los seis años, cuando se dio cuenta de que los jóvenes sudorosos que jugaban voleibol en el parque del pueblo le comprarían cualquier cosa fresca y fría que él les llevara. Lo único que se le ocurrió fue fruta fresca. Fue al mercado, compró naranjas, y luego las vendió en los interminables juegos de la vecindad. Cuando le iba bien, podía llegar a ganar 5 sucres, suficiente para comprarse un par de pantalones y posiblemente un par de zapatos. (El sucre fue la moneda oficial de Ecuador hasta enero de 2000, cuando el país hizo el cambio al dólar estadounidense).

Espinoza tuvo una niñez triste. No supo quien era su padre hasta que, a los dieciocho años, se le acercó un hombre y le dijo que era su padre. En aquel entonces, Espinoza estaba comprometido y no tenía interés en un padre arrepentido. Había crecido con sus abuelos maternos y eso había sido suficiente para él. Se sentía agradecido por la forma generosa, callada y digna en que los abuelos habían ayudado a la creciente prole de su hija, sin criticarle sus parejas. De niño, Espinoza no era igual de tolerante. Durante cada embarazo de su madre, miraba la creciente barriga y le preguntaba: "¿Por qué sigues teniendo hijos cuando sabes que no tienes suficiente para todos nosotros?". En lugar de responderle, su mama le daba un tortazo en la cabeza.

Dolido y con lágrimas en los ojos, salía corriendo a la casa de familiares o amigos. Después de un día o dos, lo regresaban a su casa, y su madre lo golpeaba otra vez. El ciclo de vergüenza y abuso terminó cuando nació el último bebé —una niña de piel blanca con ojos redondos y azules. Sin decirle una palabra a nadie, tomó un autobús hacia Guayaquil, donde sabía que vivía un amigo de la familia. Lo recibieron con los brazos abiertos y lo pusieron a trabajar, como aprendiz, en una fábrica de zapatos. Espinoza tenía trece años.

Dos años después regresó a su casa, con un saco de arroz de veinticinco libras, porque, aunque seguía enojado, Espinoza siempre supo que la familia era lo principal, e igual a su abuelo se veía a sí mismo como un proveedor. Veinticinco libras de arroz durarían mucho tiempo, incluso para una familia de nueve. Su madre se sintió aliviada al verlo y esta vez no lo golpeó. Después de todo, ahora tenía quince años y era un hombre trabajador. Hacía tiempo que había dejado de ser un niño.

Varios meses después, en una fiesta del pueblo, se encontró con Ana, una vecina, a la que había ignorado anteriormente porque era un año menor que él. En su ausencia, Ana había alcanzado su plenitud. Se enamoraron y Espinoza pensó que su destino estaba sellado. Se casaría con Ana, trabajaría como zapatero, finalmente abriría su propia fábrica y construiría una casa para la familia con la que había soñado siempre. Tres años y medio después, en agosto de 1973, Espinoza y Ana se casaron en una ceremonia católica romana. La recepción duró hasta las cuatro de la mañana.

El año en que se casaron, marcó un año de la junta militar de Ecuador, que se mantuvo en el poder hasta 1979. A pesar de ser menos violenta que otros gobiernos militares de América del Sur —particularmente los de Argentina y Chile— la junta de Ecuador no fue capaz de lograr el progreso económico y la estabilidad que había prometido al pueblo. Los ecuatorianos estaban acostumbrados a gobiernos volátiles e ineficaces desde que lograron la independencia de España en 1822. Sin embargo, para gente como Espinoza, cuya vida dependía en su trabajo y del caprichoso dólar estadounidense, que determinaba las constantes fluctuaciones del sucre, todos los gobiernos se parecían.

En 1979, hubo motivo para celebrar porque el país encontró una salida económica gracias a la demanda mundial de petróleo —uno de los recursos naturales que bendicen a Ecuador— y la democracia regresó con la elección de Jaime Roldós Aguilera, un presidente joven y popular que se enfrentó a Estados Unidos y rápidamente se ganó una reputación regional como campeón de los derechos humanos. Como si el país estuviera bajo la maldición de la inestabilidad crónica, Roldós se mató en un accidente aéreo antes de cumplir dos años en la presidencia. Después de la muerte de Roldós, su vicepresidente y sucesor constitucional, Osvaldo Hurtado, tomó el mando como presidente e inmediatamente se encontró ante una crisis económica que se precipitó por el fin súbito de la bonanza del petróleo.[1]

Espinoza y su esposa, que en seis años que llevaban de casados habían establecido una fábrica de zapatos en casa, comenzaron a sentir el impacto de la crisis cuando los dueños de comercio que antes pagaban a tiempo y en efectivo, comenzaron a demorar los pagos. Cada vez que Espinoza viajaba a Quito o Guayaquil con un cargamento de zapatos, regresaba con un cheque que, le habían advertido, no podía depositar hasta dos o tres meses después. Si no le parecía bien, le habían dicho los comerciantes, podía irse con sus zapatos a otro lugar; siempre encontrarían zapateros dispuestos a recibir sus cheques sin valor. Eso hizo que Espinoza comenzara a utilizar el servicio de los usureros, chulqueros en el argot local, para poder mantener su negocio a flote.

Cuando Espinoza se dio cuenta de que estaba a punto de perder su negocio, tenía una deuda de trescientos mil sucres, aproximadamente $30,000 dólares, y estaba peligrosamente cerca de perder su casa porque la había ofrecido como colateral para los préstamos de alto interés. A Espinoza no le resultaba fácil encontrar otro trabajo. Lo único que sabía hacer eran zapatos. En Ecuador, un país relativamente pobre a comparación con Estados Unidos, él era considerado un hombre de clase media, y los hombres de la clase media, por cultura y tradición, no perdían su negocio para comenzar de nuevo fregando platos o trabajando en una fábrica. Había una sola cosa que hacer, y se le ocurrió un día que regresaba de Guayaquil con uno de esos cheques infames que tenía que poner en manos de los chulqueros.

"Me voy para Estados Unidos", le dijo a Ana en cuanto entró a la pequeña y modesta casa a un lado de la calle principal. Allí, le explicó, podría reinventarse, hacer lo que fuera necesario para mantener a su familia y salir de la deuda. En Estados Unidos, prácticamente todos los inmigrantes tenían que empezar desde abajo. Espinoza no temía comenzar desde abajo, mientras que no fuera en su país.

"¿Cómo te la vas a arreglar para ir?", le preguntó Ana, sorprendida al escuchar lo que él le acababa de decir. "No tenemos dinero ni cuenta bancaria", le insistió.

Era cierto, pero Espinoza había concebido un plan. Tenía un primo con suficiente dinero como para tener una cuenta bancaria gorda. En aquella época, los extractos de cuenta eran tan rudimentarios que no incluían el nombre del cliente. Espinoza le pidió a su primo su último extracto bancario y con él en la mano y vestido con el mismo traje negro y una corbata que luego utilizaría para salir del país, tomó un autobús regional para Guayaquil, la ciudad más grande y más populosa de Ecuador y donde se encontraba el consulado de Estados Unidos. De la estación de autobús fue directamente al consulado y esperó en línea, junto a otras cien personas que, como él, estaban solicitando visas para viajar.

Sus probabilidades de obtener una visa no eran las mejores. En 1981, Estados Unidos había extendido solamente 690 visas "para visitantes temporales en plan de negocios", muchas menos que el número de visas que habían concedido a bolivianos, brasileros, chilenos, colombianos, peruanos y venezolanos.[2]

Cuando le llegó su turno, Espinoza sudaba bajo su traje negro. Apenado por las manchas de sudor en las axilas, decidió no quitarse el saco y —con una sonrisa que rezumaba la confianza que no sentía— entró a la oficina. Una linda secretaria americana rubia lo recibió con una sonrisa. Espinoza coqueteó un poco, no tanto por la desesperación de obtener una visa, sino porque era su naturaleza.

La secretaria lo ayudó a llenar el formulario que él había dejado incompleto, por temor a cometer algún error. Luego llegó la peor parte.

"¿Por qué quiere viajar a Estados Unidos?", le preguntó.

Espinoza se había preparado para este tipo de preguntas.

"Voy a Miami. Quiero comprar nuevas maquinarias para mi negocio de zapatos", dijo, mostrando el certificado de graduación de la escuela de zapateros de Gualaceo.

Eso, y el extracto bancario impresionaron a la secretaria, que le dijo en voz baja:

"Regrese a las tres".

"¿Para qué?", le preguntó Espinoza, que estaba seguro que necesitaba ver al cónsul antes de que le concedieran la visa.

"Para recoger sus papeles", dijo enigmáticamente y llamó a la siguiente persona en la fila.

Espinoza no hizo más preguntas. Era mediodía y tenía en el bolsillo el equivalente a un dólar, lo cual no era suficiente para desayunar o almorzar y ni siquiera para un refresco. Entró en un café y pidió un vaso de agua. Luego, caminó largo rato por la ciudad portuaria, caliente y húmeda, con temperaturas alrededor de los ochenta grados, típicas durante el verano. Para matar el tiempo, caminó hacia el malecón a lo largo del río Guayas, que desemboca en el Océano Pacífico. Se entretuvo mirando las aguas oscuras, pensando qué haría una vez que llegara a Estados Unidos. Ni por un momento consideró la posibilidad de que no le dieran la visa.

A las dos y media de la tarde, Espinoza había regresado al consulado.

"Ha llegado temprano", bromeó la secretaria antes de devolverle su pasaporte.

"¿Y ahora qué?", preguntó Espinoza.

"Compre su pasaje. Su visa ha sido aprobada", le contestó.

Espinoza hizo un gran esfuerzo por no demostrar su euforia. Después de todo, un hombre de negocios como él debía estar acostumbrado a lograr sus objetivos, incluyendo una visa para viajar a Estados Unidos. Le extendió la mano, le dio las gracias, salió del consulado y fue directamente hasta la estación de autobús para viajar otras cinco horas de regreso a casa. En el autobús, trató de organizar sus ideas y hacer planes para el futuro, aunque no pudo llegar muy lejos, porque el único plan posible era encontrar un trabajo apenas llegara a Nueva York.

Cuando llegó a casa, lo esperaba su esposa. Al ver su rostro impaciente, comenzó a derramar las lágrimas que había contenido por horas.

"Me vas a dejar sola con las niñas", le dijo, pero en su voz no había amargura, porque ella también comprendía que era la única solución.

Cuando el avión estaba a punto de aterrizar en el aeropuerto John F. Kennedy en Queens, lo único que Espinoza podía ver era una pista interminable. Era casi la medianoche, y el piloto hizo un aterrizaje perfecto. Necesitaba buena suerte y confirmarse a sí mismo que estaba tomando el camino correcto, por lo que tomó el aterrizaje como buena señal, e inmediatamente sintió alivio y se sintió listo para encarar el futuro, casi optimista.

En la cinta de maletas, tomó la suya, en la que llevaba solamente dos pares de pantalones, tres camisas y dos pares de zapatos. David, el primo de su mujer, que lo esperaba en el aeropuerto, lo llevó hasta su casa en Jersey City, New Jersey, donde vivía con su esposa y su hijo de cinco años. Eran ya las primeras horas del domingo 16 de agosto de 1981, y Espinoza sintió que había vuelto a nacer.

No sabía hablar inglés. No conocía a nadie excepto a un grupo de amigos y parientes que habían llegado unos meses o años antes y que podían guiarlo de alguna manera. Descansó por dos días y el martes, acompañado de David, salió a buscar trabajo en Manhattan. Les habían dicho que en las fábricas de la Avenida de las Américas, al sur de la calle treinta y cuatro, estaban contratando nuevos empleados.

Mientras cruzaron el túnel Lincoln en carro, a Espinoza se le antojó como interminable y futurista. En las ciudades por las que había viajado en su país, Quito y Guayaquil, no había túneles subterráneos que las conectaran con una isla. Cuando salieron del túnel, los esperaba otra sorpresa: las calles de Midtown Manhattan despedían humo. Espinoza no dijo nada, pero se preguntó a sí mismo "¿quién podía estar cocinando allí debajo?". Le tomó un tiempo aprender que aquel humo que se elevaba de las entrañas de la ciudad era producto del sistema de calefacción.

Espinoza encontró trabajo en el primer lugar que entraron. Una fábrica de zapatos en la calle veintiuno y la Avenida de las Américas donde cosería zapatillas de ballet ocho horas al día por $200 a la semana. Como su día de trabajo comenzaba a las ocho de la mañana y terminaba a las cuatro, Espinoza pensó que podría trabajar otro turno y encontró otro trabajo a dos cuadras de distancia, en la calle veintitrés, haciendo el mismo trabajo. Allí, trabajaría de 4:30 p.m. a 12:30 a.m., por $185 a la semana. Todos los días, después de los dos trabajos, iba a la estación Port Authority y tomaba un autobús para New Jersey. En su casa, caía rendido en la cama a la una de la mañana, para levantarse cinco horas después y salir de nuevo para el trabajo. Cuando llegaba al fin de la semana, Espinoza apenas podía ver bien. Dondequiera que fijara la vista veía puntos negros revoloteándose —como pequeños insectos. Tenía que cerrar los ojos por un momento antes de poder enfocar la vista de nuevo en el zapato en el que estaba trabajado. Temía quedarse ciego.

No abandonó el trabajo, porque se sentía feliz de poder reducir su deuda y de enviar dinero a su familia, y porque se sentía cómodo en su nuevo trabajo, rodeado de recién llegados como él, aunque de la República Dominicana. Podía hablar en español con sus compañeros durante la hora de almuerzo y decirles cuánto extrañaba a su familia, algo que ellos no comprendían. En aquel momento, había cerca de cincuenta mil ecuatorianos en Nueva York, tan pocos que eran apenas perceptibles.[3] La mayoría de los hispanos en aquella época eran de Puerto Rico.

A los tres meses de la severa rutina, lo llamaron a la oficina del gerente de su segundo trabajo y le dijeron que le iban a reducir las horas de trabajo, y por lo tanto el pago también. La temporada de esa moda había finalizado y la demanda por los zapatos había decaído. Espinoza comenzó a buscar otro empleo.

Un pariente de David, el primo de su mujer, le dijo que en Bay Shore, Long Island, un restaurante elegante llamado Captain Bill's estaba buscando empleados. Al domingo siguiente Espinoza fue al restaurante frente al mar y encontró trabajo lavando ollas enormes embadurnadas de salsa de tomate. Las ollas eran tan grandes, que tenía que ponerlas en el suelo para enjuagarlas con una manguera. Le pagaban lo mismo que en la ciudad, pero incluía la comida. Para Espinoza, eso representaba un aumento de salario. Dejó los trabajos en Nueva York, y se mudó para Bay Shore con otro amigo, que había alquilado un apartamento de dos habitaciones. Después de un año lavando platos y ollas, fue promovido a preparador de ensaladas. Al principio, Espinoza tuvo dificultad con el idioma. Alguien le pedía una cebolla y él le daba un tomate, pero con el tiempo, las palabras *chicken*, *salad*, *cheese* y *dressing* formaron parte de su vocabulario.

Dos años después, en 1984, un amigo le mencionó que había encontrado un trabajo en un restaurante llamado South Shore, en Long Island, en el pueblo de Patchogue. Espinoza nunca había oído escuchar de ese lugar, pero estaba listo para cambiar de trabajo, especialmente si representaba un aumento semanal de $40. El lugar en donde vivía no era tan importante como el dinero que ganaba.

Cuando Espinoza llegó a Patchogue, él y su amigo Galo Vázquez se dieron cuenta de que eran los primeros ecuatorianos en mudarse al pueblo, donde vivían un poco más de once mil personas en un área de 2.2 millas cuadradas. A Espinoza le gustó Patchogue. Parecía tranquilo, bonito y seguro, además de un buen lugar para su familia, con la que estaba desesperado por reunirse. Alquiló un apartamento en un edificio de doce unidades en el número 5 de la calle Lake, a un costado de Main Street, y como él siempre estaba arreglando cosas, el dueño lo hizo superintendente del edificio.

La inflación en Ecuador hizo posible que Espinoza pagara su deuda al chulquero mucho antes de lo esperado, pero aún tenía que mantener a su familia mientras gastaba cerca de $300 al mes en llamadas telefónicas a $1.50 el minuto. Desde su llegada, Espinoza había creado un sistema que le permitía hablar con su esposa y sus hijas por lo menos una vez al mes. Como su esposa no tenía teléfono en la casa y no había nadie en Bullcay o cerca de Gualaceo que tuviera uno, su familia viajaba aproximadamente quince millas hasta la casa de unos familiares en Cuenca para usar el teléfono. En las cartas que Espinoza escribía con frecuencia, les decía el día y la hora en que iba a llamar. Para su familia, esa era una cita sagrada.

Desde temprano en la mañana, Ana les recordaba a las niñas que ese día hablarían con su padre. Se bañaban, se vestían y dejaban la casa con varias horas de anticipación: era mejor llegar temprano que arriesgarse a perder la llamada por un posible accidente o atasco en el tráfico. Tomaban un autobús o viajaban con alguien para llegar por lo menos una hora antes. En el teléfono, Espinoza les hablaba de su vida, de su trabajo y de cuánto las extrañaba. Las niñas mayormente escuchaban y lloraban.

En las cartas y durante las llamadas Espinoza les decía que había muchos empleos y que pagaban bien. Que las escuelas eran gratis y que todos los niños debían graduarse e ir a la universidad, y de cómo en el pueblo donde vivía había parques y playas seguras, calles limpias y no había aglomeración de tráfico. Ana les contaba las historias a sus amigos y familiares, que a su vez se lo decían a todo el mundo.

Antes de la Navidad de 1984, Ana llegó a Nueva York con una visa de visitante, y dejó atrás a sus hijas por un año y cuatro meses. En febrero de 1986, Espinoza regresó a su casa para buscar a las niñas, ahora de doce, diez y ocho años de edad. Para aquel entonces, Espinoza se había hecho residente legal —se había beneficiado de la amnistía de 1986 que legalizó cerca de tres millones de indocumentados. Con su familia finalmente reunida, Espinoza sentía que estaba trabajando para el futuro, no solamente para subsistir. Por primera vez en su vida fue capaz de ahorrar dinero y comenzó a sentir ambición por conseguir mejor trabajo. A pesar de que todavía preparaba ensaladas, Espinoza también observaba cuidadosamente al chef de la cocina. Su curiosidad le sirvió de mucho. Cuatro años después, se le presentó una oportunidad para trabajar como asistente de cocinero en un *country club* local. Espinoza tomó el trabajo y llevó consigo a su esposa. Permanecerían allí por catorce años.

Mientras los Espinoza estaban ocupados trabajando en el *country club*, comenzaron a llegar otros gualaceños a Patchogue, siguiéndoles los pasos a los ecuatorianos que, como los Espinoza, los habían animado a llegar al pueblo. No tomaba mucho convencerlos. Ecuador, un país tumultuoso, plagado de desastres naturales, difícil de gobernar y aún más difícil de mantener a flote económicamente, se desangraba de sus hijos más emprendedores —la mayoría hombres— en búsqueda del sueño americano a un paso sin precedente.

La provincia de Azuay, donde está localizada Gualaceo, había tenido una relación comercial con Nueva York desde la primera mitad del siglo xx, gracias al sombrero erróneamente llamado *"Panama hat"*: un sombrero de paja blanca tejido a mano a la perfección que se hizo popular en las películas de aquella época. Cuando la demanda de esos sombreros decayó entre las décadas de los cincuenta y los sesenta, la economía ecuatoriana su vio afectada, particularmente dos grupos: los comerciantes que exportaban los sombreros, y los campesinos que los confeccionaban. Ambos grupos, aprovechándose de los patrones comerciales y las relaciones establecidas a través de los años, comenzaron lentamente a emigrar a la ciudad que de alguna manera les resultaba familiar: Nueva York.[4]

La primera ola de inmigrantes no fue nada comparada con lo que vendría después. En las décadas de los ochenta y los noventa la fiebre de emigrar se apoderó del país. Paralizado por la crisis de la deuda externa, Ecuador comenzó a exportar personas en lugar de sombreros. Incapaces de encontrar trabajo en sus pueblos o en ningún otro lugar del país, miles de ecuatorianos viajaron a Nueva York de cualquier forma posible: legalmente, con una visa; o ilegalmente cruzando la frontera o con visa falsas. Todo el mundo parecía estar preparando su viaje al norte o sabía de alguien que ya se había embarcado en la peligrosa y costosa travesía.

En el censo de 1990 realizado por la Universidad de Cuenca, el 45.5 por ciento de los censados dijeron tener por lo menos un familiar en Estados Unidos. En 1991, el Departamento de Planificación de la ciudad de Nueva York estimó que había aproximadamente cien mil ecuatorianos en el área de Nueva York (esa cifra no incluía a los inmigrantes indocumentados, lo que probablemente duplicara ese número).[5] La sucursal de Azuay del Banco Central estimó que el monto de las remesas de los emigrados fuera del país era de $120 millones, equivalente a dieciséis años de exportaciones de sombreros de paja.[6]

El mismo Espinoza ayudó por lo menos a veinte gualaceños a encontrar trabajo. En un solo día, encontró empleos para siete hombres en una florería. En una época, parecía que todo gualaceño que llegaba a Long Island tenía que ir a verlo a él primero. Como superintendente de un edificio, tenía un lugar para alquilar o conocía a alguien que estaba dispuesto a alquilarles a los inmigrantes recién llegados, con frecuencia hombres que compartían un cuarto.

De esa forma, Espinoza se convirtió rápidamente en lo que los que estudian los patrones migratorios llaman el "emigrante pionero" —inmigrantes que tienen una "influencia decisiva en los inmigrantes posteriores" que se guían no por trabajos ni agentes, sino por "decisiones personales o familiares espontáneas, generalmente basadas en la presencia en ciertos lugares de familiares o amigos que puedan proveer albergue o asistencia", como lo indican Alejandro Portes y Rubén G. Rumbaut en su libro *Immigrant America: A portrait*.[7] Después que un grupo se asienta en un lugar, se establece un enclave a donde le seguirán otros del mismo pueblo o nacionalidad. Portes y Rumbaut escribieron: "La emigración es un proceso motivado por una red de conexiones y no hay nada más efectivo que los lazos familiares y de amistad para guiar a los recién llegados hacia las comunidades étnicas existentes".[8] Una vez que este proceso está establecido, concluyen los autores, "la emigración se perpetúa a través de las conexiones dentro del grupo étnico". En teoría, explican, "este proceso puede continuar indefinidamente".

In 1993, doce años después de su llegada a Nueva York, Espinoza, que tuvo otros dos hijos con Ana, un niño y una niña, se dio cuenta de que prácticamente todos los que él conocía de la zona de Gualaceo tenían por lo menos un familiar en Patchogue, lo que le dio una idea para establecer un negocio. La mayoría de los inmigrantes que conocía, incluso él mismo, tenía que viajar hasta Queens cada vez que quería enviar un paquete o dinero a sus familiares. ¿No sería ideal que lo pudieran hacer desde Patchogue? Espinoza comentó su idea a su mujer, que se mostró indecisa en dejar sus trabajos estables, pero que sabía que no podía interponerse entre su marido y su inquebrantable optimismo.

Con dinero de sus ahorros y un préstamo de $5,000 de un pariente, Espinoza alquiló un sitio de setecientos pies cuadrados en Main Street de Patchogue y lo llamó Envíos Espinoza.

El fracaso no era opción pero, por si acaso, los Espinoza continuaron trabajando los fines de semana en el restaurante. Cuando abrieron otro establecimiento, a unas cuantas cuadras en la misma Main Street, Espinoza decidió no trabajar más para nadie y concentrarse en hacer prosperar su propio negocio. Ocho años después de haber abierto su primera tienda, Espinoza abrió la tercera en 2001. Todos los días iba y venía de una tienda a otra, donde vendía productos —manichos (chocolates) y galletas— que los gualaceños anhelaban. Ofrecía consejos sobre inmigración, alquilaba películas en español, enviaba dinero al Ecuador y vendía tarjetas para hacer llamadas de larga distancia. Los gualaceños pasaban a la hora del almuerzo o después del trabajo para saludarlo en español y respetuosamente, como lo harían en su país. "Buenos días, Don Julio", le decían, y Espinoza se sentía como en su casa.

Sin embargo, Espinoza sabía que Patchogue no era su casa. Era el lugar donde vivía, donde se había asentado y donde tenía la esperanza de quedarse, pero no era tan inocente de pensar que porque a él le gustaba Patchogue, a Patchogue le gustaba él. A pesar de tener un negocio próspero, sabía que dependía enteramente de la población ecuatoriana. Nadie que no fuera hispano jamás se habría venturado en su tienda por curiosidad o necesidad. Era como si una línea invisible separara a los inmigrantes ecuatorianos del resto de Patchogue.

Sus hijos admitieron que habían tenido una experiencia similar en los pasillos del *high school*: los que hablaban solamente inglés debían pararse a un lado, y los que hablaban solamente español en el otro. Espinoza también había escuchado rumores de que algunos jóvenes acosaban y atacaban a los inmigrantes tarde en la noche, especialmente si habían bebido demasiado; les habían robado el dinero y las bicicletas y los habían insultado.

Espinoza sabía que eso tenía un nombre, racismo, aunque él

no lo había vivido en carne propia. Estaba feliz en su pequeño mundo, atendiendo a sus clientes, pagando a tiempo el alquiler de sus tiendas y corriendo a casa en la noche para sentarse a la mesa con su familia. En 2002, Espinoza y su mujer compraron su primera casa en Estados Unidos, una casa de tres dormitorios en una área concurrida, pero lo suficientemente lejos de la calle como para poder ignorar al mundo, hasta el tráfico.

Uno de los clientes más leales de Espinoza era un hombre joven que había llegado en 1993 y que se había mudado a Patchogue enseguida, como lo había hecho Espinoza hacía una década, en busca de un trabajo mejor pagado y más estable. Su nombre era Marcelo Lucero, y era el hijo de una mujer pequeña con la piel color nuez que tenía la reputación de ser la mejor cocinera de Gualaceo. Los días de mercado la gente esperaba en línea para comprar la comida casera de doña Rosario.

Prácticamente todos los días después del trabajo en una lavandería, Lucero iba a Envíos Espinoza y compraba una tarjeta de $2 para llamar a su casa y hablar con su madre por cerca de veinticinco minutos. A Espinoza le caía muy bien Lucero. Admiraba, especialmente, que siempre quería hablar con su querida familia, y también comprendía cómo Lucero se sentía: tenía añoranza de su casa y se sentía solo, a pesar de estar rodeado de personas conocidas de su niñez, gente que fueron sus vecinos en Gualaceo y que ahora eran sus vecinos en Patchogue.

Entre 1999 y 2000, cuatrocientos mil ecuatorianos se unieron al millón de compatriotas que ya residían en Estados Unidos.[9] Casi un tercio de ellos vivían en el área de Nueva York.[10] De acuerdo al censo del año 2000, había 2,842 hispanos en Patchogue, un aumento de más de un 84 por ciento en comparación con el censo de 1990.[11] La mayoría de los hispanos era de Ecuador, y la mayoría de ellos de Gualaceo y sus alrededores. Sin embargo, por un tiempo los ecuatorianos de

Patchogue permanecieron fuera del radar —no porque fueran invisibles, sino porque la mayoría de la gente no quería verlos.

Al principio, los inmigrantes hacían trabajos domésticos en las casas señoriales cerca de las aguas de Great South Bay, en guarderías y en zonas de construcción. Por años, los habitantes del pueblo aceptaron y le dieron la bienvenida a la mano de obra barata mientras, al final del día, se fueran a sus casas en otros pueblos. La diferencia con los ecuatorianos en Patchogue —y algo inquietante para los que lo notaron— era que al final de la jornada de trabajo, éstos no se marchaban a ningún lugar, porque vivían en apartamentos pequeños detrás de Main Street, o en casas subdivididas que sus dueños habían dejado atrás al jubilarse y mudarse a la Florida. Patchogue era el lugar donde vivían, no sólo el lugar donde trabajaban.

De pronto, pareció que proliferaban carteles en español por todo el pueblo pidiendo lavaplatos y anunciando restaurantes que ofrecían comida hispana. Un día apareció un rostro nuevo en el banco de Main Street: una cajera bilingüe. Y los chicos que llevaban las órdenes de pizza y pollo frito a los negocios y las casas ya no eran jovencitos blancos de *high school*, sino hombres de pelo negro y miradas escurridizas. En las esquinas de las calles principales de la zona, decenas de hombres se reunían cada mañana en busca de trabajo en la construcción.

Los ecuatorianos se convirtieron en una presencia callada pero visible, escurriéndose de Main Street cada vez que veían una patrulla policíaca o que se reunía un grupo grande. Muy pocos querían tener contacto con los inmigrantes, pero algunos estaban dispuestos a tratar. Una de esas personas, que posiblemente fue más persistente que las demás, fue una bibliotecaria del pueblo, una nativa de Long Island con una afinidad particular por los idiomas y un interés especial por el español y la gente que lo habla.

CAPÍTULO 3

BIENVENIDOS A PATCHOGUE

En 1997, Jean Kaleda comenzó a trabajar como bibliotecaria en la biblioteca Patchogue-Medford. A los 38 años, finalmente había conseguido el trabajo de sus sueños en una biblioteca que atendía a una población vasta y diversa en Suffolk County. Prácticamente desde su niñez Kaleda se había estado preparando para esta carrera.

Nació y fue criada en Hicksville, una comunidad pequeña dentro del pueblo Oyster Bay, en Nassau County, que se convirtió en un animado suburbio de la ciudad de Nueva York después de la Segunda Guerra Mundial. Su padre, nacido en Brooklyn, tenía dos trabajos: daba servicio al cliente para Eastern Airlines, floreciente en aquel entonces, y de noche, limpiaba oficinas. Su madre, que había sido aeromoza, dejó de trabajar después del nacimiento de su primer hijo. El matrimonio tuvo cinco hijos en siete años. Jean, la segunda en nacer, era la mayor de las tres niñas.

Kaleda, que compartía dormitorio con sus hermanas, encontró en la literatura un refugio de la vida bulliciosa de su hogar. Se pasaba horas leyendo en la cama, más que todo novelas de misterio inglesas. Su primer trabajo, con sólo doce años, fue repartiendo periódicos. Kaleda leía los titulares antes de lanzarlos a los inmaculados jardines de sus vecinos. A pesar de que sus abuelos paternos habían nacido en Lituania y el padre de su mamá en Sicilia, en la casa se hablaba solamente inglés. Sus ancestros quisieron asimilarse rápidamente, para dejar atrás los tristes recuerdos y comenzar una nueva vida en un nuevo país. En la casa, los padres de Kaleda enfatizaban el sentido de justicia, el respeto y el trabajo sobre todas las cosas. La "regla de oro" funcionaba como un instrumento de enseñanza. Incluso de pequeña, la idea de que había que tratar a los demás de la misma forma en que queríamos ser tratados estaba presente en su mente con su lógica inquebrantable. En noveno grado, el currículo de la escuela católica a la que asistía requería que los alumnos estudiaran un idioma extranjero y Kaleda escogió el español. Luego, estudió inglés en la Universidad Towson en Maryland y en el otoño de 1979, en su primer año, por un impulso, decidió viajar a España. Fue allí, en las calles angostas y los bares llenos de humo del centro de Madrid, donde Kaleda se enamoró no sólo del idioma, sino de la cultura bohemia de un país que le pareció electrizantemente repleto de posibilidades. El general Francisco Franco, el hombre de hierro que había regido España por treinta y seis años, había muerto cuatro años atrás, y el país estaba en transición hacia una democracia y una nueva constitución.

Los ideales políticos de Kaleda cobraron fuerza en Madrid, donde siguió con atención la cobertura en los medios españoles de los cincuenta y dos americanos que habían sido secuestrados en Irán ese mismo año, y se sorprendió y entristeció al ver cómo algunos españoles disfrutaban con el sufrimiento de los americanos, pero pensó que entendía sus razones. Recordaba de niña haber leído las noticias de la Guerra de Vietnam, con fotos de niños muertos y soldados en ataúdes. Si esa había sido la forma en que la guerra había llegado a los hogares en Estados Unidos, podía imaginarse qué habría visto el mundo y cómo había influenciado en la forma en que otros países veían a los americanos.

Después de graduarse, con títulos en español y en inglés, Kaleda permaneció en Maryland, primero trabajando como secretaria en una firma de contaduría y luego, por tres años, como traductora de español al inglés para el Departamento de Defensa. Cuando su padre se enfermó con enfisema, Kaleda regresó a casa y cambió de carrera. Se matriculó en la universidad St. John's en Queens para hacer una maestría en bibliotecas.

Su primer trabajo después de graduarse fue de bibliotecaria en un banco de inversiones en la ciudad de Nueva York, donde había hecho una pasantía durante sus años de posgrado. Trabajó allí por tres años, a pesar de que el trabajo no la complacía. Quería ser bibliotecaria para ofrecer conocimiento, no para proveer de información a una gran corporación. A los treinta y un años de edad, aceptó una reducción de salario y regresó a Long Island para trabajar de bibliotecaria en Riverhead, cerca del lugar donde había crecido.

Entre 1990 y 1997 estuvo relativamente contenta con su trabajo, aunque raramente utilizaba el español. En 1997, recibió una oferta para trabajar en la biblioteca de Patchogue-Medford donde, estaba segura, haría buen uso del idioma. Con ilusión y sintiendo que cumplía un propósito, aceptó la posición. Se veía a sí misma como un nexo entre la biblioteca y la creciente población hispana de la costa sur de Long Island. Imaginó todo lo que era capaz de hacer con sus habilidades en el idioma y su interés por la gente que, ella sabía, no era debidamente servida, sino más bien ignorada o hasta incomprendida, como le sucede a muchos recién llegados.

Kaleda quedó sorprendida y desilusionada al encontrar que los usuarios de la biblioteca no eran de un grupo tan diverso como el que ella veía a través de las ventanas de la biblioteca. "¿Dónde están todos?", se preguntaba. "¿Quiénes son? ¿De dónde son?".

Afinaba el oído mientras caminaba de arriba para abajo por

Main Street, tratando de identificar el suave acento que había conocido en España, o el musical pero truncado español del Caribe que estaba acostumbrada a escuchar entre dominicanos y puertorriqueños en la ciudad de Nueva York. Lo que escuchaba en las calles de Patchogue no se parecía a ninguno de esos acentos. Era una forma de hablar más formal y entrecortada que parecía saltarse las vocales y terminar cada palabra con una inflexión expectante, como si la persona que escuchaba debía terminar la frase.

Kaleda no lograba identificarlo, y no sabía quién podría hacerlo. No conocía a nadie en Patchogue fuera de la biblioteca, o por lo menos nadie que compartiera su interés por los hispanos, y en particular su amor por el idioma español. Pero ella estaba resuelta a atraer a usuarios hispanos a la biblioteca.

La biblioteca tenía una larga historia. Aprobada por el estado de Nueva York en 1900, la biblioteca Patchogue-Medford es la biblioteca principal del condado de Suffolk y presta servicio a más de cincuenta mil personas. Durante las décadas de los setenta y ochenta, los puertorriqueños fueron la vasta mayoría de los hispanoparlantes de esa comunidad. Una bibliotecaria llamada Barbara Hoffman decidió acercarse a esa comunidad a través de los jóvenes. Gracias a ella, un grupo musical local de adolescentes, la mayoría hispanos y afroamericanos, fue contratado para un baile que tomaría lugar en la biblioteca. Los adolescentes del pueblo, que se consideraban artistas del grafiti, fueron reclutados para pintar un mural para la biblioteca, y la biblioteca prestó equipo de vídeo para que filmaran eventos en los que participaba la comunidad hispana. Para crear una colección de libros en español para jóvenes, las bibliotecarias angloparlantes le pidieron a un grupo de adolescentes hispanos del pueblo que las acompañaran a la librería Borders para que les ayudaran a seleccionar libros que les agradara a los demás adolescentes.[1]

El programa fue víctima de su propio éxito: a medida que la comunidad se hizo bilingüe y se integró al devenir de la vida en

Patchogue, no se necesitó más un programa de esa naturaleza. Finalmente, la iniciativa de acercamiento a los hispanoparlantes de la biblioteca llegó a su fin.

Pero justo entonces, una ola de ecuatorianos empezó a transformar a Patchogue una vez más y la biblioteca tuvo que desempolvar sus viejos planes de trabajo con la comunidad hispana.[2] Al principio del año 2002, la biblioteca revisó su antiguo plan y decidió darle prioridad. Poco después, la biblioteca creó un comité de acercamiento a la comunidad hispana, con Kaleda al frente. Se estableció un centro de idiomas y enseñanza con materiales para aprender inglés y otros idiomas; los materiales de la biblioteca fueron traducidos al español y la colección de libros bilingües y en español se expandió grandemente. En todos los rincones de la biblioteca se colocaron cajas pidiendo sugerencias en ambos idiomas.[3]

El único problema para Kaleda era hallar una manera de llegar a la comunidad. La biblioteca era como un bufé ricamente presentado, pero sin comensales. A diferencia de otros grupos que tenían la tendencia a agruparse para pedir reconocimiento, ayuda, trabajo o poder político, los ecuatorianos de Patchogue parecían no tener un líder. Todos se ocupaban de sus asuntos individuales, una conducta típica de los recién llegados. Los ecuatorianos no buscaban destacarse en la vida del pueblo, solamente estaban tratando de sobrevivir.

A principios del otoño, en 2002, Kaleda leyó un titular en el periódico local, *The Long Island Advance*, que le llamó la atención: "Echando raíces en Long Island. La creciente población de hispanos espera romper barreras en Estados Unidos".[4]

Finalmente, pensó Kaleda mientras leía, alguien se ha percatado de lo obvio:

Marta Vázquez está muy lejos de su casa, pero no le falta compañía.
Nacida en Gualaceo, Ecuador, Vázquez dice que hay

más de 16,000 personas de su país en América del Sur que han emigrado a Long Island en los últimos 30 años. Esta residente de Patchogue, que llegó al pueblo hace 15 años y que recibió oficialmente la ciudadanía americana el 15 de agosto de 1998, también dice que por lo menos 4,000 ecuatorianos viven en los alrededores de Patchogue. La estadística más interesante, de acuerdo con esta mujer de 32 años de edad, casada y con un hijo, es que todas estas personas son del mismo pequeño pueblo en Ecuador.

[...]

A nivel local, la población hispana de Patchogue, por ejemplo, creció en un 84.1 por ciento entre los años 1990 y 2000, de acuerdo con las cifras del censo más reciente. Aproximadamente 2,842 personas de origen latino viven actualmente dentro los límites de un pueblo de 2.2 millas cuadradas. La metamorfosis cultural es más aparente en la avenida South Ocean, donde las bodegas latinas y las carnicerías dominan el comercio de la zona.

[...]

Según Vázquez, portavoz de la recientemente creada organización Ecuatorianos Unidos de Long Island, la mayoría de los ecuatorianos que viven en Long Island tienen la esperanza, además de encontrar trabajo, de llegar a ser ciudadanos americanos, con todas las de la ley, y pagar sus impuestos. El grupo cuenta con casi 60 miembros, pero solamente dos de ellos hablan inglés bien, lo que pone en evidencia una de las barreras con las que la creciente población hispana del área tiene que lidiar.

Leyendo el artículo, Kaleda encontró las respuestas que buscaba. En unos cuantos párrafos, se dio cuenta de que ella podía resolver una de las necesidades de la comunidad —las clases de inglés. Levantó el teléfono y la llamó a Martha Vázquez. El artículo decía que trabajaba para uno de los bancos locales.

Vázquez fue receptiva. Comprendiendo inmediatamente las intenciones de Kaleda, la invitó a la siguiente reunión. El grupo —de no más de diez personas esa noche— se reunió en un sitio arriba de un restaurante chino en Main Street. Kaleda se dedicó a escuchar la mayor parte del tiempo. Los miembros del grupo hablaban de su primer proyecto: un jardín comunitario en la avenida South Ocean. Kaleda comprendió que si quería atraer ecuatorianos a la biblioteca, necesitaba convencer a más de diez de ellos, necesitaba hacerlo en español y a través de alguien en quien ellos confiaran. Durante la reunión, mencionaron que la publicación más leída entre los hispanos no estaba en Long Island, sino en Ecuador, a más de tres mil millas de distancia. Un periódico semanal llamado *Semanario El Pueblo*, editado y publicado en Gualaceo los domingos y que llegaba a Patchogue los jueves.

Al siguiente día Kaleda le envió un correo electrónico en español al editor del periódico, Fernando León, en que le decía que las puertas de la biblioteca estaban abiertas para la comunidad ecuatoriana y que la biblioteca estaba ansiosa de trabajar con ellos. También le pidió consejos sobre la mejor forma de acercarse a la comunidad. Kaleda esperaba recibir una respuesta por correo electrónico, o una simple confirmación de haberlo recibido, pero no sucedió así. Varios días después, los primeros tres gualaceños llegaron a la biblioteca preguntando por Kaleda.

"¿Cómo supieron de mí?", les preguntó ella, extrañada pero complacida.

Le mostraron una copia de *El Pueblo*. El editor había utilizado el correo electrónico de Kaleda en la sección "carta al editor". Se había roto el hielo.

El programa de ayuda a la comunidad se puso en marcha. Se crearon panfletos que decían "Bienvenido al pueblo", igual a los que ya existían en inglés, para ser distribuidos a los nuevos usuarios que querían obtener una tarjeta para sacar libros de la biblioteca. Comenzaron a ofrecerse talleres bilingües y en español sobre temas como inmigración, salud y vivienda y también sesiones de lectura para niños.[5]

La mayoría de la traducción la hacía Kaleda, quien había aprendido el español cuando era universitaria. También lo hacía una empleada que trabajaba media jornada, y no precisamente en el área de servicio al público, y una custodia que también trabajaba media jornada. Nadie más en la biblioteca hablaba español. Kaleda sabía que tenía que encontrar a un empleado que pudiera trabajar tiempo completo que fuera verdaderamente bilingüe. Encontró lo que buscaba justamente en la biblioteca, aunque le tomó tiempo y un poco de suerte.

Un día, Kaleda estaba conversando con un hombre que había asistido a uno de los talleres bilingües y que le explicaba que los latinos del área necesitaban saber cómo funcionaban las cosas en Patchogue. Por ejemplo, cómo pagar una multa de tránsito, entender la diferencia entre los agentes locales y la policía del condado de Suffolk y cómo hacer trámites para usar el campo de fútbol. Kaleda se dio entonces a la tarea de organizar la primera reunión bilingüe del pueblo, en la biblioteca. Se puso en contacto con el alcalde, Paul Pontieri, que se mostró interesado. La reunión tuvo lugar el 3 de noviembre de 2004 bajo el nombre "Viviendo en la Villa de Patchogue".

Un supervisor de la Sociedad Para la Enseñanza de Adultos de Patchogue-Medford estuvo de acuerdo en llevar algunos de sus alumnos de inglés. La sociedad también ofrecía clases para la ciudadanía en la biblioteca y, por coincidencia, ese mismo día tenían lugar, por lo que esperaban que los alumnos también asistieran. La instructora de las clases de ciudadanía se llamaba

Gilda Ramos, una empleada a media jornada del distrito escolar, que había nacido y crecido en Perú, y que hacía seis años vivía en Long Island.

Se distribuyeron volantes por todo el pueblo anunciando la reunión, y a pesar de que el texto estaba plagado de errores, podía comprenderse perfectamente. El alcalde, Pontieri, hablaría desde cómo estacionarse legalmente, hasta cómo tramitar ayuda con la vivienda para personas de bajos recursos. Cuando Pontieri llegó, un poco antes de las 7:00 p.m., cerca de una docena de personas esperaba por él. Al final, había aproximadamente 100 personas apiñadas en una pequeña sala de la biblioteca. El alcalde comenzó a hablar, pero era evidente que la persona que servía de intérprete no podía traducir al español. Desde la primera fila, Ramos comenzó a decirle, en voz baja, la traducción correcta al atormentado intérprete, que finalmente se dirigió a Ramos y le preguntó: "¿Quieres hacerlo tú? Porque yo no puedo hacerlo".

Ramos no desaprovechó la oportunidad. Se paró frente a la sala y tradujo a la perfección las palabras del alcalde.

Desde su puesto a un lado de la sala, Kaleda estaba encantada con lo que veía y se dio cuenta de que había encontrado la persona que buscaba. En 2005, Ramos comenzó a trabajar a media jornada en la biblioteca. Dos años después, Kaleda pudo contratarla a tiempo completo como funcionaria pública bajo el título de "asistente de bibliotecaria, hispanoparlante" y Ramos se convirtió en un miembro indispensable de la biblioteca, impartiendo clases de computadora, de español, de inglés como segunda lengua, español conversacional y, por supuesto, clases para la ciudadanía.

Gilda Ramos, al igual que Kaleda, fue la persona perfecta en el momento perfecto para el trabajo perfecto. Con estudios de inglés y alemán en su país natal, Perú, y dotada de la pasión de servir al público, además de una ética laboral impecable, Ramos estaba impaciente por ayudar a los inmigrantes recién llegados.

Había comenzado a estudiar inglés desde muy pequeña en el preescolar, en una escuela católica. Su amor por el idioma y su facilidad para hablarlo era tal que en las noches, antes de hacer sus oraciones en español, decía el Padre Nuestro y el Ave María en inglés. A los doce años, Ramos, una de dos hermanas de una madre soltera que trabajaba como asistente de enfermera y estudiaba psicología, comenzó a ganar dinero enseñando inglés a niños mayores. A los dieciséis, hacía traducciones para los misioneros, mientras estudiaba y continuaba su instrucción en inglés. La escuela de idiomas estaba muy lejos de su casa, y le tomaba varias horas atravesar la cuidad. En aquel tiempo, el grupo terrorista maoísta, Sendero Luminoso, tenía a la ciudad de Lima en estado de alerta y con miedo por las bombas constantes. Pero nada desalentó a Ramos en sus ansias de triunfar.

A los veintidós años, con un sólido conocimiento de inglés, Ramos se concentró en estudiar alemán y se mudó a Stuttgart, Alemania, con un trabajo de niñera. Su plan era permanecer por un año y regresar a casa para trabajar en un laboratorio farmacéutico o en una cervecería alemana; pero se enamoró de un soldado americano. Cuando volvió a casa, el soldado la siguió. En la tercera visita, se casaron y se mudaron a un apartamento en Moriches Center, en Long Island. El matrimonio tuvo dos hijos, pero se disolvió rápidamente.

En 2002, solamente dos años después de haber llegado a Estados Unidos, Ramos comenzó a trabajar en el distrito escolar de Patchogue-Medford, como maestra de inglés para los recién llegados. Entonces, su supervisora le pidió que diera clases de ciudadanía en la biblioteca de Patchogue-Medford, y así fue que se encontró interpretando las palabras del alcalde en la reunión de la biblioteca en noviembre de 2004.

Kaleda y Ramos comenzaron el año 2008 con grandes expectativas. Finalmente, Kaleda cosechaba los frutos de años de esfuerzo en tratar de atraer un grupo diverso de usuarios a la biblioteca. Ramos, que aún se consideraba la voz de los que no tenían voces, traducía todo tipo de material —desde volantes hasta calendarios— y la biblioteca se convirtió en un verdadero centro de aprendizaje para los recién llegados.

En el otoño, sin embargo, las cosas comenzaron a cambiar. Ramos y Kaleda notaron que los materiales en español —diccionarios, películas y discos compactos— no estaban circulando como en los meses anteriores. Las clases estaban llenas, pero cuando no había clases, muy pocos hispanos iban a la biblioteca, especialmente de noche.

Al final del mes de octubre, cerca de *Halloween*, Ramos les preguntó a los estudiantes qué estaba pasando. Lo que escuchó la hizo temblar de miedo. La biblioteca era tal imán de inmigrantes que, por la noche, cuando salían de las clases caminando o en sus bicicletas, bandas de hombres jóvenes los perseguían para acosarlos, golpearlos o robarles el dinero o las bicicletas. Alguien había sufrido una herida en la cabeza producto de un ataque y una mujer había sido seguida por un grupo de hombres que le tiraron latas de refresco. Los ataques estaban teniendo lugar por todo Patchogue, no solamente cerca de la biblioteca. Esa era la razón por la que muchos se mantenían alejados, dijeron. Tenían miedo de ser blanco de los ataques, pero se arriesgaban para ir a las clases porque su meta era aprender.

Ramos se sintió aterrada e inmediatamente fue a hablar con Kaleda.

"No me vas a creer lo que te voy a decir", dijo, tratando

de respirar con calma, apoyada en el marco de la puerta de la oficina de Kaleda. "Quiero que escuches esto con tus propios oídos".

Les pidió a los alumnos que repitieran sus historias a Kaleda. Kaleda, que estaba enterada del racismo que se proliferaba en Long Island y que había escuchado historias de acoso y violencia contra inmigrantes en otros lugares, inmediatamente comprendió la gravedad del asunto. Se sintió vulnerable, desprotegida y, sobre todo, asustada.

Ese año no había sido el mejor para los inmigrantes. A pesar de que el 2008 fue un año de elecciones, los candidatos, los senadores Barack Obama y John McCain, prácticamente no tocaron el tema de la inmigración. No fue ni siquiera mencionado en ninguno de los tres debates.[6] Una de las pocas veces que McCain habló sobre inmigración fue mientras hacía campaña en la Ciudad de México, e hizo énfasis en la necesidad de asegurar la frontera. Muy pocas personas pudieron escucharlo, porque su discurso, dentro de un hangar para helicópteros, "fue interrumpido por el ruido ensordecedor de una lluvia torrencial que hizo sus palabras ininteligibles", según *The New York Times*.[7]

Como ha sucedido con cierta periodicidad en Estados Unidos, la inmigración se había convertido en el tema más desgarrador, divisivo y mortificante del principio de siglo. Incluso George W. Bush anunció su intención de arreglar el deplorable estado del sistema de inmigración antes de llegar a la presidencia en 2001. Habló, específicamente, de una ley que legalizara los 12 millones de inmigrantes que en aquel momento vivían ilegalmente en el país. El proyecto de ley por el que él luchó se desintegró al llegar al congreso en junio de 2007, durante el voto crucial, que contó solamente con el apoyo de doce senadores republicanos.[8]

De hecho, cualquier posibilidad de una reforma migratoria

pereció mucho antes de dicho voto, en las ruinas de las torres gemelas del World Trade Center en septiembre de 2011. Después del ataque terrorista perpetrado por extranjeros que entraron en Estados Unidos con visas, el país se encerró en sí mismo. Las fluidas fronteras se tornaron rígidas y el tema de conversación nacional cambió rápidamente: ya no se trataba de ayudar a los inmigrantes a asimilarse y a llegar a ser americanos, sino de mantener a los extranjeros fuera del territorio. Millones de inmigrantes se encontraron en el fuego cruzado de esa retórica, muchos de ellos mexicanos que ya se encontraban en el país y se consideraban parte del país —o por lo menos, así pensaban— a pesar de que no tenían documentos para probarlo. Millones de dólares fueron desviados para poner en práctica las deportaciones y para la seguridad nacional, y el Servicio de Inmigración y Naturalización se convirtió en el Departamento de Seguridad Nacional.[9]

En la primavera de 2006, millones de inmigrantes tomaron las calles de muchas ciudades, a lo largo y ancho del país, exigiendo una reforma migratoria, pero el esfuerzo tuvo resultados contraproducentes. En nada favoreció que las banderas más visibles en todas las demostraciones no fueran rojas, blancas y azules; sino banderas mexicanas, rojas, blancas y verdes. En lugar de hacer evidente sus problemas, los manifestantes se las arreglaron para hacer evidente el gran número de indocumentados en el país. En las entrevistas televisadas, dieron la impresión de estar enfurecidos y de mostrar ingratitud. Los estadounidenses querían escucharlos pedir que los dejaran permanecer en el país, y no que exigieran que se cambiaran las leyes que ellos ya habían roto abiertamente al cruzar la frontera ilegalmente o al extender su estadía en el país más allá de lo permitido en sus visas. El americano promedio de Estados Unidos comenzó a sentir aún más miedo de la llamada invasión hispana.

Casi todos los días, así parecía ser, los periódicos publicaban artículos sobre el sentir del país sobre el tema; y lo que quedaba claro era que existía una gran división. Por un lado, estaban los empresarios y los liberales partidarios de normativas migratorias menos restrictivas y de encontrar una forma comprensiva y generosa de legalizar a los millones de personas ilegales. Por otro lado, estaban los conservadores y los activistas en contra de la inmigración que condenaban la falta de seguridad en las fronteras y exigían, encolerizados, que el gobierno federal estableciera una forma coherente de controlar la inmigración ilegal.

En un artículo de 2008 titulado "El gran pánico sobre la inmigración", *The New York Times* describió la situación como una guerra:

Algún día, el país comprenderá cuál es el verdadero costo de su guerra contra la inmigración ilegal. No hablamos de dólares, a pesar de que esos se despilfarran en millones de millones. El verdadero costo afecta la identidad nacional: el sentido de quiénes somos y cuáles son nuestros valores. Lo sabremos cuando se pase la fiebre, miremos lo que hemos hecho y ya no podremos reconocer al país... El mensaje "restriccionista" es brutalmente sencillo —los inmigrantes ilegales no merecen derechos, compasión o esperanza. Se niega a reconocer que la ilegalidad no es una identidad, es un estatus que puede arreglarse dando los pasos necesarios, para luego continuar la vida dentro de la legalidad. A menos que la nación contenga la compulsión en que se encuentra, los inmigrantes ilegales serán para siempre "ellos" y nunca "nosotros", y estarán sujetos a cualquier sistema abusivo concebido por los poderes del momento.[10]

Con más de 175 proyectos de ley relacionados con el empleo de inmigrantes presentados por los estados en 2008, era obvio que la guerra se estaba librando a nivel local.[11] Dos años antes, municipalidades y pueblos habían comenzado a proponer —y, a veces, a aprobar— resoluciones y leyes diseñadas a frenar la inmigración ilegal. Pueblos desde Long Island hasta Palm Beach, en la Florida, trataron de dictar cuáles documentos debían ser verificados por los empleadores cuando contrataban trabajadores para arreglar techos o cortar la hierba, en qué lugares podían pararse los jornaleros mientras buscaban trabajo en las esquinas y si podían hacer señales con los brazos a los camiones que pasaban buscando mano de obra. En el verano de 2006, el consejo de la ciudad de Hazleton en Pensilvania aprobó el Acta Sobre la Inmigración Ilegal (Illegal Immigration Relief Act) dirigida a los empleadores y caseros que contrataban o alquilaban sus casas a inmigrantes indocumentados. El acta también declaraba que el inglés era el idioma oficial de la ciudad. La corte prohibió que tuvieran efecto la mayoría de los elementos del acta, pero atrajo la atención nacional y mucha ansiedad en el ya dividido pueblo de Hazleton.

"Lo que hago con esto es proteger a las personas legales, de cualquier raza, que pagan impuestos", le dijo al *Washington Post* el entonces alcalde de Hazleton de cincuenta y cinco años, y nieto de inmigrantes, Louis J. Barletta. "Y eliminaré a todas las personas ilegales. Es muy sencillo: Tienen que irse".[12]

Desde junio de 2008 hasta el día de las elecciones de ese año, la guerra contra la inmigración estuvo presente en todas las primeras planas de los periódicos locales y nacionales. Todos supieron de las redadas en las fábricas: 595 trabajadores, que decían se encontraban ilegales en el país, fueron detenidos en Laurel, Mississippi;[13] 300 fueron arrestados en una planta kosher en Postville, Iowa[14] y 160 fueron arrestados en una planta de exportación de retazos y ropas en Houston.[15] Todos habían oído hablar de los centros de detención, el número creciente de deportaciones y el muro de alta seguridad de 670 millas de largo entre la frontera de Estados Unidos y México que se iba a construir para el final del año.[16] Con frecuencia las palabras "ilegalidad", "terror", "detención", "crimen", "prisión" y "drogas" eran relacionadas directa o indirectamente con los inmigrantes.

En el condado de Suffolk, el tono del debate con relación a la inmigración era abiertamente hostil. El 17 de septiembre de 2008, *Newsday* reportó que cerca de dos docenas de defensores de los inmigrantes le pidieron a la asamblea legislativa del condado de Suffolk que "bajara el tono de lo que ellos llamaban hostilidad de la asamblea legislativa hacia los inmigrantes, especialmente los hispanos". *Newsday* reportó que algunos se sentían particularmente frustrados con Brian Beedenbender, un demócrata de Centereach, que presentó un proyecto de ley que requería que "aquellos con licencias ocupacionales verificaran que los trabajadores estuvieran legales en el país". La asamblea legislativa aprobó la ley, pero la Corte Suprema del estado la invalidó. El condado apeló. Allí también se intensificaba la batalla.[17]

Ramos y Kaleda no estaban dispuestas a tomar a la ligera ningún comentario sobre amenazas o violencia, dadas las circunstancias. Si se había declarado guerra contra los inmigrantes, ¿quién los estaba protegiendo? ¿Llamaron a la policía? ¿Se lo dijeron a alguien? Ramos y Kaleda le preguntaron a los estudiantes, que dijeron que lo habían hecho al principio, pero que cuando la policía ignoró sus llamadas, alegando que los atacantes eran menores de edad y que no había nada que pudieran hacer, no se molestaron en volver a llamar. A pesar de que no se dijo, se quedó claro que los inmigrantes indocumentados tenían miedo de presentar cargos porque no querían llamar la atención.

Lo mejor era no andar por la calle, mantenerse callado y remplazar sus bicicletas.

Kaleda corrió a su oficina y le escribió un correo electrónico al alcalde Pontieri. "Tenemos que hablar", le dijo. A la mañana siguiente, además lo llamó por teléfono a Village Hall. Estaba segura que el alcalde querría enterarse de lo que estaba pasando.

CAPÍTULO 4

EN MI PATIO, NO

Paul Pontieri contestó el teléfono sabiendo que Jean Kaleda estaba en la línea. Su secretaria le había transferido la llamada y le había dicho que parecía ser algo urgente.[1]

Pontieri pensó que Kaleda debía estar realmente preocupada, porque sabía que era una mujer astuta y tranquila: una bibliotecaria, no una agitadora. Él también sentía un poco de preocupación después de leer su email. Nadie debería tener miedo de ir a la biblioteca, pensó. Nadie debería tener miedo de caminar por las calles de noche por hablar con acento o por el color de su piel.

Pontieri sabía de casos de violencia contra latinos, pero no en Patchogue, no en las calles que él conocía perfectamente. Se negaba a creer que el odio antiinmigrante se había filtrado en su territorio.

Pontieri, de sesenta y un años, había nacido y se había criado en Patchogue, un pueblo que él había conocido como un enclave de inmigrantes. Sus abuelos eran italianos; de Calabria en el lado de su madre, y de Bari en el lado de su padre. En la gaveta de su escritorio mantenía una copia de *From Steerage to Suburb: Long Island Italians* (De la tercera clase al suburbio: Los italianos de Long Island), un libro que hacía una crónica de la llegada y el asentamiento de los italianos en Patchogue y en otros pueblos de Long Island. Uno de los hombres que aparecía en la descolorida portada era su abuelo materno, Frank Romeo. En una repisa de su oficina, había otra fotografía de Romeo, con la camisa remangada y un sombrero *fedora*, ayudando a construir las calles del pueblo.

A Pontieri le gustaba señalar la foto cada vez que alguien entraba en su oficina para hablar del creciente número de hispanos en Patchogue. "Somos iguales", enfatizaba. "Hombres pequeños de piel oscura, brazos musculosos y almas férreas trabajando para construir una vida mejor".

En realidad, había numerosas similitudes entre los inmigrantes italianos que se asentaron en Patchogue al final del siglo XIX y los ecuatorianos que comenzaron a llegar después de que Julio Espinoza se mudara a Patchogue en 1984. Los dos grupos llegaron en busca de mejores oportunidades de trabajo. Muchos, en ambos casos, se asentaron en Patchogue inmediatamente después de haber llegado a la ciudad de Nueva York, dejándola atrás por la promesa de trabajos en campos despejados y vastos terrenos en Long Island. La mayoría de los italianos en Patchogue era de una misma región, Calabria, la punta de la península italiana en forma de bota; y la mayoría de los ecuatorianos era de la región de Azuay, una provincia al sur del centro de Ecuador. Los dos grupos trabajaron principalmente en la construcción, y al igual que los ecuatorianos más de un siglo después, los primeros italianos de Long Island sufrieron discriminación. Al principio del siglo XX, no era inusual encontrar carteles que excluían a los italianos en anuncios de ventas de propiedades en las comunidades de Long Island.[2] A pesar de que hoy en día no hay anuncios que rechacen a los hispanos, muchos dicen que ellos han sentido el aguijón del racismo.

De la misma manera que los gualaceños emigraron una vez que Espinoza y otros les hablaron de las maravillas de

Patchogue, los calabreses se habían mudado allí animados por familiares y amigos que los habían precedido y que con frecuencia les buscaban viviendas y trabajos, una vez que —e incluso antes— llegaban al pueblo. Así fue como la abuela de Pontieri, Rose Mazzotti, encontró una casa, y la forma en que Frank Romeo, que la conocía de Calabria, decidió unir su vida a la de ella.

En 1896, la familia de Rose Mazzotti, nacida en Terranova di Sibari, la trajo a Estados Unidos en el primero de tres viajes trasatlánticos que su familia hizo en el curso de diez años, antes de instalarse permanentemente en Estados Unidos. La familia Mazzotti fue a Long Island porque el tío de la madre de Rosa, Louis Lotito, los había mandado a buscar. Lotito, el primer italiano en vivir en Patchogue, cuidaba de una finca que necesitaba mano de obra, y Rose y sus padres se le unieron.

En la obra transcendental *The Polish Peasant in Europe and America* (El campesino polaco en Europa y en América) publicada por primera vez en 1927, William I. Thomas y Florian Znaniecki explican el proceso de migración transoceánico de Europa a América, casi de la misma manera que Rumbaut y Portes lo harían ochenta años después. "Cuando muchos miembros de una comunidad se asientan en América y mantienen contacto con la ciudad que dejaron atrás, América parece ser casi una extensión de esa comunidad", observaron. "Cuando un miembro se presta a dejarla, a pesar de que puede viajar sólo, viaja invitado por otro miembro y va a vivir con él; desde el punto de vista de su grupo, no es muy diferente que si viajara a otra ciudad de Polonia a visitar a un amigo y a ganar allí algún dinero".[3]

Una de las familias que siguieron a Lotito fue la familia de Romeo. Frank Romeo se había enamorado de Rose en uno de sus viajes a Italia. Como ella era todavía muy joven, sus padres consideraron que el interés de Frank por ella no era más que un capricho. En 1902, Frank llegó a Nueva York sin dinero, sin familia y sin empleo, pero rápidamente encontró trabajo construyendo y pavimentando calles. Cuando supo que Rose había regresado a Patchogue con su familia, Frank continuó con su cortejo amoroso, haciendo el viaje en bicicleta de sesenta millas los fines de semana de Nueva York a Patchogue y otras sesenta millas de regreso. Sin embargo, pronto se mudó a Patchogue, donde comenzó a trabajar como albañil, oficio que había aprendido de su padre en Italia. El 16 de enero de 1910, Frank y Rose contrajeron matrimonio, él con veinticinco años de edad y ella con dieciséis. Frank abrió un negocio de construcción de calles y llegaron a tener siete hijos.[4] Uno de ellos, Marguerite, sería, muchos años después, la madre de Paul Pontieri, el primer alcalde italoamericano de Patchogue.

Por miles de años, Patchogue estuvo habitado por gente indígena que hablaba el dialecto algonquino. El nombre "Patchogue" proviene de la palabra "Pochaug", que quiere decir un lugar que se bifurca o "donde se separan dos corrientes de agua". Los primeros en asentarse en el área fueron los holandeses. Más tarde, esa región llegó a formar parte de Nueva Inglaterra, pero los habitantes europeos la mantuvieron sin desarrollar por varias décadas. En el siglo XVIII, gracias a sus abundantes lagos, ríos y extensa costa, Patchogue se convirtió en un pueblo de fábricas —donde se producía papel, cordel, tela, lana, alfombras, madera, cuero y productos de hierro— una irresistible atracción para inmigrantes, incluyendo italianos.[5]

Hacia principios del siglo XX, Patchogue, fundado como pueblo desde 1893, desarrolló la industria de la pesca, y se hizo famosa como lugar turístico, atrayendo a la clase adinerada de la ciudad de Nueva York que buscaba alivio de los calientes meses de verano. Una nueva vía férrea construida en

1869 les hizo más fácil llegar a Patchogue a los residentes de la ciudad. Se construyeron grandes hoteles a lo largo de la costa que podían albergar más de 1,600 personas. Los años veinte —la era dorada del cine mudo de Hollywood— llevaron a los cines de Patchogue estrenos con estrellas de la talla de Gloria Swanson. Debido a su privilegiada localización y a su fuerte economía, el pueblo llegó a ser un foco de comercio y compras para los habitantes del centro y este de Long Island. Sin embargo, con la llegada del automóvil, llegaron nuevas posibilidades para viajar y salir de compras. El auge de los grandes centros turísticos de Long Island comenzó a decaer, mientras el automóvil les daba a los citadinos nuevas opciones para viajar.[6]

La proliferación del automóvil también les hizo más fácil a la gente mudarse a los suburbios, incluso a pueblos tan lejos de la ciudad como Patchogue, que aún seguía siendo un buen lugar para formar una familia. En el libro titulado *Gangs in Garden City*, Sarah Garland explica cómo "en la década de los cuarenta, el 17 por ciento del país vivía en las afueras, en la periferia de la ciudad". Algunos suburbios de Nueva York, donde el crecimiento era notable, crecieron mucho más que la propia ciudad.[7]

Aquellos que se mudaron para los suburbios —un concepto originado en Gran Bretaña y Estados Unidos cerca de 1815— no eran como los residentes originales de Patchogue.[8] Eran familias de clase media que pensaban que ya habían hecho bastante después de haber trabajado por años en la ciudad y que ahora tenían la esperanza de alcanzar su propia versión del sueño americano en la tierra prometida de los suburbios: un patio con bellos árboles y un jardín inmaculado con el césped perfectamente cortado, barbacoas con vecinos los fines de semana y buenas escuelas a las que los niños podían caminar, alejados de las crudas dimensiones de la vida de la ciudad.[9]

A pesar del influjo de recién llegados, después de la explosión demográfica posterior a la guerra, Patchogue sufrió otro revés: los centros comerciales comenzaron a alejar a los compradores de la zona central del pueblo a finales de la década de los sesenta, dando lugar al declive de Main Street.[10] El único cine que quedaba se volvió una ruina mientras las grandes tiendas se mudaban a otros lugares y las pequeñas tiendas luchaban por sobrevivir en una economía cambiante y una población que evolucionaba. Fue precisamente esa decadencia la que hizo posible que los inmigrantes se mudaran de la ciudad a Patchogue. Podían pagar los precios del alquiler.

La vida del alcalde Pontieri se ajusta perfectamente al acontecer de la década de los cincuenta y al crecimiento y cambio de los suburbios en los años de posguerra. Nacido en 1947, fue el segundo —y el único varón— de cuatro hijos del matrimonio entre Marguerite Romeo y Paul Pontieri, que habían sido novios desde sus años de preparatoria. (Paul fue el presidente de la clase en el tercer año y Marguerite fue la secretaria). Paul, que no fue a la universidad, desempeñó diferentes trabajos. Fue vendedor por un tiempo de Sunshine Biscuits, una compañía que producía y vendía galletitas dulces, galletas y panecillos. Luego, puso una pequeña cafetería junto al cine de la avenida South Ocean. Más tarde, manejó un camión de gasolina. Su esposa permaneció en casa al cuidado de los niños.

El Patchogue que el alcalde recuerda, aparentemente sin nostalgia, era un lugar maravilloso para un niño. Desde la avenida Cedar, donde él se crio, un niño que tuviera una bicicleta podía ir a cualquier parte, desde el parque al cine y de la escuela a la playa. Todo estaba entre tres y cinco cuadras de distancia —campos de pelota, teatros y la bahía. Y lo más importante: ellos tenían lo que él llama "un verdadero vecindario", un lugar en que los padres no se veían obligados a planificar el tiempo de juego de sus hijos. Los niños simplemente salían de sus casas buscando a alguien y siempre encontraban a otro niño listo para jugar.

Había docenas de tiendas en Main Street que incluían J. C. Penney y Woolworth, y tres cines: Granada, Plaza y Rialto. Pontieri y un amigo se robaban con frecuencia los pósters de las películas, como *Moby Dick*, *Davy Crockett* y *The War of the Worlds*, y los guardaban dentro de un gran libro de Peter Pan. (Pontieri aún conserva algunos de los pósters: por lo menos dos de ellos están enmarcados en su casa). No era difícil para Pontieri, mientras iba en bicicleta por Main Street, imaginarse que Patchogue era todo suyo.

Los Pontieri y los Romeo eran familias numerosas. De pequeño, Pontieri tenía siete tíos y tías, todos a unas pocas cuadras de distancia. Podía desayunar en su casa, almorzar con una tía y cenar con un tío. Las vísperas navideñas eran grandes eventos que comenzaban a media tarde y terminaban con la misa de medianoche.

La infancia ideal de Pontieri cambió súbitamente cuando su padre murió de un infarto a los cuarenta y un años mientras tiraba de una inmensa manguera en una entrada de garaje. Pontieri, que bajaba las escaleras del segundo piso de la casa cuando un policía y un sacerdote le daban la terrible noticia a la familia, se sentó en los escalones, sordo y ciego ante lo que acontecía a su alrededor. Tenía catorce años. Todo era muy confuso, pero Pontieri recuerda claramente sentir que sobre sus ya anchos hombros recayó una gran responsabilidad: ahora era el hombre de la casa. Se esperaría mucho de él.

Poco después del funeral, el alcalde de Patchogue llamó a su casa para no sólo ofrecer el pésame, sino para ofrecerles trabajo como salvavidas en la piscina del pueblo a Pontieri y a su hermana mayor. Fue un gesto que Pontieri atesoró y que un día lo puso en el camino a la candidatura de alcalde: los líderes políticos, pensó en aquel momento, ayudan a la gente cuando más lo necesita. Su madre también comenzó a trabajar como secretaria, pero Pontieri siguió siendo el consentido de la familia. Las tías y los tíos, especialmente los tíos, los protegían. Cada tío tomó un papel diferente. Uno lo llevaba a pescar, otro le daba lecciones sobre la importancia de ser un buen hombre y otro más le explicaba por qué tenía que poner a su familia antes que todo. Todo eso lo mantuvo por el buen camino.

Cuando llegó el momento de ir a la universidad, Pontieri, con doscientas libras y cinco pies y 10 pulgadas de altura, espalda fuerte y grandes manos se ganó una beca de fútbol en la Universidad Hofstra. Pontieri no estaba seguro de lo que iba a hacer con su vida además de jugar al fútbol y proteger y ayudar a su familia.

Durante el verano del primer año de universidad, el destino intervino. Una mañana, de camino al trabajo, salió de prisa de la casa, vestido solamente con traje de baño y unas chancletas. A menos de una cuadra de su casa, perdió el control de la motocicleta, se estrelló contra un automóvil estacionado y se fracturó la pierna derecha. Estuvo en el hospital por quince días mientras los doctores le atravesaban la pierna con pasadores de metal para luego enyesarla y ponerle un aparato que debió usar por varios meses. Como cojeaba ligeramente y estaba siempre adolorido, tuvo que olvidarse del fútbol. Se transfirió a la Universidad Estatal de Nueva York en la ciudad de Buffalo y se dedicó seriamente a estudiar.

El antiguo deportista se graduó en 1971, con una especialización en educación primaria para niños con discapacidades físicas. Tres años después, recibió el doctorado para trabajar con niños con problemas de conducta y aprendizaje. Durante ese tiempo, conoció y se casó con Mary Bilan, de Ashland, Ohio, que había ido de visita a Patchogue con una amiga y nunca regresó a casa. Llegaron a tener tres hijos, y Pontieri desarrolló su carrera trabajando con niños con desajustes emocionales.

En 1984, Pontieri dejó la docencia y compró un negocio de mensajería. Llegó a facturar $5 millones anuales en ventas y llegó a tener 125 empleados, pero vivía sin excesos, como siempre, y raramente salía de vacaciones porque pensaba que Patchogue era un lugar maravilloso. No se imaginaba un lugar mejor donde pasar el verano que en su propio pueblo, con la piscina pública, vistas a la bahía y acceso fácil a las playas de Fire Island.

Se adentró en la política en 1986, cuando un vecino que conversaba con él mientras podaba la grama le sugirió que se postulara como miembro del consejo de la administración del pueblo. Pontieri, que nunca había olvidado la ayuda que le había brindado el alcalde después de la muerte de su padre, no tuvo que considerarlo por mucho tiempo. Ganó esa primera elección y continuó en la política hasta que perdió el escaño en 1994.

Dos años después, vendió su negoció y regresó a las aulas como asistente de director en Bellport High School. En 2001, recuperó su escaño, y luego de tres años, se postuló para alcalde y ganó, llegando a ser el primer alcalde italoamericano de Patchogue, cien años después de que su abuelo, Romeo, llegara a América. En noviembre de 2008, cuando la tragedia que aconteció en el pueblo atrajo la atención nacional, Pontieri llevaba tres años de alcalde de Patchogue.

Pontieri no recuerda el día que se dio cuenta de que el 30 por ciento de los residentes eran latinos. Para él, Patchogue había sido siempre un imán para los inmigrantes, y aunque los puertorriqueños no eran técnicamente inmigrantes, los ecuatorianos no eran muy diferentes a los puertorriqueños que en algún momento habían sido los únicos latinos del pueblo.

De hecho, los ecuatorianos, pensó, no lucían diferente a su abuelo Romeo y los hombres que habían ayudado a construir su pueblo.

Sin duda tenían diferentes costumbres, hablaban un idioma que él no entendía y comían cosas diferentes, pero Pontieri no veía una razón por la que no podían coexistir con los otros residentes ya establecidos del pueblo. Él valoraba su espíritu empresarial y le complacía ver, junto al recién renovado cine en Main Street, los pequeños negocios que le daban un nuevo aire al área moribunda del centro del pueblo. En los lugares cerrados con tablones o en las difuntas tiendas llenas de polvo, los nuevos inmigrantes habían abierto restaurantes, cafés, agencias de viaje, *boutiques* y tiendas de video. Uno de los comerciantes, José Bonilla, fue a la oficina de Pontieri a pedir permiso para abrir un nuevo supermercado que ofreciera productos que los inmigrantes ecuatorianos no podían encontrar en ningún lugar.

Muy bien, le dijo Pontieri, pero le hizo una advertencia: los productos de Progresso deben aparecer junto a las latas de Goya.

Pontieri quería asegurarse de que su madre no se sintiera "intimidada" por productos que no pudiera reconocer. Quería que aunque ella no pudiera entender lo que murmuraban los chicos que colocaban la mercancía en los estantes o el acento de la joven cajera, no se sintiera como una extraña en su propio pueblo.

En la primera década del siglo xxi, Pontieri estaba contento con la vida en su pueblo. Sentía orgullo del orden y la urbanidad de Patchogue, con sus viejas casas, su proximidad al mar; la biblioteca, grande y moderna, y los *bistros* italianos que coexistían con lugares de comida griega y restaurantes colombianos y peruanos. Si allí existía el desorden y la mala voluntad, él no lo sabía. Si los hispanos estaban siendo acosados, él no lo había notado. Si adolescentes salían a atacar a hombres hispanos en la noche porque pensaban que eran "mexicanos ilegales" a él no se lo habían informado. Pontieri no estaba seguro de que él pudiera diferenciar entre un ecuatoriano y un mexicano, y no le preocupaba cuál era su estatus legal. Su trabajo era garantizar que el pueblo fuera bueno para todos. Así era como él lo veía. La inmigración, como a él le gustaba decir, estaba "por encima de su nivel de salario". Era un problema federal. No le concernía al pueblo.

Sin embargo, era de su conocimiento que en otros lugares, en los pueblos que rodeaban a Patchogue como una sarta de perlas, se estaban gestando problemas hacía algún tiempo.

Farmingville, un vecindario de obreros de aproximadamente quince mil residentes, está a menos de cinco millas al norte de Patchogue. Al final de la década de los noventa, trabajadores mexicanos del estado de Hidalgo, al oeste de la Ciudad de México, se asentaron allí durante un auge en la construcción. La posición geográfica —setenta millas al este de Manhattan en el centro del condado de Suffolk y al lado de la autopista Long Island Expressway— atrajo a constructores que buscaban mano de obra barata por todo el país. La noticia de que había muchas oportunidades de trabajo se regó y muchos más inmigrantes, no todos mexicanos, se mudaron a la zona en busca de trabajos en la construcción: construcción de techos, albañilería, jardinería y siembra de árboles.[11]

Los jornaleros en Farmingville —bajitos, de piel oscura, con ropas descoloridas y el comportamiento propio del hombre rural, gente que quiere llamar la atención del patrón, y no de nadie más— se convirtieron en una imagen desagradable para aquellos que los miraban y no veían más que un lado de la historia: grupos grandes de hombres desesperados que no hablaban inglés, parados afuera de dos tiendas 7-Eleven del vecindario. En primavera y en verano podían verse cerca de ochenta hombres en una esquina y cuarenta en la otra.

Los vecinos comenzaron a protestar. Estaban enojados también porque su plácido pueblo se encontraba ahora en los titulares de *Newsday* después de que la policía hiciera una redada en dos casas y desalojara a cuarenta jornaleros acusados de hacinamiento. Para la gente preocupada por el valor de su propiedad, como lo está la mayoría de dueños de casa, el reportaje no fue nada agradable, pero consideraban que la redada era necesaria. De pronto, los preocupados y furiosos residentes comenzaron a asistir a reuniones de la Asociación Civil de Farmingville, una organización comunitaria sin afiliación política, que trataba los asuntos del pueblo. Las reuniones se volvieron enfrentamientos a gritos, y en 1998, cerca de cuarenta de los residentes más indignados crearon un grupo llamado Sachem Quality of Life, por el nombre del distrito escolar de Farmingville.

Los miembros del grupo —de la clase obrera, nativistas y militantes— acusaron a los latinos indocumentados no sólo de acosar a mujeres jóvenes con piropos obscenos y de orinar y defecar en público, sino también de ser, por naturaleza, propensos a la violación, el robo a mano armada y otros crímenes violentos. Hablaron a través de los medios de comunicación, exigiendo que los funcionarios públicos a nivel local y federal hicieran algo inmediatamente. Querían, específicamente, deshacerse de los cerca de 100 hombres en cuestión que se paraban diariamente en las esquinas en busca de trabajo. Organizaron protestas al otro lado de la calle donde los jornaleros esperaban, acosando y gritando improperios no sólo a los trabajadores, sino a los constructores que se acercaban para recogerlos. Por último, el grupo exigió que el ejército de Estados Unidos ocupara Farmingville para que los inmigrantes fueran recogidos y deportados de forma eficaz.[12]

La llegada de los jornaleros mexicanos a Farmingville —y la reacción negativa contra ellos— coincidió con una agudización, a nivel mundial, de la xenofobia. En 1996, Paul J. Smith, director del proyecto de Pacific Forum sobre el tráfico de migrantes, escribió un artículo en el *International Herald Tribune* en que describía cómo el año 1995 había sido "un punto crítico y de inflexión en una época de migraciones internacionales". Había sido el año, dijo, "donde la reacción negativa contra los inmigrantes, que en un momento se creyó que era una reacción xenofóbica de países ricos e industrializados, había alcanzado proporciones globales". Citó ejemplos de países —en África, el Medio Oriente, Asia del este y del sur, las Américas y también Europa oriental y occidental— donde los inmigrantes se convirtieron en blanco de encarnizadas campañas para "rastrearlos, perseguirlos y por último echarlos".

La reacción negativa a nivel global, dijo Smith, "refleja el surgimiento de la migración internacional como la más seria crisis social y política de la década de los noventa, que, con certeza, empeorará a medida que se agudice la presión en la población, el desempleo y la disparidad económica entre los países".[13]

Si Farmingville hubiera sido un país, lo que pasó allí fácilmente hubiera podido reafirmar el argumento de Smith. Los miembros de Sachem Quality of Life presionaron fuertemente contra un proyecto de ley que autorizaba la construcción de un centro para contratar jornaleros. Bob Gaffney, ejecutivo del condado, lo vetó. El lugar nunca se construyó y los incidentes de acoso contra los inmigrantes continuaron, teniendo lugar prácticamente todos los días. La gente les tiraba rocas y botellas a los trabajadores, les disparaba con escopetas de balines y rompía las ventanas de las casas donde sospechaban que vivían los inmigrantes. Las cámaras de televisión captaron muchos de estos hechos.[14]

Por la presión de la prensa, y la posibilidad que esta aumentara, Farmingville llamó la atención de la Federation for American Immigration Reform (FAIR), una organización sin fines de lucro con sede en Washington, D.C., que aboga por el control de la inmigración. La federación envió una persona para intensificar el alistamiento, organizar protestas callejeras, promover la participación de la prensa y contribuir a una campaña de propaganda que, entre otras cosas, acusaba a los jornaleros del aumento, inexistente, de crimen como el robo en los domicilios y las violaciones. Con la ayuda de esa persona, a Sachen se le unieron cientos de miembros, que comenzaron a llamar "invasores" a los trabajadores latinos, y "traidores" a Estados Unidos y a cualquiera que los ayudara. Juntos, Sachem Quality of Life y FAIR tuvieron una fuerte influencia en la forma en que los inmigrantes fueron percibidos en el condado de Suffolk, y marcaron el tono en que se tocaba el tema de la inmigración.[15]

Sachem Quality of Life también se puso en contacto con American Patrol, un grupo nacional nativista asociado con las actividades de justicieros antiinmigrantes en la frontera entre Estados Unidos y México. Con la participación de estos grupos y con la acalorada retórica de muchos de sus residentes, Farmingville pronto se convirtió en el centro del prolongado debate nacional sobre inmigración.[16]

Finalmente, la tensión culminó en un incidente particularmente salvaje durante las primeras horas de la mañana del domingo 17 de septiembre de 2000. Dos hombres jóvenes en una camioneta plateada se acercaron a una de las esquinas de la tienda 7-Eleven y recogieron a un jornalero mexicano para trabajar ese día. El jornalero les dijo que él ya tenía trabajo, pero los llevó a su casa, donde se quedaban dos de sus amigos, Israel Pérez, de diecinueve años, y Magdaleno Escamilla, de veintiocho. Los hombres de la camioneta, Ryan Wagner, dieciocho, y Christopher Slavin, veintiocho, dijeron que necesitaban ayuda para reparar un piso y llevaron a los trabajadores a un almacén abandonado en un pueblo cercano.

Les pidieron que entraran a gatas a un sótano —donde supuestamente había que hacer la reparación. Allí, Wagner y Slavin atacaron a los trabajadores con una barra de hierro y una pala, y los acuchillaron. Pérez y Escamilla se defendieron, desarmando a sus atacantes, quienes huyeron del almacén. Adoloridos y sangrando, los mexicanos lograron salir y le hicieron señas a los carros, pidiendo ayuda, hasta que alguien se detuvo y llamó a la policía pensando que los hombres habían tenido un accidente.

La policía llevó a los trabajadores al Brookhaven Memorial Hospital, donde un reportero de *The New York Times* los entrevistó. Le dijeron al periodista que desde el principio se sintieron incómodos con los dos hombres que los habían llevado a un edificio abandonado con la promesa de trabajo. Escamilla fue dado de alta. Pérez tuvo que ser intervenido quirúrgicamente para reparar una rotura de tendón en la muñeca izquierda. Los atacantes fueron finalmente aprehendidos, juzgados y condenados. Slavin fue condenado a veinticinco años de cárcel y Wagner debió cumplir quince.[17]

El reportero también entrevistó a Ray Wysolmierski, un líder de Sachem Quality of Life. Wysolmierski rechazó la idea de que su grupo instigara el odio racial en la comunidad. "Esto iba a suceder, inevitablemente, con o sin nosotros", le dijo al reportero. "La gente se para en la esquina a esperar a que los contraten. Los que los contratan no se van a ganar un premio Nobel de la paz. En mi opinión, todos ellos son criminales".[18]

No es difícil imaginarse cómo un niño podría asimilar los hechos que ocurrieron a unas cuadras de su casa, delante del 7-Eleven donde sus padres se detenían para comprar Coca-Cola, chicles y un billete de lotería. En la mente de un niño, los delitos pueden confundirse fácilmente. ¿Quiénes eran los criminales y quiénes eran las víctimas?

El cinco de julio de 2003, en algún momento durante la noche, cinco adolescentes blancos lanzaron una bomba incendiaria a la casa de una familia mexicana en Farmingville.[19] La familia logró escapar, pero el odio no. Permaneció en el condado de Suffolk, poco disimulado, cobrando fuerza, enconándose. Cinco años después, todo ese odio finalmente resurgió con el asesinato cometido por siete adolescentes que se criaron con la convulsión de Farmingville como música de fondo.

La retórica de grupos como Sachem Quality of Life no era muy diferente a la constante dieta antiinmigrante que alimentaba el resto del país, particularmente en programas de televisión como *Lou Dobbs Tonight* en CNN. Dobbs, que alardeaba de recibir más de dos mil correos electrónicos diarios —no todos de felicitación— desencadenó una campaña contra los inmigrantes indocumentados, a los que él, repetidamente y con aparente deleite, llamaba "extranjeros ilegales", que duró por más de seis años.

Los reporteros de su programa presentaban historias, como la que salió al aire el 4 de noviembre de 2006, destacando la cantidad de dinero que, según ellos, los "extranjeros ilegales" le estaban costando al gobierno: $12 mil millones en la educación primaria y secundaria, $17 mil millones por la educación de los llamados "bebés anclas" —niños nacidos en Estados Unidos de padres indocumentados— y mil millones para reembolsar a los hospitales que les ofrecían servicios médicos a los inmigrantes indocumentados. El reporte finalizó con un afligido Dobbs afirmando que el tema de los "extranjeros ilegales" era "un problema que, ciertamente, no iba a desaparecer".

Con frecuencia, afirmaba en su programa que estaba a favor de la inmigración, pero en contra de la inmigración ilegal. Abogaba por la construcción de un muro entre Estados Unidos y México y le llamaba "invasión" a la entrada diaria de inmigrantes indocumentados. Esos inmigrantes hacían uso de "beneficios ilegales", decía él, y disminuían los trabajos que deberían destinarse a los ciudadanos legales con menos nivel educacional. Culpaba a los inmigrantes indocumentados de atiborrar las escuelas y usar el dinero de los contribuyentes para obtener atención médica gratis y educación para sus hijos, servicios que no podían recibir en sus países de origen.

Aunque los inmigrantes sí vienen a Estados Unidos buscando oportunidades que no existían en sus países, el tono de Dobbs transmitía un sentido de urgencia y de peligro: los mexicanos eran un problema, una molestia, una plaga. Llegó hasta sugerir que los inmigrantes indocumentados tenían algo que ver con el aumento en los casos de lepra en Estados Unidos. Más tarde, la sección de noticias *60 Minutes* probó que la información de Dobbs no era correcta.[20]

Dobbs no estaba solo en su implacable crítica de inmigrantes indocumentados. Desde su percha en Fox News, Bill O'Reilly hablaba largo y tendido, todas las noches, sobre los males de la inmigración ilegal, enfrascándose en una acalorada discusión, por lo menos una vez, con su invitado y periodista veterano de la televisión, Geraldo Rivera, sobre la relevancia del estatus migratorio de un conductor borracho que había arrollado a una joven en el estado de Virginia. Mientras los hombres discutían, los televidentes podían ver una línea de texto que se movía lentamente a través de la pantalla por debajo de la imagen de ellos dos: "Joven muerta por un extranjero ilegal". Para Rivera, se trataba de un caso de conducción bajo la influencia del alcohol. O'Reilly insistía en que el chofer nunca debió haber estado en el país. Rivera le preguntó si él quería incitar disturbios.

"¿Quieres que los televidentes salgan a tocar a las puertas de las casas y le pregunten a la gente, ¿'Eres legal'? Quiero que salgas para hacerte algo". Continuó: "La historia ha sido testigo de lo que sucede cuando se estigmatiza así a la gente".[21]

En otra ocasión O'Reilly habló sobre un hombre en Houston que había disparado y dado muerte a dos hombres que estaban robando en la casa de su vecino. La discusión se centró en el estatus migratorio de los ladrones y no en el hecho de que el hombre había salido de su casa, donde estaba seguro, para perseguir y matar a dos inmigrantes que no estaban poniendo en peligro su vida. O'Reilly miró directamente a la cámara y dijo: "Ya basta".[22]

En 2006, Patrick J. Buchanan publicó *State of Emergency: The Third World Invasion and Conquest of America* (Estado de emergencia: La invasión y conquista de América por el Tercer Mundo), que pronto se colocó en la lista de los mejores libros vendidos de *The New York Times*. Desde el prólogo, el libro de Buchanan es un ataque frontal contra los inmigrantes, particularmente los hispanos:

En 1960, había posiblemente 5 millones de asiáticos e hispanos en Estados Unidos. Hoy, tenemos 57 millones. Entre un 10 y un 20 por ciento de todos los mexicanos, centroamericanos y caribeños se han mudado a Estados Unidos. Entre 1 y 2 millones entran todos los días y se quedan la mitad de ellos, desafiando las leyes de Estados Unidos y sin respeto alguno por sus fronteras. Se estima que son entre 12 y 20 millones.

Esta no es la inmigración que América ha conocido, cuando hombres y mujeres tomaban una consciente decisión de dejar sus tierras de origen y cruzar el océano para convertirse en americanos. Esto es una invasión, la mayor invasión de nuestra historia.[23]

Continuó diciendo que los invasores mexicanos estaban destruyendo a Estados Unidos.

Samuel P. Huntington tocó el mismo tema en *Who Are We? The Challenges to America's National Identity* (¿Quiénes somos? Los retos a la identidad nacional americana), publicado en 2004. "En el mundo contemporáneo", escribió, "la mayor amenaza a la seguridad social de las naciones proviene de la inmigración".[24] Una posible solución, afirmó, sería luchar por la asimilación, pero existía un problema. "La asimilación es particularmente problemática para los mexicanos y otros hispanos".[25]

La palabra "invasión" se introdujo al discurso sobre la inmigración, y la aciaga amenaza de esa tan visible "invasión" no pasó inadvertida para aquellos que se refugiaron en los suburbios, detrás de sus proverbiales cercas blancas. Mientras la mayoría de esas cercas eran metafóricas, las verdaderas cercas se habían erigido, en parte, para mantener alejados a los extraños, a menos que los extraños estuvieran podando la grama a un precio muy barato.

A pesar de que los inmigrantes no eran novedad en Patchogue y en los pueblos aledaños, pocas personas habían tenido experiencias personales —Pontieri, por ejemplo— o la memoria histórica o la curiosidad intelectual para tener conocimiento de ello. Muchos residentes pensaban que era una aberración tener inmigrantes tan cerca, un asunto complicado que ellos habían pensado haber dejado atrás en la ciudad, junto a las escuelas abarrotadas de niños y los apartamentos pequeños y a precios excesivos. Muchos en el condado de Suffolk eran descendientes de inmigrantes de Irlanda y de Italia, pero sus conexiones con el pasado eran mínimas. Prácticamente ya nadie hablaba italiano y, al igual que Pontieri, eran más propensos a viajar a Cancún que a Calabria.

La desconexión se debe, en parte, a la forma en que los

patrones de inmigración cambiaron en Estados Unidos en la segunda década del siglo XX, cuando el gobierno limitó el flujo de inmigrantes de países como Italia, Alemania e Irlanda. El otro cambio notable, con relación a la inmigración, tuvo lugar cuando el Presidente Johnson firmó la Ley de Inmigración y Nacionalidad de 1965, dándole prioridad a la reunificación familiar. En aquel momento, los patrones de inmigración habían cambiado porque Europa estaba estabilizada y Europa oriental estaba bajo el control de la Unión Soviética, que impedía la emigración a Estados Unidos.

Los inmigrantes de América Latina y Asia ocuparon ese lugar. Muchos de ellos llegaron de la República Dominicana, Cuba, Ecuador y otros países de Sudamérica y Centroamérica, y a su llegada, con frecuencia se dirigían a los suburbios, que habían permanecido por décadas como territorio de personas blancas de clase media.

El movimiento de inmigrantes a los suburbios tomó a muchos por sorpresa —sociólogos, demógrafos y a los mismos habitantes de los suburbios. Las generaciones anteriores de inmigrantes habían visto los suburbios como la culminación del sueño americano y trabajaban incansablemente en ciudades abarrotadas de gente, pasando todo tipo de incomodidades y penurias para ahorrar y mudarse a lugares como Patchogue o Farmingville. A medida que los trabajos en manufactura abandonaron las ciudades debido al cambio económico, también cambió la experiencia del inmigrante: los suburbios se convirtieron en el punto de partida para muchos, que sencillamente se saltaron la ciudad y se mudaron directamente a los pueblos en la periferia de la ciudad.[26]

A mediados de los noventa, el influjo de inmigrantes se hizo evidente en los suburbios de Nueva York, Chicago, Miami, San Francisco y Los Ángeles. Llegaban tantas personas que las autoridades locales comenzaron a preguntarse públicamente cómo cubrir sus necesidades y quién pagaría por ello. Ese fue precisamente el problema en el condado de Suffolk: cómo enfrentarse a un creciente número de recién llegados en busca de trabajo, viviendas, escuelas, atención médica y enseñanza del idioma; y a la vez mantener la atmósfera de suburbio. ¿Cómo conciliar el hecho de que los problemas de la ciudad te han seguido hasta la puerta de tu casa, donde antes tu vecino era un viejecito afable y ahora viven cinco hombres en una casa pequeña y estacionan sus camiones de trabajo en la calle donde tus hijos juegan a la pelota? ¿Qué hacer con los vecinos que no entienden o no saben qué días se debe sacar la basura a la calle? ¿Por qué tienen que jugar voleibol hasta tan tarde en la noche? ¿Y por qué, sobre todo, no hablan inglés todavía?

Estas no son preguntas fáciles, y las respuestas son aún más difíciles de imaginar porque, al principio de los noventa, Estados Unidos comenzó a recibir el número más grande de inmigrantes indocumentados. Como no existían leyes al respecto en Washington, los gobiernos locales trataron de ejercer cierto control sobre la inmigración. Los legisladores estatales y municipales comenzaron a hacer lo que fuera posible para proteger los intereses de sus votantes y mantener a los inmigrantes indocumentados fuera de Long Island. En el condado de Suffolk, donde los dueños de casas pagaban uno de los impuestos más altos del país, los legisladores presionaban para proteger el valor de sus propiedades. Nadie quería comprar una casa al lado de una ocupada por una docena de extranjeros que ni siquiera sabían cómo mantener verde y reluciente la grama del jardín.

En septiembre de 2000, la legislatura del condado de Suffolk aprobó, por un estrechísimo margen, una propuesta para presentar una demanda judicial para que el gobierno federal detuviera y deportara a los inmigrantes indocumentados. En ese momento, el pueblo de Brookhaven ya había aprobado una ley que limitaba el número de personas que podían ocupar una casa alquilada.[27]

Los legisladores del condado y otros funcionarios, siguiendo la opinión de sus votantes y de sus vecinos, o quizás siguiendo sus propios impulsos y prejuicios, avivaron las discusiones, haciendo declaraciones violentas e inapropiadas. En agosto de 2001, el legislador del condado, Michael D'Andre de Smithtown, advirtió durante una audiencia pública sobre inmigración que si su propio pueblo alguna vez experimentaba el influjo de jornaleros latinos como les había sucedido a las comunidades aledañas, "nos levantaremos en armas; saldremos a la calle con bates".[28]

En 2006, un miembro de la junta escolar de los Hamptons distribuyó electrónicamente, entre padres, maestros y el director de una escuela, una petición para intentar prevenir que los inmigrantes indocumentados recibieran cualquier tipo de "servicios gratis". Ese mismo año, el mismo oficial envió un correo electrónico con la descripción de una muñeca que llamó la Barbie de Brentwood: "Esta Barbie, que habla español solamente, viene con un Toyota de 1984 con licencia temporal caudada y 4 bebés Barbie en el asiento trasero (sin asientos para niños). El muñeco Ken, opcional, viene con el almuerzo en una lata de pintura y le faltan tres dedos en la mano izquierda. Las tarjetas de residencia no están disponibles para la Barbie o el Ken de Brentwood".[29]

En marzo de 2007, el legislador del condado, Elie Mystal de Amityville, también de Long Island, refiriéndose a los inmigrantes latinos que buscaban trabajo en las esquinas, dijo: "Si yo viviera en un vecindario donde la gente se agrupa de esa manera, cargaría mi arma y comenzaría a disparar. Punto. Nadie quiere decirlo, pero yo sí lo diré".[30]

Ese mismo año, durante una audiencia pública, el legislador del condado, Jack Eddington, les preguntó a dos defensores de la inmigración que estaban en el podio si ellos estaban legalmente en el país. Eddington también lanzó una advertencia a todos los inmigrantes indocumentados: "Cuídense. Los residentes del condado de Suffolk no van continuar siendo víctimas".[31]

El centro de la atención estaba dirigido al legislador principal del condado, el ejecutivo del condado de Suffolk, Steve Levy, elegido en 2003, cuyo trabajo como ejecutivo era crear una agenda para los gobiernos locales de todo el condado. Entre otras cosas, después de ocupar el puesto, Levy propuso que la policía del condado de Suffolk ejerciera como agente de inmigración y detuviera a los inmigrantes indocumentados. Pidió que se hicieran verificaciones rutinarias del estatus migratorio de todas las personas nacidas en el extranjero que fueran detenidas por la policía, además de apoyar los desalojos por hacinamiento. Solamente en el mes de junio de 2005 supervisó redadas en once casas en Farmingville. Exigió cada vez más ayuda federal contra los "ilegales" y en un debate en 2006, dijo que las mujeres embarazadas que cruzaban la frontera querían dar a luz en Estados Unidos para que sus hijos, nacidos ciudadanos estadounidenses, sirvieran como "bebés anclas" para ayudar a sus familias a legalizar su estatus.[32]

Cuando los activistas protestaron contra la violencia instigada por el odio y la aplicación selectiva de leyes zonales que dieron lugar al desalojo masivo de los residentes latinos de sus casas arrendadas, Levy dijo: "No voy a retroceder ante un uno por ciento marginal de lunáticos. Evidentemente, no les caigo muy bien, porque soy uno de los pocos funcionarios que no se deja intimidar por su histrionismo por querer ser políticamente correctos".[33]

Su reelección en 2007, con el 96 por ciento de los votos, lo hizo aún más arrogante. Ese año, durante una entrevista con *The New York Times* sobre su ofensiva de echar a los inmigrantes del condado de Suffolk, dijo: "La gente que se acata a las leyes trabaja duro por alcanzar el sueño de vivir en los suburbios de cercas blancas. Si vives en los suburbios, no quieres hacerlo frente a una casa donde viven 60 hombres. No quieres camiones pasando continuamente por tu cuadra a las 5 de la mañana recogiendo trabajadores".[34]

Como muchos otros en el país, a Paul Pontieri le preocupaba el hacinamiento en casas de dueños ausentes. Para solucionar el problema, el pueblo comenzó a emitir notificaciones contra aquellos que violaran las ordenanzas. Pontieri pensó que la solución consistía en concentrarse en las violaciones de las normas —particularmente por exceso de ruido y hacinamiento— y hacer cumplir la ley, independientemente de quién viviera en la casa o quién fuera el dueño. En seis años, entre 2004 y 2010, el pueblo desalojó las personas de aproximadamente 14 casas. Por lo menos la mitad de ellas estaban ocupadas por latinos.

Pontieri también estaba preocupado por las retóricas provenientes de la oficina de Steve Levy y otros en Albany. De la forma en que él lo concebía, los líderes servían de ejemplo tanto en cuanto a sus convicciones como también con la empatía y la humildad. Junto a su escritorio tenía enmarcado uno de sus dichos favoritos de Robert Kennedy: "La tarea de los líderes, la primera tarea de la gente que se preocupa por otros, es no condenar, castigar o reprobar; es buscar la causa de la decepción y la alienación, la raíz de las protestas y las discrepancias —quizás, de hecho, aprender de ello".

Ese era el estado de ánimo de Pontieri el día que recibió la llamada de Jean Kaleda —preocupado, pero optimista. Estuvo de acuerdo con ir a la biblioteca para reunirse con los inmigrantes el miércoles 12 de noviembre, con la esperanza de mitigar sus temores. Acordaron que sería a las 7:00 p.m., a la misma hora que las clases de ESL. Kaleda organizaría la reunión y

Gilda Ramos haría la interpretación de inglés al español. Pontieri lo anotó en su agenda y llamó al departamento de seguridad pública para pedir que un oficial de la policía (uno de los policías jubilados que trabajaba para el pueblo como agente de policía desarmado) patrullara la biblioteca por las noches.

El oficial, a pesar de no portar arma, impediría que continuara el acoso, pensaba Pontieri. La reunión serviría para informarse y para mostrarle a la comunidad que él estaba tomando medidas. Pontieri quedó complacido con la forma en la que había respondido a la llamada.

La reunión tuvo lugar, pero no como fue planeada. Tampoco fue el tipo de reunión que Kaleda o Pontieri se habían imaginado.

CAPÍTULO 5

A LA CAZA DE BEANERS

Christopher Overton, mejor conocido por Chris, estaba en su casa comiendo pizza con su mamá y Dylan, su hermano menor, cuando sonó el teléfono. José Pacheco estaba en la línea. José era un nuevo amigo, un compañero de clase de Patchogue-Medford High School, la escuela a la que, finalmente, estaba yendo Chris, después de dos años de tomar clases en casa. A los dieciséis años y en el grado once, estaba impaciente por tener amigos y tener contacto social. Le había suplicado a sus padres que buscaran un *high school* que lo aceptara, donde pudiera jugar baloncesto, que además de las chicas, era su pasión.[1]

Chris había sido expulsado de su escuela, Bellport High, porque dos años atrás, a los catorce años, había participado en el robo de una casa en East Patchogue junto con unos adolescentes mayores. Durante el asalto el dueño de la casa murió de un disparo, y Chris, que luego le dijo a sus padres que él no había tenido la menor idea de que alguien estuviese armado, fue enjuiciado como un menor y enviado a su casa a esperar la vista de la libertad condicional.

Aún esperaba el día de la vista cuando sonó el teléfono, poco después de las 7:30 p.m. del 8 de noviembre de 2008, y José le pidió que fuera a la casa de una amiga común, Alyssa Sprague. Chris conocía a Alyssa de su escuela anterior. Los chicos de Bellport raramente se mezclaban con los de Patchogue y Medford, pero algunas veces, como esa noche, encontraban conexiones en los diferentes círculos sociales. Patchogue, East Patchogue, Medford, Bellport y Farmingville quedaban a pocos minutos del uno al otro.

Esa noche fue una de esas ocasiones cuando las reuniones ocurrían por casualidad: una mezcla de amistades viejas y nuevas, coincidencias y una dosis de suerte. En este caso, muy mala suerte. Al final de la noche, un hombre estaría tendido sangrando cerca de la línea del tren en Patchogue y siete adolescentes estarían de espaldas contra la pared de la oficina de bienes raíces —la que parecía una vieja tienda de avíos de pesca, por la que habían pasado cientos de veces y usaban como punto de encuentro— mientras un policía los cacheaba y les vaciaba los bolsillos en busca de la navaja que uno de ellos había hundido en el pecho del hombre.

Chris se estaba recuperando de una bronquitis y no estaba seguro de que quería salir. José mencionó que su amigo Jeff Conroy, un luchador que también jugaba el *lacrosse* y fútbol, iba a estar allí. Chris, al que le encantaba el baloncesto, colgó sin comprometerse, pero su madre, Denise Overton, pensó que le haría bien salir con otros atletas. "Te llevo", le dijo.

Después de que José llamó por segunda vez esa noche, Chris dijo que sí. Se encontraría con el grupo en la casa de Alyssa. Su madre lo llevó, pero antes de que llegaran José llamó por tercera vez. El grupo se iba a otro sitio; ahora estaban pasando el rato frente a un mercado Stop & Shop en Medford, donde vivía Jeff.

A Denise no le hacía gracia eso de "pasar el rato", por lo que lo llevó hasta la tienda y le dio treinta minutos mientras ella hacía algunas gestiones. José se acercó al carro para saludar a Chris y se fueron. Veinte minutos después, Denise le envió un mensaje de texto a su hijo. Todo estaba bien, le contestó, pero poco después, al estilo típico de los adolescentes, el grupo se fue a otro lugar de nuevo. Chris llamó a su madre y le dijo que iban para casa de Jeff.

"Muy bien", le dijo Denise. "Déjame hablar con su padre cuando llegues".

Así lo hizo Chris. El señor Conroy se puso al teléfono y le dijo que los chicos estaban mirando televisión en el sótano. Todo estaba bien y tranquilo, le aseguró. "Lo hacen todos los fines de semana".

"Lo iré a buscar a las once", le dijo antes de colgar, aliviada de pensar que por fin su hijo estaba relacionándose con chicos de su nueva escuela. Denise se quedó en casa mirando televisión y pronto comenzó a dormitar. A las diez y veinte, llamó a Chris y le dijo que estaba en camino, pero él le suplicó que lo dejara por más tiempo, porque habían llegado otros amigos y la estaban pasando súper bien y no quería regresar a casa todavía.

"Está bien, puedes quedarte", le dijo. "Tu padre te irá a recoger cuando salga del trabajo a la una y media". El padre de Chris, Warren Overton, trabajaba como guardia de seguridad en un club cercano.

Cuando el señor Overton llamó a su esposa para decirle que no podía comunicarse con su hijo, eran cerca de las 2:00 a.m. y Chris estaba lejos de la casa de los Conroy. De hecho, habían salido de la casa de Jeff casi inmediatamente después de haber hablado con su madre y quedado de acuerdo en regresar a las once. Sus padres se enteraron más tarde, después de que su hijo fuera arrestado y acusado de un crimen el cual su familia estaba segura que él no podía haber cometido.[2]

Jeffrey "Jeff" Conroy, de diecisiete años y en el último año de *high school*, había ido con José esa noche a casa de Alyssa para cenar, pero se fueron una hora después de haber llegado, porque Jeff tuvo la impresión de que la mamá de Alyssa no lo quería como amigo de su hija. Caminaron hasta el Stop & Shop, unos cinco minutos, para esperar por Chris y luego por el padre de Jeff. El señor Conroy los llevó a la casa, donde comieron sándwiches de mantequilla de maní con mermelada y se quedaron por unos minutos. Estaba enfriando y Jeff, antes de salir, se puso una sudadera de los Raiders, el equipo de baloncesto de Patchogue-Medford. Los adolescentes fueron caminando hasta la estación de tren de Medford, que estaba a unas cuadras de distancia. Esta vez, Chris no llamó a su madre para decirle que los planes habían cambiado.[3]

En la estación de tren ya había varios amigos congregados cuando llegó Jeff con José y Chris. Los amigos eran Jordan Dasch, Nicholas (Nicky o Nick) Hausch, Kevin Shea (Kuvan), Anthony Hartford, Michelle Cassidy, Nicole Tesoriero y Felicia Hollman. Jeff los conocía a todos de la escuela. Tenían cerveza. Nick llevaba un rifle de balines.

La estación de tren de Medford es una estructura de dos niveles de plexiglás de colores neutrales. La estación Penn, en Manhattan, está solamente a 55.9 millas de distancia, pero la estación de Medford pertenece a un mundo tan diferente al de la ciudad que casi parece estar en un país diferente. En Medford, hay muy pocas cosas que adolescentes aburridos e inquietos puedan hacer un sábado por la noche. Es común que se reúnan en casa de un amigo o en el centro comercial —o como sucedió esa noche, en la plataforma de la estación de tren.

Jeff, José y Chris subieron las escaleras y se sentaron en la plataforma junto a los otros, y Jeff después de una o dos cervezas comenzó a retozar con Felicia. La levantó en peso y la hizo girar en el aire. Cuando la puso en el suelo, se hizo una herida en un dedo pulgar y comenzó a sangrar. Nadie tenía una curita o un pañuelo y Michelle le dio un tampón para que detuviera la sangre.

Llegaron más amigos: Matt Rivera, Frank Grillo, Jason Eberhardt y Jason Moran. La animada conversación continuó y Jeff comenzó a luchar con José. Luego, Nick y Kuvan dispararon con el rifle de balines a la máquina de boletos, lo que hizo saltar la alarma y el grupo se dispersó rápidamente antes de que llegaran los policías.

Todos se apretujaron dentro de dos carros. Jeff, José y Chris se subieron al todoterreno de Jordan junto con Anthony, Kuvan, Nicky y las tres chicas. Los otros se fueron en el carro de Jason. Mientras conducían sin rumbo alguno, un poco borrachos y atemorizados, decidieron dirigirse al parque Southhaven County, donde muchos de ellos habían jugado en la niñez. De todos los muchachos en el parque aquella noche, los amigos de Jeff eran José y Kuvan.

Kuvan, de diecisiete años, vivía en Medford con su padre, la novia de su padre, la hija de ésta, sus dos hermanos y la novia de uno de sus hermanos. No se consideraba racista. "Solamente me gusta pelear", le diría más tarde a los detectives que lo interrogaron. José, también de diecisiete años, de padre puertorriqueño y madre afroamericana, vivía con su madre en Patchogue. Sus amigos de la escuela dicen que era popular y extrovertido.

Individualmente, todos parecían ser adolescentes normales. Anthony, de diecisiete años, vivía en Medford con su madre, tres hermanos, un tío y su abuelo. Nick también tenía diecisiete años y vivía en Medford con sus padres y cinco hermanos. Jordan, otro residente de Medford de diecisiete años, le dijo a la policía durante su confesión que él no había bebido esa noche porque estaba conduciendo y que no había peleado porque el año anterior había sido operado de la espalda y no quería lastimarse.

Aneesha, una compañera de clase y amiga de Kuvan, Anthony, José y Jeff, los describió a un reportero como "adorables", "divertidos" y "maravillosos". Dijo que José era un "comediante", porque siempre estaba haciéndolos reír. Dijo que los quería mucho a todos.

"Siempre hablaba con ellos sobre, bueno, mis problemas, y ellos me decían 'Eesha, no te preocupes por eso'. Me daban buenos consejos, me decían lo que podía hacer. Cada vez que necesitaba a alguien con quien hablar, ellos me escuchaban", dijo.[4]

Jeff Convoy no debió haber estado en el parque esa noche. Era el cumpleaños de su amigo Nick Cleary y se suponía que pasara la noche en la casa de la familia Cleary junto con los primos y hermanos de Nick y el mejor amigo de Jeff, Keith Brunjes. De hecho, el padre de Jeff pensó que su hijo se dirigía a la fiesta de cumpleaños cuando salió de la casa. Jeff lo iba a llamar cuando llegara, pero la llamada nunca llegó y el señor Conroy no se dio cuenta: se había quedado dormido en el sofá.

En el parque, los adolescentes se sentaron alrededor de las canchas de baloncesto medio oscuras, mataron el tiempo y bebieron. Luego, cerca de una media hora después, a Anthony se le ocurrió una idea. "Vamos a joder a algunos mexicanos", les dijo a Jeff y a Michelle, cuando los otros estaban a veinte pies de distancia. Michelle no quiso participar en el asunto. "No. Tranquilo", le aconsejó a Jeff. "No vayas con ellos. No quiero que te metas en problemas".

La idea les pareció buena a algunos de los chicos, y aproximadamente diez minutos después, se marcharon. Kuvan, Anthony, Nick, Jordan, José, Chris y Jeff subieron a un carro. Siete de ellos. Después llegaron a ser conocidos como los "Patchogue 7", un apodo que los ponía en categoría pandillera y que disgustó muchísimo a varios de sus padres. A pesar de que todos se subieron al carro voluntariamente, todavía no queda claro cuántos de ellos sabían exactamente lo que iban a hacer o a dónde se dirigían. Por lo menos dos de ellos dijeron después de que habían estado en el lugar equivocado en el momento equivocado. Todo lo que querían, insistieron, era que los llevaran a casa.

Más tarde, se hizo evidente que para algunos de ellos, atacar a hispanos era un deporte. Quedó claro que cuando Nick dijo a dónde se dirigían —"Vamos a Patchogue, que allí hay muchos hispanos"—, nadie pidió bajarse del carro.

Y para allá fueron. En camino a Patchogue para cazar hispanos. "¡Vamos! ¡Vamos a patear a los *beaners*!" gritó Nick. Todos se rieron. Ese fue el momento en que Chris supo, según su madre, que entre sus nuevos amigos los mexicanos eran llamados "*beaners*". Por el arroz con frijoles, la misma comida que años antes había sido considerada una ofensa por el alcalde de Haverstraw.

Todos los investigadores que escriben sobre temas de odio y racismo concuerdan: los crímenes de odio no son generalmente cometidos por miembros de una conocida organización racista. Por lo contrario, son gente ordinaria, en su mayoría adolescentes aburridos que quieren fanfarronear ante sus amigos. Los crímenes de odio tienden a ser excesivamente brutales y son cometidos al azar —los infractores con frecuencia atacan a personas completamente extrañas— y suelen hacerlo en grupo, raramente solos.[5]

Cuando Anthony anunció su plan de diversión para esa noche, "Vamos a joder a algunos mexicanos" y los otros lo aprobaron (o por lo menos no dijeron nada a lo contrario), todos estaban actuando de completo acuerdo, según las teorías aceptadas de por qué y cómo tienen lugar los crímenes de odio y por qué grupos de adolescentes —algunos de los cuales no eran considerados racistas— generalmente son los transgresores.

"Claramente, la seguridad está en el comportamiento de grupo", escriben Jack Levin y Jack McDevitt en *Hate Crimes*

Revisited: America's War on Those Who Are Different (Crímenes de odio, visitados de nuevo: La guerra en América contra aquellos que son diferentes).

En grupo, las personas hostiles que instigan un altercado creen que tienen menos posibilidades de ser lesionados, porque tienen amigos que los protejan. El hecho de ser un grupo también les ofrece cierto grado de anonimidad. Si todos participan, entonces no pueden señalar a una sola persona como la responsable del ataque. Como todos comparten la culpa, ésta está diluida o debilitada. Finalmente, el grupo les da a sus miembros una dosis de apoyo psicológico en su flagrante intolerancia. Alimentándose, inicialmente, del odio de uno o varios de sus componentes, intensificar el conflicto se convierte en un juego en el cual sus miembros se incitan unos a otros para aumentar los niveles de violencia. Para hacer su parte y 'probarse a sí mismos', entonces, cada implicado siente que tiene que sobrepasar la atrocidad anterior.[6]

Los autores también explican que "muchos de los que cometen crímenes de odio están al margen de su comunidad. Pueden haber abandonado la escuela, espiritual o físicamente, y pensar que tienen pocas o ningunas probabilidades de tener éxito en términos de la ética americana".[7]

Todos los jóvenes que estaban en el carro esa noche asistían a la escuela, pero Levin y McDevitt pueden haber estado refiriéndose a Jeffrey Conroy cuando hablaban de la retirada "espiritual". Entre los años 2006 y 2008, se registraron veinticuatro incidentes en su récord escolar. Recibió castigos y expulsiones temporales por infracciones que incluían llegadas tardes, insubordinación, mala conducta, alteración del orden, uso de lenguaje obsceno con las maestras y falta a clases. También insultó a un entrenador y a un oficial de seguridad durante un juego de fútbol en el *high school* y luego admitió que estaba borracho.[8]

No siempre había sido así, y no es la forma en que su padre veía a su hijo mayor, o la forma en que otros, incluyendo a su novia latina, recuerdan a Jeff.

Jeffrey Conroy, el primer varón y el segundo de los cuatro hijos de Robert "Bob" Conroy y Lori Conroy, tenía un árbol genealógico completamente moderno, complicado y de familia blanca. Sus ancestros eran de Polonia e Irlanda en el lado paterno; y de Italia y Alemania en el lado materno.[9]

Jeff también tenía en California una media hermana de otro matrimonio de su padre que había terminado en divorcio hacía varias décadas, y otra media hermana que era hija biológica de su madre, pero no de su padre. Los Conroy vivían en una casa pequeña y modesta en Medford, un pueblo totalmente de clase media sin el encanto de Patchogue. A diferencia de las casas de Patchogue, que podían ser grandes, de varios pisos, coloridas, con jardines perfectos y floridos —algunas parecían moteles victorianos— la mayoría de las casas de Medford eran de un solo piso o de dos niveles, funcionales y anodinas.

La casa de los Conroy había sido un regalo de boda de la madre de Lori. Cuando la visité por primera vez, el jardín estaba descuidado, con la grama seca y pedazos de juguetes viejos y de carros en la entrada del garaje. Cerca de la puerta de entrada había un adorno descolorido y desconchado de un hombre con un gran sombrero durmiendo sobre un burro, el estereotípico retrato de un mexicano descansando. Dos grandes perros se movían libremente sobre la alfombra verde de la sala, y en las paredes colgaban fotos familiares y las fotos anuales de la escuela de cada niño de la familia. La habitación de Jeff quedaba al lado de la pequeña sala y en todas las posibles superficies podían verse trofeos relucientes. Con una carrera prometedora de luchador, Jeff también jugaba fútbol, y su padre dijo que era un excelente jugador del *lacrosse*. Había soñado en jugar como mediocampista en el equipo del *lacrosse* en una universidad estatal, Albany o Plattsburgh, esta última en el norte del estado de Nueva York.

"Supe que sería famoso algún día, pero no por esto", me dijo Bob Conroy durante mi primera conversación con él en diciembre de 2010. "Solía pensar que él iría a la universidad con una beca del *lacrosse*, se graduaría de profesor de educación física, se casaría y viviría en una casa no muy lejos de la nuestra".

Jeff era popular entre las chicas; alto, musculoso, con cabello corto y una cara que pareciera hecha por un escultor. Había sido novio de Pamela Suárez intermitentemente desde que los dos tenían catorce años. Pamela, nacida en Bolivia, es una belleza con dos lunares en la cara, manos pequeñas y dientes blancos y alineados dentro de unos labios perfectos. Se enamoró de Jeff desde el primer momento en que lo vio en el séptimo grado. Fue a su casa y le dijo a su madre que creía estar enamorada. Ese sentimiento, dijo Pamela en junio de 2011, siete años después de aquel día, nunca ha disminuido.[10]

En octavo grado, ya eran novios. Jeff jugaba fútbol; ella era porrista. En el décimo grado rompieron su noviazgo, pero volvieron a hacerse novios en el onceno grado, aunque la relación fue muy inestable ese año. "Demasiadas chicas en su vida", dijo Pamela suavemente, con lágrimas en los ojos. "Yo no quería tener nada que ver con eso". Continuaron siendo amigos. Jeff era, de varias maneras, un chico típico de los suburbios, dijo Pamela. Fumaba marihuana, bebía y pasaba el rato con sus amigos en el centro comercial. Cuando Pamela cumplió dieciocho años, Jeff se emborrachó de tal manera en la fiesta que le hicieron en su casa que ella tuvo que ayudar a subirlo a un carro para que lo llevaran de regreso a su casa. Sin embargo Jeff podía ser también un joven cariñoso, que soñaba con tener tres hijos con ella, y que quería mucho a su familia —especialmente a su padre y a su pequeña hermana. Jeff escuchaba *hip-hop*, le encantaba el rap y Daddy Yankee y detestaba la música *country*. Iban siempre juntos al cine, dijo Pamela. Las películas preferidas de Jeff eran las comedias como *Failure to Launch*, una comedia romántica sobre un hombre de unos treinta años que no quería mudarse de la casa de sus padres. Durante *The Exorcism of Emily Rose*, una película de horror de 2005 que ella había insistido ir a ver, "Jeff tenía tanto miedo que no me soltaba la mano", recordó Pamela.

Conroy recuerda a Jeff como el bufón de la familia, el que le echaría un balde de agua fría a su hermano o a sus hermanas mientras estaban en la ducha o el que retozaba con su madre hasta dejarla en el suelo. Desde pequeño mostraba interés por el deporte. Estuvo en un equipo de élite del *lacrosse* con el que viajó por varias ciudades de Estados Unidos. El verano anterior a la muerte de Lucero, Jeff se hizo famoso como especialista de *faceoff*, lo que requiere tanto destreza física como psicológica. (El jugador tiene que adivinar el siguiente movimiento de su oponente por la forma en que sus manos y sus muñecas están posicionadas en el palo del *lacrosse*).

Si una semana típica para Jeff era una vorágine de tareas escolares y deporte, los fines de semana los dedicaba a ayudar a su padre en los campos donde era entrenador de fútbol, baloncesto y el *lacrosse* de los muchachos del pueblo. Diez años atrás, Conroy había fundado el club Pat-Med Booster, que había recolectado cientos de dólares para lograr que los deportes continuaran practicándose en la comunidad, en un tiempo donde los votantes no se habían puesto de acuerdo sobre el presupuesto escolar y el distrito estaba bajo medidas de "austeridad". En otras palabras, no se podrían comprar nuevos equipos deportivos. Con el fondo inicial recolectado, aproximadamente $372,000, Conroy fundó el Club de Futbolistas y Porristas Jóvenes de Patchogue-Medford, para crear el Centro Pee Wee de Fútbol y Porristas para niños entre cinco y trece años. Su misión: "promover, fomentar y desarrollar la camaradería y las relaciones sociales entre jóvenes".[11]

Los campos deportivos, a dos millas de su casa, se convirtieron en la "iglesia" del señor Conroy —él rehúye las organizaciones religiosas— y la segunda casa de Jeff, que ayudaba a su padre por las noches a colocar las meriendas en los *stands* el día antes de los juegos y ayudaba a mantener el terreno en perfecto estado. Como era muy mayor para entrar en las ligas Pee Wee, llegó a ser el mentor de muchos niños. A los dieciséis años, Jeff ayudó a entrenar a jugadores de fútbol de once años y un verano se lo pasó ayudando a uno de los niños a mejorar sus destrezas en el *lacrosse* a petición de la mamá.

En la casa, Jeff cortaba la grama, lavaba la ropa y cuidaba de sus hermanos cuando hacía falta. A pesar de que la escuela y los deportes lo mantenían ocupado, trabajó ocasionalmente. Una vez, recuerda Pamela, trabajó en Wendy's, pero lo despidieron después de las primeras dos o tres semanas porque lo encontraron comiendo pollo en la parte de atrás de lugar.

"Me ayudaba en todo. Era el que, literalmente, cortaba la leña", dijo el señor Conroy.

El señor Conroy, que abandonó la universidad después del primer año, quiso ser policía por un tiempo, pero su sueño se esfumó cuando se cortó la yema del dedo índice de la mano derecha con una máquina cortadora de fiambre y se dio cuenta de que nunca podría apretar un gatillo. Más tarde, llegó a ser gerente de Kmart; pero en 1997 se lastimó la espalda bajando una caja muy pesada de un estante. Desde aquel momento, no había podido volver a trabajar, ni siquiera después de seis operaciones en la espalda, y había mantenido a su familia con los cheques que recibía del seguro social y por estar discapacitado. Así y todo, se las arregló para llevar a sus hijos de campismo varias veces al año y darse el lujo, una vez al año, de viajar a Lake George, en las montañas Adirondack en Nueva York.

El señor Conroy dijo que su hijo era un "niño dulce y amoroso, que nunca toleró a los abusadores" y que tenía que estar en casa a las 10:00 de la noche la mayoría de los fines de semana. Los vecinos dicen que era el tipo de joven que se ofrecía a podarles el césped y que les daba tortazos a los niños que dijeran palabrotas delante de sus padres,[12] pero otros que lo conocían principalmente como estudiante decían que Jeff era "odioso" y que había adquirido el desprecio de su padre hacia los vecinos latinos.[13]

Durante la mayor parte de la niñez de Jeff, la familia Conroy vivió frente a una casa donde vivían seis hombres latinos, aunque el señor Conroy creía que en un tiempo llegaron a vivir hasta dos docenas. Uno de ellos le dijo un piropo a una de sus hijas, que en ese momento tendría trece o catorce años. Conroy habló con los vecinos y se detuvieron los silbidos. El episodio quedó grabado en su memoria como una de las pocas veces —si no la única— que se relacionó con un latino inmigrante de Medford. Los que lo conocieron en aquella época recuerdan que Conroy estaba obsesionado con la casa y sus residentes, y temía que una de sus hijas fuera a ser violada un día por los hombres que vivían allí.[14] Le desagradaba la música alta y las fogatas que hacían en el patio. No tenía idea de lo que quemaban. Sin embargo, si no lo molestaban a él ni a su familia, dijo, no le importaba quiénes fueran sus vecinos.

Conroy estaba concentrado en su familia y en su trabajo de entrenador. Como estaba rodeado de gente joven, dijo, hubiera sabido si un grupo de ellos, incluyendo a su hijo, andaba rondando las calles en busca de latinos para atacar. Si Jeff hubiera tenido un cuchillo, él también lo hubiera sabido. No tenía conocimiento de que su hijo albergara sentimientos negativos hacia los latinos, y lo consideraba algo imposible de creer, dado que él pensaba en Pamela como su futura nuera, y veía a Juan y José como buenos amigos de Jeff.

El día anterior al 8 de noviembre, Jeff había tenido una pelea con un amigo que, según decían, echó a andar el rumor de que Jeff tenía herpes. No había sido su primera pelea seria. Tres o cuatro meses antes, Jeff había tenido otra pelea en una fiesta, pero su padre no se había enterado hasta varios días después. Luego de ese incidente, Conroy se sentó con su hijo y le dijo que si alguna vez algo le pasaba, era a él a quien tenía que llamar primero.

Jeff recordó las palabras de su padre cuando le permitieron hacer la primera llamada, catorce horas después de haber apuñalado a Marcelo Lucero. Tomó el teléfono y dijo: "Papá, estoy en la estación de policía. ¿Puedes venir a buscarme?".

"Aprender a odiar es casi tan inevitable como respirar", escribieron en su libro Levin y McDevitt.

Como casi todos los demás, los que comenten crímenes de odio crecen en una cultura que definen a ciertas personas como ciudadanos honrados y honorables, mientras designan a otras como viles e inmorales que merecen ser maltratadas. De pequeño, el infractor quizás no tenga la oportunidad de conocer, de primera mano, al grupo que luego llega a despreciar y a victimizar; pero al principio, solamente conversando con su familia, amigos y maestros o mirando sus programas favoritos de televisión, aprende las características de los estereotipos a menospreciar. También aprende que es socialmente aceptable, quizás esperado, que repita los chistes racistas y use insultos étnicos y epítetos.[15]

No se sabe si Jeffrey Conroy escuchaba a Bill O'Reilly o a Lou Dobbs, y su padre jura que en su casa jamás se habló contra los hispanos, pero lo que sí es un hecho es que cuando Jeff comenzó la escuela en 1996, hombres hispanos, la mayoría mexicanos, habían comenzado a congregarse en el 7-Eleven de Farmingville, no muy lejos de su casa. Cuando llegó a la preparatoria, en el otoño de 2005, Steve Levy había sido electo como ejecutivo del condado de Suffolk.

¿Estaban Jeffrey y sus amigos escuchando el mensaje de Levy? Es posible que no, por lo menos conscientemente, pero al escuchar la retórica antiinmigrante prevalente en el condado de Suffolk en aquel momento, tiene que haberlos influenciado de alguna manera. "Los jóvenes estadounidenses son, con frecuencia, la audiencia a la que va dirigida la cultura del odio, especialmente en las películas, la música y el humor", observaron Levin y McDevitt. "En parte porque ellos carecen de las experiencias personales diversas, la gente joven no está, generalmente, preparada para refutar los prejuicios que provienen de fuentes consideradas creíbles".[16]

Conroy le dijo una vez a un productor de cine que "había más negatividad" en lo que decía Levy en los periódicos que su hijo se llevaba al baño para leer todas las mañanas que en cualquier cosa que su familia pudiera haber dicho sobre los inmigrantes.[17]

Los prejuicios eran parte de la vida en el *high school* local de Medford, el mismo *high school* al que asistieron los jóvenes llamados los Patchogue 7. En 2008, había tres mil estudiantes en Patchogue-Medford High School, cifra que incluía cuatrocientos hispanos, según se calificaban ellos mismos.[18]

Clarissa Espinoza, la hija menor de Julio Espinoza, era una de ellos; estaba en segundo año de *high school* en el otoño de 2008. Nacida en Patchogue, Clarissa era perfectamente bilingüe y bi-cultural. De tez blanca y un acento perfecto, se movía entre la mayoría de los alumnos sin ser señalada y no recuerda haber sido blanco de discriminación, pero eso no quería decir que no se diera cuenta de ello.

"No me gustaba el *high school*", dijo suavemente. "El racismo estaba en todas partes. La escuela estaba muy dividida".[19] La división era cruel y visible, hasta en los ojos del visitante ocasional. Los estudiantes que aprendían inglés, la mayoría hispanos, estaban en clases separadas de ESL, por mandato del estado. Las clases de ESL están diseñadas, por mandato estatal, para enseñar inglés a los recién llegados, pero en la escuela también pueden constituir una barrera entre los americanos y los extranjeros. En circunstancias menos politizadas, un programa de esa naturaleza podría crear un ambiente más integral e internacional. Ese no era el caso en Patchogue-Medford High School, donde las cuatro clases de ESL estaban en un solo pasillo con doce clases. Entre los estudiantes de ESL y el resto de la escuela existía poca comunicación, y en las ocasiones que la había, no era productiva ni positiva.

Unos días antes del final del año escolar en 2009, el año en que Jeff y la mayoría de sus amigos se graduarían, dos estudiantes del curso de posgrado de la Escuela de Periodismo de la Universidad de Columbia —Tamara Bock y Ángel Canales— llevaron a cabo una serie de entrevistas con los estudiantes de Patchogue-Medford High School para el documental *Running Wild: Hate and Immigration on Long Island* (Desenfrenados: Odio e inmigración en Long Island). El documental salió al aire en PBS; la transcripción de las entrevistas originales muestra un escenario descorazonador en la vida escolar allí.

Un chico llamado David, de dieciséis años y nacido en El Salvador, habla sobre como "los otros", los blancos no hispanos, le tiran comida a los estudiantes latinos que se sientan juntos durante el almuerzo. "Dicen que nosotros los inmigrantes debemos regresar a México", recordó David.

"¿Y qué hacen ustedes?", le preguntó uno de los que estaban filmando el documental.

"Nada. La mayoría del tiempo nos quedamos como si tal", respondió David.

"Entonces, cuando estás comiendo y alguien grita 'Regresa a México', ¿qué te pasa por la mente? ¿Qué piensas? ¿Cómo te sientes?".

"Yo me siento" —larga pausa— "avergonzado, porque estamos en un país que no es el nuestro, usted sabe".

"¿Ha habido un momento en que alguien te ha dicho algo degradante en los pasillos? ¿Has tenido algún problema con alguien al que no le gustan los inmigrantes aquí en la escuela?".

"Sí. Algunas veces estamos caminando y alguien pasa y nos empuja con el brazo, y no podemos hacer nada porque, usted sabe, no queremos tener problemas con ellos", dijo David.

Algunos estudiantes contaron como en camino al gimnasio les decían, entre dientes, como para que los maestros no los escucharan, "Mexicano, regresa a tu país" aunque el estudiante no fuera mexicano. O les gritaban: "¡Habla inglés!", y se iban corriendo a clase. Otras veces amenazan a los estudiantes latinos, diciéndoles que si protestaban, llamarían a "la migra". La lista de insultos es larga, dijo otro estudiante. "Escuchas *spic*. Escuchas *Mexican*. Escuchas 'dumb-in-a-can' (refiriéndose a los dominicanos). Escuchas *beaner*, *border hopper* (salta fronteras). Son demasiados. La lista es interminable. También escuchas *alien*, *illegal* o 'II' por *Illegal Immigrant*".

Otro adolescente llamado William dijo: "No puedes caminar por los pasillos sin cuidarte las espaldas". Angelina, de diecisiete años, que nació en la ciudad de Nueva York y se mudó a Patchogue cuando tenía nueve años, dijo que ella ha escuchado "comentarios desagradables" sobre los puertorriqueños y los dominicanos. Así es como ella analiza la conducta de algunos de sus compañeros de clase:

"Yo no creo que ellos sean racistas o algo parecido. Bueno, yo creo que se trata de lo que oyen en sus casas. Como cuando escuchan cosas en las noticias sobre mexicanos que cruzan la frontera o los hispanos que vienen aquí para quitarnos nuestros trabajos. Yo pienso que son los padres los que dicen esas cosas y se les meten en la cabeza. Entonces vienen a la escuela con ese odio hacia los hispanos cuando, bueno, ellos no son los únicos inmigrantes que vienen a este país. Pero, bueno, yo pienso que los chicos oyen todo eso en la casa, y luego vienen aquí y piensan que lo saben todo, pero son muy ignorantes".

Continuó: "En todas partes. Se ve en todas partes. Si caminas por Main Street en Patchogue, escuchas a la gente en la calle. Si un hispano está montando en bicicleta en Main Street, escuchas a la gente, bueno, diciendo cosas desagradables. Siempre, dondequiera".

Un maestro que habló con los documentalistas, Craig Kelskey, un instructor de educación física que había estado trabajando para la escuela por treinta años, dijo que la escuela era un reflejo de la comunidad. "Cualquier problema que tenga lugar en la comunidad, esos problemas son traídos a la escuela", dijo. "Quiero decir, estoy seguro de que hay cosas que se les ha dicho a algunos chicos en la escuela y, por supuesto, es algo que da miedo. Yo pienso que es algo propio de la naturaleza humana".

El resentimiento contra los hispanos fue alimentado, en parte, por la idea errónea de que el distrito escolar de Patchogue-Medford había tenido que recortar los programas de deporte en el *high school* para costear las clases de ESL. Cerca de quinientos estudiantes de los más de ocho mil quinientos del distrito estaban tomando clases de ESL. Provenían de cuarenta y tres países, de los cuales dos tercios eran hispanoparlantes.[20]

Los padres y los estudiantes, por igual, pensaban que el trueque era injusto, aunque no hubiera habido semejante trueque. El deporte en el *high school* era cosa sagrada y los miembros del comité escolar siempre le pidieron al superintendente, Michael Mostow, que "buscara una forma" para continuar el programa, aunque no hubiera dinero en el presupuesto y aunque tuvieran que comprar equipos usados. La logró, tomando dinero de aquí y de allá para mantener a flote el deporte y felices a los votantes.[21] Así y todo, aun cuando los deportes no fueron sacrificados, la animosidad continuó. Muchos se preguntaban abiertamente: ¿por qué los contribuyentes tenían que pagar por la educación de los hijos de los "ilegales"?

Los blogs de la comunidad estaban repletos de comentarios antiinmigrantes, algunos razonables, otros virulentos. "No es mi problema si las clases de ELS están abarrotadas, son difíciles de obtener, no hay suficientes o tienen problemas con los cortes de presupuestos. Para empezar, ¡mi dinero no debe ser utilizado para esos programas! Si yo voy a México, ¿van ellos a pagar para que yo tome clases para aprender español? No lo creo". Así rezaba un mensaje en Medfordcommunitywatch.com de noviembre de 2008 firmado por "Dana". Otro decía: "El problema es a nivel federal, por el fracaso del gobierno para controlar el problema de la inmigración... Los americanos estamos cansados de pagar por gente que no son de aquí, y nuestro concepto de justicia está siendo llevado hasta el límite. Creo que este sentimiento de ira existiría contra personas de cualquier nacionalidad que se aprovechen de nosotros de esa manera. Si el gobierno de esos otros países no cuida de su propia gente, ¿por qué se espera que nosotros paguemos por sus problemas?". Este estaba firmado por "DG".

Aun antes, en un foro político en Long Island en 2005, alguien bajo la firma de "PM REALISTA" escribió lo siguiente: "¿POR QUÉ NO ELIMINAN LAS CLASES DE

ESL? ¡¡¡DEJEN QUE LOS MUCHACHOS APRENDAN INGLÉS COMO LO HICIERON NUESTROS ANTEPASADOS!!!".[22]

Era obvio que la escuela se había convertido en un microcosmos de lo que estaba aconteciendo en la comunidad. El distrito cambió de un 4 por ciento a un 24 por ciento de latinos en cinco años. Tres de las siete escuelas primarias del distrito tenían un 50 por ciento de latinos en 2008.[23] Una semana antes de que Jeffrey Conroy y sus amigos salieran a cazar a *"beaners"* en Patchogue, alguien pintó una esvástica y comentarios contra los negros en una escalera de la escuela, la misma semana que Barack Obama fue electo como el primer presidente negro de Estados Unidos.

Las dificultades económicas exacerbaron la situación. El primero de diciembre de 2008, el Buró Nacional de Investigación Económica anunció que Estados Unidos había entrado en un periodo de recesión, que en realidad comenzó a final del 2007, cuando desaparecieron más de trescientos mil trabajos, solamente en el mes de noviembre.[24] Bancos colapsaron, negocios se declararon en bancarrota, las casas perdieron valor y hasta la tasa de nacimientos se redujo.

Los expertos concuerdan en que los inmigrantes son culpados con frecuencia por los problemas económicos y que en tiempos económicos difíciles, los crímenes de odio aumentan en frecuencia y en violencia. Hay algo más en que los expertos están de acuerdo: los crímenes de odio han sido parte del tejido de la sociedad americana por mucho tiempo.

El 11 de agosto de 1834, una turba anticatólica enardecida, con carteles de "No al Papa" y "Abajo la cruz" irrumpió en el convento de las Ursulinas en Boston, Massachusetts, y lo incendió. El ataque al convento, construido en 1818, tuvo lugar como resultado de las tensiones entre los nativos protestantes de Bos ton y los católicos irlandeses recién llegados en masa. El historiador Ray Billington describe el evento como "el primer acto de violencia como resultado del nativismo" en Estados Unidos.[25]

Diez años después, surgieron protestas entre protestantes y católicos en mayo y julio de 1844 en Filadelfia y los distritos aledaños de Kensington y Southwark. Al final, resultaron muertas 30 personas, incluyendo un joven protestante de dieciocho años de edad; hubo cientos de heridos y docenas de casas de católicos fueron calcinadas.[26]

Si los crímenes de odio fueron, mayormente, producto de las diferencias religiosas, más tarde la etnicidad jugó un papel en el problema y prácticamente nadie quedó inmune: diecinueve chinos fueron masacrados en Los Ángeles en 1871;[27] once italianos fueron linchados en Nueva Orleans en 1890;[28] mil trescientos griegos fueron expulsados de Omaha, Nebraska, en 1909 por una muchedumbre enfurecida;[29] cientos de mexicanos fueron golpeados y heridos en un disturbio de diez días en 1943 en Los Ángeles;[30] pescadores vietnamitas fueron atacados en Galveston, Texas, en 1981[31]; y en Mesa, Arizona, como parte de la ira que se desató después del 11 de septiembre, un hombre de cuarenta y nueve años, de la etnia *Sikh* y nacido en la India fue muerto de cinco disparos por un mecánico de aviones de raza blanca de Phoenix.[32]

El primer acto de violencia contra latinos del que se tiene documentación ocurrió durante la fiebre del oro en California, cuando los mineros decidieron que a "nadie más que americanos" se le permitiría explotar el oro en ciertas áreas.[33] Se les ordenó abandonar el área en los alrededores de Sutter's Mill en Coloma a mexicanos, chilenos y peruanos.[34] En diciembre de 1849, una confrontación entre mineros chilenos y americanos resultó en dos americanos muertos, tres chilenos heridos de bala y ocho azotados. Al final, todos los mineros de habla hispana fueron desterrados de la localidad.[35]

A principios del siglo xx, la violencia y el abuso de poder estaban dirigidos principalmente contra los inmigrantes mexicanos.[36] Un siglo después, puede decirse lo mismo, a pesar de que no todas las víctimas son mexicanas.[37] Como la inmigración de todos los países de América Latina se incrementó grandemente en la segunda mitad del siglo, es imposible distinguir visualmente quién es de México y quién no. Es igualmente difícil decir quién nació en el extranjero y quién es hijo de inmigrantes, nacido en Estados Unidos, bilingüe y bi-cultural. Inmediatamente después de la Segunda Guerra Mundial, no hubo ese tipo de confusión cuando miles de trabajadores mexicanos llegaron a las ciudades de Estados Unidos buscando trabajo desesperadamente en medio de una recesión. En Denver, en 1921, la histeria pública que se desató por el gran número de mexicanos sin trabajo que llegaban a la ciudad culminó en el encarcelamiento de cientos de mexicanos acusados de deambular.[38]

La competencia por el trabajo fue la raíz de la mayoría de los casos de abusos, aunque con frecuencia, la codicia también podía ser un factor. En diciembre de 1927, en Stanton, Texas, los oficiales C.C. Baize y Lee Small les prometieron trabajo a tres hombres mexicanos. Los oficiales los llevaron a un banco y les dijeron que esperaran en la entrada mientras ellos entraban, supuestamente a tratar el tema del empleo. Los policías salieron disparando sus armas y mataron a dos de los hombres, declarando más tarde que los mexicanos habían intentado robar el banco. El incentivo fue $5,000 de recompensa que la Asociación de Banqueros de Texas había ofrecido a todo aquel que arrestara asaltantes de banco. El mexicano que sobrevivió contó la verdad de lo ocurrido.[39]

Los incidentes se acumularon a través de los años —la golpiza de un trabajador agrícola en Phoenix, Arizona, el 9 de mayo de 1912;[40] la muerte a palos de otro trabajador en Rio

Hondo, Texas, en mayo de 1921 porque había llamado a una muchacha joven en español;[41] el ataque a una pareja en Luling, Texas, en 1926 —ella fue violada por un soldado del fuerte Sam Houston, que después fue transferido a otra base.[42]

En la segunda mitad del siglo xx, el acoso fue institucionalizado y luego, aun llegó a ser ley. En 1954, la Operación Espaldas Mojadas —una "operación paramilitar para eliminar a los mexicanos de varios estados del suroeste"— dio lugar a la deportación de más de cincuenta y un mil mexicanos y mexicoamericanos solamente en California.[43] Entre los años 1954 y 1959, aproximadamente 3.7 millones de latinos fueron deportados, la mayoría sin el debido juicio. Las redadas y deportaciones eran basadas en evaluaciones visuales hechas por los oficiales de la patrulla fronteriza. Por consiguiente, muchos ciudadanos estadounidenses y latinos que no eran mexicanos terminaron deportados a lugares en los que nunca habían estado.[44]

Cuarenta años después, La Proposición 187, también conocida como la Iniciativa Para Salvar Nuestro Estado, fue aprobada en California en noviembre de 1994. (Más tarde fue declarada inconstitucional por la corte federal). La iniciativa llevada a votación —la primera vez que un estado se adentraba en terreno federal para aprobar una ley de inmigración— intentó establecer un sistema para revisar el estatus migratorio de sus ciudadanos y estaba diseñada para impedir que los inmigrantes indocumentados usaran los sistemas de salud, educación pública y otros servicios sociales del estado. Después de ser aprobada, los crímenes de odio contra los latinos en el área de Los Ángeles aumentaron en un 23.5 por ciento.[45]

El 11 de junio de 1995, la casa de una familia latina en Palmdale, California, fue incendiada después de que escribieran en las paredes con pintura de aerosol: "Poder blanco" y "Muerte a esta familia". Habían escrito "Mexico" y lo habían tachado con una "X".[46]

En 2004, en Dateland, Arizona, Pedro Corzo, de origen cubano y gerente regional de la división de frutas y verduras para la compañía Del Monte, fue muerto a tiros por dos residentes de Missouri que habían viajado a una remota sección del sur de Arizona con la intención deliberada de matar mexicanos al azar. El cabecilla y el más joven de los dos fue más tarde juzgado como adulto y condenado a dos penas de cadena perpetua por el asesinato. Su cómplice fue condenado a cadena perpetua.[47]

Enfrentamientos similares, no todos fatales, tuvieron lugar en California, Tennessee, Texas, New Jersey, Georgia, Utah, Alabama, Luisiana, Kentucky, Maryland, Wyoming, Missouri, Nebraska, Florida y Washington, D.C., según un informe del Southern Poverty Law Center (Centro legal para la pobreza sureña) que incluía casos entre 2004 y 2007.[48]

Uno de los crímenes de odio más horribles e irrazonables contra latinos tuvo lugar en un suburbio de Houston, Texas, el 22 de abril de 2006. David Ritcheson, de dieciséis años, fue atacado por racistas de cabeza rapada en una fiesta porque supuestamente había tratado de besar a una niña de doce años. David Henry Tuck dejó inconsciente a Ritcheson cuando le fracturó la mandíbula mientras gritaba "¡Poder blanco!" y le lanzaba insultos racistas como "*spic*" y "espalda mojada". Keith Robert Turner se unió y los dos atacantes quemaron a Ritcheson con cigarrillos, lo patearon con botas de punta de acero, intentaron grabarle una esvástica en el pecho, lo rociaron con cloro y finalmente lo sodomizaron con el palo de una sombrilla de patio. Después de treinta operaciones, y confinado a una silla de ruedas y con una bolsa de colostomía, finalmente Ritcheson pudo regresar a la escuela. Tuck fue condenado a cadena perpetua. Turner fue sentenciado a noventa años de cárcel.

Un año después del ataque, Ritcheson, que hasta ese momento no había sido identificado por la prensa, habló ante el comité judiciario de la casa de representantes de Estados Unidos. En un testimonio desgarrador, dio detalles de la horrible experiencia ante los legisladores que deliberaban sobre el endurecimiento de las leyes contra los crímenes de odio. "Con mi humillación y las cicatrices emocionales y físicas vinieron también la ambición y la fuerte determinación que hicieron surgir al luchador que llevo adentro", testificó Ritcheson. "Me complace decirles hoy que los mejores momentos de mi vida están por llegar". Trágicamente, no sucedió así. Menos de tres meses después, David se suicidó al saltar por la borda de un crucero en el Golfo de México. Tenía dieciocho años.[49]

Cerca de Patchogue, el 29 de abril de 2006, en East Hampton, Nueva York, tres latinos jóvenes fueron engañados y llevados a un cobertizo por neonazis de cabeza rapada y sus amigos y luego amenazados y aterrorizados con un sierra mecánica y un machete. Los jóvenes latinos fueron secuestrados por noventa minutos mientras los atacantes gritaban "¡Poder blanco!", "¡Heil Hitler!" y otros insultos.

"Así es como cruzan ustedes la frontera", uno de los agresores gritó mientras perseguía a los latinos con la sierra mecánica en la mano. El atacante, de quince años, fue luego sentenciado en una corte juvenil por imprudencia temeraria.[50]

El 10 de septiembre de 2006, en Hampton Bays, Nueva York, Carlos Rivera, un trabajador de la construcción de Honduras, fue apuñalado repetidas veces a la salida de un bar por Thomas Nicotra y Kenneth Porter, quienes le gritaban insultos raciales durante el ataque. Nicotra y Porter, que ya eran conocidos por insultar a la clientela del bar, fueron acusados del delito de robo y asalto como crímenes de odio. Porter fue sentenciado a un año tras las rejas en la cárcel del condado de Suffolk por asalto en primer grado después de testificar en contra de Nicotra, que fue sentenciado a nueve años de cárcel en la prisión estatal.[51]

Aproximadamente dos años después, en la noche del 12 de julio de 2008, en el pueblo minero de Shenandoah, Pensilvania, varios jugadores de fútbol de *high school* regresaban a sus casas de una fiesta cuando se encontraron con Luis Ramírez, un inmigrante indocumentado mexicano de veinticinco años de edad. Se desató un argumento, y varios de los jugadores de fútbol le gritaron a Ramírez insultos racistas. Dos de ellos —Brandon Piekarsky y Derrick Donchak— comenzaron a pelear con Ramírez, y lo tumbaron después de un puñetazo en la cara. Cuando estaba en el suelo, declararon los fiscales, Piekarsky le dio una patada en la cabeza. Ramírez murió dos días después, de lesiones en el cerebro. Al año siguiente, Piekarsky y Donchak fueron absueltos de todos los cargos serios contra ellos, pero después, acusados de cargos federales, fueron encontrados culpables de un crimen de odio y sentenciados a nueve años de cárcel.[52]

Ramírez fue la primera víctima latina de un crimen de odio que se convirtió en una historia nacional en 2008. La segunda fue Marcelo Lucero, en Patchogue.

Cuando Jordan Dasch entró en Patchogue en un todoterreno rojo del 1996, el pueblo estaba en calma y había pocas personas caminando por las calles. La biblioteca, el centro de actividad en las noches, había cerrado hacía tiempo. Las luces del teatro estaban apagadas y solamente los empleados de limpieza quedaban en los restaurantes de Main Street.

De pronto, el grupo vio un hombre caminando. Kuvan pensó que era un hispano y gritó: "¡Para el carro! ¡Para el carro! Vamos a patear a este tipo". Jordan detuvo el carro entre unas cincuenta y setenta yardas frente al hombre. Kuvan, Anthony, Nick y José salieron del carro y corrieron en dirección a él. Jeff, Jordan y Chris también salieron del carro, pero se quedaron parados a su lado.

El hombre que el grupo había visto era Héctor Sierra, de cincuenta y siete años de edad y mesero del Gallo Tropical, un restaurante popular de comida latina en Main Street, propiedad de una familia colombiana. Había llegado a Estados Unidos legalmente en 1973 y había vivido en Nueva Jersey, Queens y Manhattan antes de mudarse a Patchogue, un lugar que consideraba seguro y tranquilo.[53] Era ciudadano estadounidense y por años había vivido entre Patchogue y su tierra natal, Colombia. En aquel momento, trabajaba en el Gallo Tropical desde hacía siete años, y había llegado a ser jefe de meseros.[54]

Ese día, había comenzado su jornada a las 10:00 de la mañana y había terminado de trabajar a las 11:30 de la noche para acumular horas extras. Estaba cansado y decidió salir por la puerta trasera del restaurante para ahorrarse una cuadra de las siete que le tomaba llegar a su casa. Las calles estaban oscuras y había neblina. Era casi la media noche y Sierra caminaba de prisa. No llevaba gran cosa consigo: un reloj, un teléfono celular y su billetera con algunos dólares, porque había escuchado que había grupos atacando a los hispanos en las calles y era cauteloso. Llevaba puesta una gorra, las manos metidas en los bolsillos de su abrigo y caminaba con la cabeza baja.

Por el rabillo del ojo, notó un carro todoterreno, rojizo o quizás marrón, que hacía una izquierda y le pasaba lentamente por al lado como si quienquiera que estuviera en él lo estuviese observando o quisiese detenerse para saludarlo. Sierra no conocía a nadie con ese tipo de carro. Apuró el paso. No podía ver cuántas personas había dentro, pero escuchó voces e inmediatamente se dio cuenta de que eran varios y que si algo pasaba, perdería.

El carro de detuvo frente a un edificio. Era el único carro en la calle; las calles estaban desiertas. Sierra escuchó un ruido que provenía del carro, tres o cuatros pequeñas explosiones, una detrás de la otra. Le pareció que sonaba un arma de bajo calibre. Luego vio a cuatro hombres que salían —dos del lado derecho y dos del izquierdo. Eran jóvenes, pensó. Muy jóvenes. De todas formas eran cuatro contra uno. Quienquiera que estuviera dentro del carro, había dejado el motor encendido. No era una buena señal. Los cuatro jóvenes comenzaron a correr hacia Héctor. Eran muy rápidos. Sierra recordó que dos de sus compañeros de trabajo habían sido golpeados recientemente por unos jóvenes. Temía que le iba a suceder lo mismo. No podía correr hacia delante y no podía quedarse donde estaba. Dio media vuelta y comenzó a alejarse corriendo, como luego testificó "como alma que lleva el diablo".

"Era algo raro", recordaba después, "porque yo corría para alejarme de ellos. Mi madre había muerto un par de meses antes, y yo corría y le rezaba al alma de mi madre. No sé, era como una película. Te pasa todo por la mente muy rápido y yo estaba rezándole a mi madre para que me alejara de esos lobos que yo no conocía y que no sabía quiénes eran. Yo no sabía cuáles eran sus intenciones y tenía mucho miedo".[55]

Los jóvenes alcanzaron a Sierra. Le dieron puñetazos en las orejas y lo patearon. Por temor a que le lastimaran la cara, Sierra trató de bajar la cabeza y no se dio la vuelta para mirarlos. Continuaba corriendo a pesar de los golpes y finalmente tropezó y se cayó. Se le rompieron los pantalones y se hizo una herida en la rodilla. Siniestramente, los jóvenes no hablaban mientras lo atacaban, nunca gritaron ni lo insultaron ni le pidieron el dinero, como él había temido.

Sierra se levantó. Tenía miedo de que en el suelo lo lastimaran más. Comenzó a moverse en zigzag para evitarlos y confundirlos. Llegó a una casa donde creía que vivían hispanos, pero volvió a caerse y los jóvenes comenzaron a patearle la espalda. Sierra se arrastró por la grama tratando de llegar al portal. En ese momento pedía ayuda a gritos.

Se las arregló para llegar al portal, pero nadie salía para ayudarlo. "Había gente arriba y nunca salieron. Tenían miedo de abrir la puerta. Me sentí tan indefenso, tan solo".[56] Desesperado y tratando de evitar los duros golpes y las persistentes patadas, comenzó a golpear las ventanas. Una se rajó, pero no se rompió. Le dio de patadas a la puerta con toda su fuerza. Sentía vergüenza de convertirse también en agresor, pero pensó que no tenía otra alternativa.

La luz del portal se encendió pero la puerta permaneció cerrada.

La luz parece haber asustado a los atacantes, dándole a Sierra suficiente tiempo para voltearse y mirarlos. Para él eran simplemente "muchachos blancos". Dos de ellos habían estado detrás de él, y otros dos, un poco más lejos, los miraban. Los adolescentes corrieron hacia el todoterreno y Sierra fue hasta la calle para mirar a dónde se dirigían. Se metieron en el carro rápidamente e hicieron una izquierda en la calle Thorne.

Sierra se dio cuenta de que aunque los atacantes se habían ido, él continuaba gritando. Le dolía la garganta y tenía la boca seca. Un hombre en un carro que esperaba por la luz verde, le preguntó por qué gritaba. Sierra finalmente se dio cuenta de que todo había pasado y que no estaba solo. Le dijo al hombre lo que le había sucedido y le pidió que llamara inmediatamente al 911. Sierra lo había intentado pero su teléfono no funcionaba. Había sido dañado en el ataque. El hombre lo llevó a una tienda 7-Eleven cercana, con la esperanza de encontrar una patrulla de policía en el camino o estacionada frente a la tienda, pero el 7-Eleven estaba desierto. Era alrededor de la medianoche. Agotado, adolorido y asustado, Sierra renunció a encontrar un teléfono o llamar a la policía y caminó hasta su casa sin decirle a nadie lo que le había sucedido esa noche.

Si lo hubiera hecho, si su teléfono hubiera funcionado, si alguien hubiera llamado a la policía o si la gente de la casa donde había culminado el ataque le hubiera ofrecido ayuda, quizás los jóvenes hubieran desistido de continuar con el entretenimiento de la noche y se hubieran ido a dormir. Pero nadie los detuvo.

El todoterreno se alejó a toda velocidad. Jordan se detuvo en el estacionamiento de la biblioteca a unas cuantas cuadras de allí, y los siete jóvenes se bajaron del carro. Estaban alterados por la adrenalina del ataque. Comenzaron a caminar por la avenida Railroad, en camino a la estación de tren, donde iban a terminar la noche como la habían empezado.

De pronto, vieron a dos hombres que salían caminando de un estacionamiento hacia la avenida Railroad. Los hombres, de piel oscura y con pelo corto y negro, parecían ser hispanos. Los adolescentes no podían haber sabido sus nombres en ese momento, pero estaban a punto de confrontar a Ángel Loja y a Marcelo Lucero, dos buenos amigos familiarizados con las dificultades de la vida pero no con la violencia.

Jeff le dijo más tarde a la policía: "Todos estábamos muy alterados y estaba bien claro lo que íbamos a hacer".[57]

CAPÍTULO 6

INDESEADOS

Temprano en la tarde el 8 de noviembre de 2008, Ángel Loja descansaba en el sofá de su casa mirando televisión, relajándose de la tensión de la semana. Las ventanas de su pequeñísimo apartamento estaban abiertas y una brisa agradable llegaba desde la bahía. Loja no tenía deseos de hacer nada y se sentía libre, sin preocupaciones.[1]

Era un sábado, el primer día de un fin de semana sin trabajo, y Loja tenía la intención de disfrutar de su tiempo libre. Nadie lo esperaba. Su última novia lo había dejado tan consumido y tan afligido que no se había atrevido ni siquiera a mirar a una mujer en mucho tiempo. Pensaba que esa era la forma en que Dios lo quería ver: solo, pero en paz. Estaba libre de drogas, en las que había incursionado en años anteriores. Ya no se despertaba con la intensa luz de la mañana preguntándose donde estaba, alarmado de que, otra vez, había dormido en el banco de un parque. Hacía ocho años que vivía en Patchogue, tenía un trabajo estable y en una buena semana podía ganar hasta $520.

Todos los días de la semana y algunos sábados, de las 7:00 a.m. a las 3:00 p.m., serruchaba y martillaba clavos en piezas de madera armando estructuras de casas para una compañía de construcción. En sus días libres, como ese día, se daba el lujo de no hacer nada, permitiéndose relajar los músculos de los hombros, descansar las manos callosas y dejar volar sus pensamientos libremente, amortiguados por el sonido de la televisión.

El teléfono sonó y Loja pensó en no contestarlo, pero vio el nombre de su amigo Marcelo Lucero en la pantalla. Lucero sonaba ansioso y algo agitado cuando Loja contestó el teléfono con desgano.

"¿Qué más? ¿Qué haces?", le preguntó Lucero.

La llamada lo tomó por sorpresa, pero no le extrañó. Hacía varios años, desde que se habían encontrado en las calles de Patchogue, que Lucero llamaba a Loja con frecuencia para que lo acompañara a salir de compras, al gimnasio o a comer. Solteros y sin compromiso, compartían una camaradería nacida de circunstancias similares: amigos en una tierra extraña, añorando su casa mientras luchaban por la promesa de una vida mejor.

Los dos habían llegado a Estados Unidos en viajes separados, pero igual de horribles. Sabían bien lo que era buscar trabajo mientras trataban de comunicarse en un deficiente inglés. Estaban confundidos por las leyes complicadas de su nuevo país, le tenían miedo a la policía y aún más a aquellos que aparentemente les tenían temor a ellos: los nativistas de Long Island, que pensaban que los recién llegados de América Latina eran una amenaza para su forma de vida.

Lucero y Loja, de piel oscura y atléticos, eran muy espirituales y veían la mano de Dios o del mundo oculto en situaciones que otros considerarían pura coincidencia. Una vez, cuando Lucero tomó una fotografía en la oscuridad, la foto reveló un rayo de luz inesperado. Lucero vio un brazo flexionado a la altura del codo. Loja también lo vio. Era un espíritu, concluyeron.

El mundo inexplicable de los espíritus y las visiones no era algo abstracto para ellos. En su mundo —algo común para la mayoría de los latinoamericanos de origen humilde y sin educación formal— nada era más importante que la palabra y la voluntad de Dios. Si las cosas marchaban bien, así lo quería Dios. Si no, eso también era la voluntad de Dios. Cualquier cosa que pasara, la respuesta era una aceptación incuestionable.

"Estoy aquí solamente pasando el tiempo", le dijo Loja, bajándole el volumen al televisor para poder escuchar a su amigo.

"Salgamos a alguna parte. Estoy aburrido", dijo Lucero, que había acabado de salir de media jornada de trabajo en una tintorería de Riverhead, donde trabajaba planchando ropa fina. En su trabajo anterior, también en una tintorería, había perdido todas las uñas de las manos por un hongo que se proliferaba en la humedad. Planchar era aburrido, pero menos desagradable que tener las manos metidas en agua y jabón, mientras cepillaba cientos de cuellos de camisa a la semana.

"¿No vas a darte una ducha primero?", le preguntó Loja, tratando de ganar tiempo porque en realidad no tenía ganas de levantarse del sofá.

"No, no. No quiero ni siquiera ducharme. Lo que quiero es salir a algún lugar", le respondió Lucero.

Resignado, Loja agarró un suéter y salió sin apagar la televisión. Para despabilarse un poco, se saltó varios escalones mientras bajaba las escaleras. Lucero estaba al volante de su Nissan Sentra verde, un carro de catorce años de uso que conducía todos los días al trabajo, a cerca de veinticinco millas de su casa. Como siempre, vestía impecablemente, a pesar de que acababa de salir del trabajo: pantalones de *khaki* bien planchados, un pulóver de color claro, zapatos tenis Skechers y una chaqueta Levi's de mezclilla.

Fueron hasta un parque cercano en Holbrook, un pueblo a seis millas de distancia, y decidieron caminar un poco. Aunque era otoño, la temperatura rondaba los cincuenta y tantos grados y los árboles, que todavía no perdían sus hojas por la arremetida del invierno, estaban llenos de vida. Lucero notó unos gusanos arrastrándose lentamente en el tronco de un viejo árbol. "Eso es la vida", dijo felizmente, "Mucha vida".

Loja sonrió, pensando que Lucero se estaba comportando un poco extraño, pero antes de poderle preguntar sobre su estado de ánimo, Lucero comenzó uno de sus usuales monólogos. Aconsejó a Loja sobre cómo ser un buen hombre, un hombre que luchara por sus derechos, que trabajaba y ahorraba, que sabía cómo comer y cómo conducirse en todas las ocasiones. Lucero, que tranquilamente podía gastarse $1,000 en el centro comercial, le dijo a Loja que debía tener la ropa adecuada para cada ocasión. "Si llueve, no uses zapatos tenis, lleva botas de lluvia", le dijo a Loja.

A Lucero le gustaba hacer el papel de hermano mayor de Loja, el más sabio, a pesar de que eran prácticamente de la misma edad. Lucero tenía treinta y siete años y Loja treinta y seis, pero Lucero reconocía que Loja se sentía perdido en Estados Unidos. Sabía sobre su problema con las drogas y de las dos novias que lo habían dejado sin un centavo y abatido. También sabía que Loja había abandonado algunos trabajos por su orgullo.

El maltrato que sufrió en su primer trabajo en Nueva York, acabado de llegar, lo dejó un poco hastiado y algo asustado. Si esa era la bienvenida, ¿qué otra cosa peor podría suceder? ¿Para qué más tendría que estar preparado? Para un hombre joven que creía en premoniciones y en señales divinas, la primera experiencia de Loja en Nueva York no había sido un buen presagio.

Con el tiempo, se fue endureciendo. "Parece que nadie aquí tiene alma", pensó. No hay tiempo para la espiritualidad o la bondad. Dinero, dinero, dinero, eso es en lo que piensa todo el mundo. Lo único que no había perdido era el sueño que siempre llevaba en el corazón, el de regresar a casa algún día; pero para eso, también necesitaba dinero.

Con frecuencia, como hizo aquel día en el parque, Lucero le recordaba a Loja cosas de su infancia. "Tu madre sabía cómo vestirte, siempre tenías la mejor ropa", Lucero le decía a Loja. Lucero lo decía como un hecho, sin amargura o dolor, pero Loja sabía por qué Lucero siempre mencionaba ese detalle de su niñez en particular y por qué él era tan meticuloso con la ropa. De niño, Lucero raramente vestía ropa nueva. Los demás niños eran crueles y se burlaban de él. Como era el mayor de los hermanos, siempre tenía que cuidar de sus pantalones nuevos, porque su hermano menor, Joselo, tenía que heredarlos.[2] Muchas veces, sabía Loja, Lucero no había tenido zapatos que ponerse, lo que era algo irónico, porque el pueblo de Gualaceo era conocido como la capital de la manufactura del calzado en Ecuador.

Lucero había crecido muy pobre, el mayor de cuatro hermanos —dos varones y dos hembras— en la casa de su padre, un zapatero que permanecía ausente la mayoría del tiempo— criados por una mujer bajita y robusta que cocinaba para mantenerse y que no le quitaba la vista de encima a sus hijos. A pesar de la pobreza, o quizás por ella, los niños crecieron libremente, recogiendo melocotones y peras de los árboles y echando carreras de carros de madera por las angostas calles que rodeaban la plaza central de Gualaceo.[3]

En 1979, cuando Lucero tenía ocho años, su padre se inclinó sobre su mesa de trabajo y murió instantáneamente de un ataque al corazón. Su viuda, de veintinueve años, Rosario, tuvo que trabajar infatigablemente para mantener a su familia, mientras vigilaba cuidadosamente a sus hijos, especialmente a Lucero, que estaba demasiado apegado a ella. Cuando limpiaba la casa, él la seguía mientras le agarraba el borde de la falda.

Cuando ella trabajaba hasta altas horas de la noche, cosiendo la ropa raída, él se dormía a sus pies. Doña Rosario, como todos la llamaban en señal de respeto y como era costumbre llamar a las mujeres casadas o viudas, era severa con la disciplina. Si sus hijos se portaban mal, ella los golpeaba. Lucero odiaba cuando su madre descargaba su ira en él y salía huyendo, pero su madre siempre lo seguía y lo llevaba de vuelta a casa.[4]

Al final del sexto grado, Lucero, a quien nunca le había gustado la escuela, se negó a seguir estudiando. Como era el hijo mayor, pensaba que su deber era ocuparse de la familia, aunque en Gualaceo las posibilidades eran limitadas. Al principio, comenzó a ayudar en la cocina, batiendo la mezcla de maíz que su madre preparaba para hacer los dulces que la familia vendía en el mercado al aire libre cerca de la iglesia. Luego, de adolescente, su madre le consiguió un trabajo vendiendo joyas de plata local —muy apreciada en todo el país— en Quito, la capital, y en otras ciudades y pueblos; pero no tenía el alma puesta en ello. Lo que quería era viajar a Estados Unidos, como lo habían hecho sus amigos.

A los dieciséis años, trató de hacer el viaje al norte por primera vez. Como siempre, recurrió a la ayuda a su madre para que pidiera dinero prestado a sus conocidos para costear el viaje; pero doña Rosario, temiendo el trayecto y la separación de su primogénito, no lo hizo. Le mintió diciéndole que nadie quería prestarle dinero a un hombre tan joven que era mantenido solamente por su madre. ¿Cuáles eran las posibilidades de recuperar el dinero prestado?

En ese entonces, la familia vivía en un apartamento pequeño. Las niñas dormían en una cama con su madre, y los varones en otra. Compartían un baño con otras tres familias. En el patio, había siempre una bombilla encendida que no dejaba dormir a Lucero por las noches.

"Tengo que salir de esta casa, mamá", le dijo un día, y ella comprendió que no podía retenerlo por más tiempo. "¿Qué hago yo aquí?", preguntaba mirando a su alrededor con ojos tristes, como si estuviera buscando a los amigos que ya se habían marchado a Estados Unidos y a los que les iba bien.

La evidencia estaba a su alrededor. Los vecinos, los padres de sus amigos, estaban construyendo casas de dos y tres pisos. Los jóvenes les enviaban páginas de revistas señalando lo que querían en sus nuevas casas: una sala de entretenimientos, un comedor, una terraza en el techo, varios baños, encimeras de mármol, baldosas de colores claros en los pisos y televisores de pantalla grande. Los hombres estaban enviando sus sueños a casa, con cada pago. Dormían en establos en Long Island, junto a los caballos que atendían, o se hacinaban en apartamentos en los sótanos de Queens y en otros lugares. Vivían pensando en el futuro, y el futuro comenzaba con una casa segura y elegante que reuniría a toda la familia.

Antes del éxodo masivo de gualaceños, muy pocas casas en el pueblo tenían más de un baño, más de un piso o un dormitorio para cada niño, pero una vez que la juventud del pueblo comenzó a emigrar hacia el norte, Gualaceo cambió. Se duplicó en tamaño, y las marcadas diferencias entre los que tenían y los que no tenían se acentuaron.

La familia de Lucero pertenecía a los que no tenían. A veces ni tenían suficiente comida. Un tío paterno los ayudaba con frecuencia y la familia levantaba el ánimo hasta que volvían a quedarse sin dinero. En lugar de ayudar a su madre buscándose un trabajo, Lucero cayó en una depresión. Se levantaba a las 11 de la mañana o más tarde, y se quejaba todo el día de que estaba desperdiciando su vida y que no cumplía con su papel de hijo mayor.

Un día reunió a todos sus hermanos. "Tenemos que tener un futuro mejor. Mamá no puede trabajar para siempre" les dijo. "Tenemos que sacrificarnos, tenemos que irnos para lograr el sueño americano".[5]

Lo que él opinaba era muy importante para sus hermanos, quienes lo respetaban y lo consideraban el hombre de la familia desde que tenía nueve años. Todos, incluyendo a doña Rosario, tenían en cuenta su opinión. ¿Qué diría Marcelo? ¿Qué haría Marcelo? Lo que él pensaba podía cambiar la atmósfera y el estado de ánimo de todos en la casa.

Su hermana Catalina, que sabía muy bien lo desesperado que estaba su hermano y el miedo que aún tenía su madre, le aconsejó que lo dejara ir. Esta vez, doña Rosario hizo caso. Una mujer del pueblo le prestó a la familia $5,500, un niño ofreció $20 y otras personas también contribuyeron.[6] Con el dinero reunido, la familia se dio a la tarea de buscar un coyote, alguien que acompañara a Lucero en su viaje a través de Súdamerica y Centroamérica y que lo enviara, sano y salvo, al otro lado de la frontera entre Estados Unidos y México. Planearon su partida por quince días. Finalmente, encontraron un coyote, le entregaron el dinero y concertaron una fecha.

Lucero dejó su casa el 2 de noviembre de 1993, aproximadamente a las 8:00 a.m., con $1,000 en el bolsillo de atrás del pantalón y dos mudas de ropa en una pequeña mochila. Sus hermanas y hermanos se alinearon para abrazarlo y decirle adiós. Lucero se inclinó ligeramente, bajó la cabeza ante su madre y le pidió su bendición. Todos lloraron, incluso Lucero.

Tomó un autobús hasta Cuenca, y desde allí otro a Guayaquil, donde abordó un vuelo a Guatemala. En cuanto llegó al aeropuerto, las autoridades lo detuvieron: había un problema con su visa y debía ser deportado. En camino al avión que lo llevaría de regreso a casa, Lucero pidió permiso para ir al baño. Le fue concedido. Lucero salió corriendo hacia la puerta y continuó corriendo por las calles de la ciudad hasta que se dio cuenta de que nadie lo seguía. Había perdido el contacto con el coyote y se dispuso a cruzar Guatemala y México por su propia cuenta. Le tomó cerca de dos meses, pero finalmente llegó a Texas, y se las arregló para llamar a su familia. "Estoy vivo", les dijo, "y estoy en camino a Nueva York".

"No sé cómo lo hizo, pero lo logró", le dijo su hermano Joselo a uno de los documentalistas. "Solía decir: 'Voy a llegar de cualquier manera. No voy a regresar a casa vivo'".[7]

Lucero llegó a Nueva York el 28 de diciembre de 1993. En algún momento del camino le habían robado los $1,000 del bolsillo. Tenía veintidós años.

Cuando doña Rosario supo que su hijo había llegado, lo primero que pensó fue en quién le lavaría las camisas. Era tan particular, pensó. ¿Quién lo iba a ayudar?

Por mucho tiempo, nadie lo hizo.

Después de un corto tiempo en la ciudad de Nueva York, Lucero se mudó con seis hombres que conocía de Gualaceo, que vivían en una enorme casa verde de cinco dormitorios y dos baños en Patchogue, cerca del ayuntamiento y Main Street. Comenzó a trabajar en una tintorería. Mientras los otros hombres jugaban baloncesto en el parque y hacían chistes en la sala después del trabajo, Lucero mantenía la distancia. Era meticuloso con sus cosas y su espacio. Mantenía su cama tendida y su mesa de noche en orden, y exigía respeto de los demás, que pensaban que él era un poco engreído. Después de aproximadamente tres años, Lucero se mudó de la casa.[8] Alquiló una habitación para él solo y comenzó a escribirle cartas a su familia que hablaban de su soledad, su dura vida y su anhelo de verlos pronto. Protestaba que todo el mundo en América era "adicto" al trabajo.

"Todo aquí es lo mismo", escribió el 28 de diciembre de 1996. "Estoy cansado de estar encerrado y cansado. Todo lo mismo, todos los días y los meses o quizás años haciendo lo mismo. Trabajar y trabajar y verme en el espejo que estoy cansado y envejeciendo".[9]

El 17 de agosto de 1995, envió lo que sería su carta más triste. Lo habían operado de una hernia y se encontraba solo y desesperado.

"Era para mí lo más duro porque estaba solo en la clínica, solo haciéndome operar", escribió. "Ahí me hicieron dormir. Cuando me desperté ya [faltaban] pedazos de mi cuerpo. Era como quitarme la media vida. Sólo podía aullar y lo peor era que no había quien me saque de la clínica, pero al día siguiente me mandaron [a salir] y para subir a mi cuarto subí en rodillas. Me acosté y no me podía levantar y no podía ni moverme, y encerrado en cuatro paredes como un moribundo me ponía melancólico y me daba cuenta que en mi camino de la vida estaba solo".

Cuatro años después dejó de escribir porque se compró un teléfono celular. En la última carta que escribió en 1999, dijo: "Soy un pájaro con las alas rotas", y dibujó una paloma sin alas. Cuando doña Rosario recibió la carta de su hijo una semana después, lloró al verla. Su hija Isabel siempre le leía las cartas, porque ella no sabía leer, pero no necesitaba de nadie para que le explicara el mensaje que su hijo le había enviado esa vez. Inmediatamente comprendió que había sido un error ayudarlo a marcharse.

Un día, mientras conducía por Main Street, Lucero pensó haber visto una cara familiar y detuvo su carro en la acera. Bajó la ventanilla y gritó: "¡Ángel! ¿Qué haces tú aquí?".

A pesar de que se conocían hacía mucho tiempo, no habían sido muy amigos. En la tierra del fútbol y el voleibol —los deportes que Lucero y la mayoría de los niños ecuatorianos jugaban— Loja fue algo fuera de lo común. Cuando tenía trece años, un hombre llamado Serafín Orellana había regresado a Gualaceo después de varios años en Nueva York, donde se había hecho fanático del baloncesto. El hombre reunió a un grupo de niños, formó un equipo y les enseñó las complejas reglas de la Asociación Nacional de Baloncesto (NBA). Loja quedó enganchado. Jugó baloncesto todos los días con el equipo que había formado Orellana de 1988 a 1993, ganando juego tras juego en los encuentros locales. Antes de que el equipo pudiera competir a nivel regional, muchos de los chicos y jóvenes habían dejado Gualaceo para mudarse a Patchogue.

Lucero recordaba cómo jugaba Loja en la cancha de baloncesto. Aunque no era lo suficientemente alto para meter la pelota sin esfuerzo como parecen hacerlo los jugadores de la NBA, Loja se las arreglaba para hacerlo dando grandes saltos. Ese era su sello personal, su especialidad: saltar más de un metro del suelo, sorprender al oponente y meter la pelota. Ese salto, le dijeron frecuentemente, salvó al equipo en muchas ocasiones y mantuvo a Loja enfocado y alejado de las calles. Era un atleta y se movía con la gracia y la seguridad de los mejores.

Lucero admiraba a Loja por su tenacidad y la forma en que jugaba, y se le vino a la mente cuando Loja se acercaba a su carro en Main Street en Patchogue, sonriendo. Loja tuvo una buena sensación y se dio cuenta de que en ausencia de la familia, un viejo conocido sería algo bueno. Desde aquel día, los dos habían pasado el rato juntos frecuentemente, yendo de compras y comiendo en la casa de una mujer que cocinaba y vendía la comida casera que ellos extrañaban. Comenzaron a ir juntos al gimnasio, donde pasaban tres y hasta cinco horas en un día. Sin embargo, Lucero nunca se atrevió a jugar baloncesto con Loja, porque sabía que muchos de los chicos que años atrás se habían burlado de su ropa raída y de sus pies descalzos en Gualaceo, ahora jugaban baloncesto con Loja en Patchogue.

La salida al parque y la seria conversación sobre la vida, el carácter y la responsabilidad tuvieron fin cuando Lucero sugirió que fueran a un centro comercial en Smithtown, a unas diez millas de distancia. Se detuvieron en la tienda Express, una de las favoritas de Lucero, donde Lucero compró un par de pantalones por $90 y algunos pulóveres, incluyendo uno que costó $60 y que lo hacía lucir como alguien que se había asimilado. Quizás esa era la razón de sus compras, pensó Loja. Lucero quería lucir como los demás. Si la gente lo iba a mirar mal porque no hablaba bien el inglés y por tener la piel oscura, era mejor que vieran a un hombre elegantemente vestido. Loja también compró algunas cosas. Lucero parecía estar feliz y más relajado que cuando había recogido a Loja horas antes.

"Vamos a casa a comer. Tengo hambre", dijo, y Loja lo siguió.

Después de pasar por la casa de Loja para que éste dejara sus compras, fueron a la casa de Lucero, un estudio en un segundo piso con una cocina pequeña y un baño. Como siempre, su cama estaba tendida y había una biblia en la mesa de noche. Detrás de la cama se podía ver una bandera de Estados Unidos.

"Ven aquí", le dijo a Loja, "quiero leerte algo que encontré". Tomó la biblia y trató de leer el Salmo 31, pero inexplicablemente, trastabilló y le pasó la biblia a Loja, que lo leyó en voz alta: "Todos mis enemigos me desprecian, y mis vecinos me menosprecian —hasta mis amigos no se atreven a acercarse a mí. Cuando me ven por la calle, se alejan de mí. Me han olvidado como si estuviera muerto, como si fuera un cántaro roto. He escuchado muchos rumores sobre mí, y el terror me ronda. Mis enemigos conspiran en mi contra, hacen planes para quitarme la vida".[10]

Loja no se sorprendió por el pasaje que había escogido su amigo. De donde ellos venían, la muerte —incluso la muerte prematura— era tan natural como la vida. Era otro estado, un estado final, pero uno que le era familiar a todos los que ellos conocían. El padre de Lucero había muerto joven. Loja había perdido a un hermano mayor, un estudiante de medicina de veinticuatro años, por una enfermedad misteriosa en la garganta que nadie jamás pudo explicar. Con relación a los enemigos, los hombres sabían que tenían demasiados.

Para aliviar la tensión, Loja encendió la televisión y los dos se sentaron a mirar un documental de *National Geographic* sobre mamíferos africanos. Lucero abrió dos cervezas y Loja fue a la tienda de la esquina y compró camarones fritos por $9 y más cerveza. Más tarde regresó por más camarones y cerveza antes de que la tienda cerrara. El dueño, que ya terminaba el día, no quiso cobrarle esa vez. Si Loja no se llevaba los camarones, tendría que botarlos a la basura. Pero Loja tomó aquel gesto de la forma que siempre lo hacía: una prueba de que le sucedían cosas buenas, otra señal de que Dios lo protegía.

Después de comer, los dos amigos fumaron marihuana. Había sido un buen día, un día relajado, y Loja pensó que había llegado la hora de marcharse. Lucero se ofreció a llevarlo a su casa. Loja le dijo que no. Habían estado bebiendo y lo último que necesitaban era que la policía los parara y les oliera el aliento. Decidió caminar solo. Después de todo, no eran más que siete cuadras.

A dos cuadras de la casa de Lucero, Loja se detuvo para encender su cigarrillo con el de un transeúnte. De pronto, sintió una mano en el hombro derecho y dio un salto, sorprendido. Lucero lo había estado siguiendo.

"¿Qué haces aquí? Te acabo de dejar en tu casa", le dijo Loja. La noche no había terminado para Lucero. Quería ir hasta la estación de tren, donde había conocido una muchacha bonita hacía varias noches, dijo Loja.

"Vamos, hombre", le pidió. "Todavía está temprano".

Loja sabía que eran pasadas las 11:00 p.m. y no era la mejor hora para que dos hombres latinos estuvieran caminando por las calles de Patchogue, pero aceptó a regañadientes porque pensó que su amigo estaba ansioso y necesitaba compañía. No había un alma en la estación de tren. El estacionamiento estaba vacío y había una calma escalofriante. La niebla se había asentado en la noche. Lucero sugirió ir hasta un bar cercano. A Loja no le gustó la idea porque sabía que en el bar se reunían jóvenes blancos y eso podía significar un problema para dos hombres de piel oscura como ellos.

Loja no quería dejar solo a su amigo, y recordó a otro amigo, Elder Fernández, que vivía en una casa detrás de la estación de tren. Fernández estaba mirando televisión cuando Loja lo llamó y les dijo que fueran a visitarlo. Mientras caminaban hacia la casa de Fernández, Loja vio a un grupo de jóvenes que se les acercaba desde una calle lateral. Los contó. Eran siete. Parecían ser bastante jóvenes. Todos, menos uno, eran blancos. Por lo menos uno llevaba una capucha. Cuando estuvieron lo suficientemente cerca para mirarlos a los ojos, a Loja no le gustó lo que vio. Los jóvenes parecían rabiosos, pensó, y le dijo entre dientes a Lucero: "Mucho cuidado".

Loja dio dos pasos hacia atrás para evaluar la situación. Se encontraban prácticamente en una calle sin salida. A la izquierda, tenían casas y una calle bloqueada por los atacantes. A la derecha, la estación de tren. Podrían retroceder corriendo, pero tendrían que hacerlo muy rápido para escaparse, ya que la salida estaba bloqueada en ambas partes por las casas o por la estación. Si corrían hacia adelante, podrían llegar al callejón donde vivía el amigo de Loja, pero tendrían que ser más rápidos que los adolescentes que se acercaban como cazadores tras su presa.

Ya tenían al grupo de jóvenes encima, respirando agitadamente y saltando en las puntas de los pies, flexionando los brazos, riéndose y chocando uno contra el otro, de manera desenfadada, como adolescentes al fin. ¿Estaban jugando? ¿Estaban endrogados? ¿Borrachos? Loja podía, prácticamente, sentirles el aliento.

Lo único que podían hacer era enfrentarlos y pelear. Loja se volteó hacía Lucero y le gritó: "¡Cuidado!".

CAPÍTULO 7

ASESINATO EN UN SUBURBIO

Cuando vieron a los hombres, Kevin "Kuvan" Shea se puso eufórico, como un padre que encuentra el juguete favorito de su hijo debajo de la cama. "Aquí mismo están", dijo. Con pasos largos se les acercó a Lucero y a Loja, con Anthony y José pisándole los talones.[1]

Loja se dio cuenta de que los adolescentes se habían separado en dos grupos, como para bloquear cualquier salida posible. El ataque no parecía ser al azar, más bien coordinado. Era algo que habían hecho antes, intuyó, y comenzó a buscar una vía de escape. No era una pelea que podían ganar.

Entonces, Loja creyó escuchar que uno de los atacantes los llamaba "*niggers*".

"Dije algo como 'atrévete, *nigga*', que es una frase que usamos cuando retamos a alguien para que pelee", le dijo Kevin más tarde a los detectives en las primeras horas del 9 de noviembre. "Todos estábamos hablando mierda".

Loja, que ya había notado que uno de ellos era negro, les contestó: "¿A quién le llamas negro? ¡Tú eres el negro feo!".

Anthony, José y Kuvan comenzaron a burlarse de los hombres para incitar una pelea. Gritar insultos había logrado la meta en el pasado: si enfureces a un hombre solo y borracho, ¿quién sabe lo que pueda pasar? Si enfureces a dos hombres indefensos y posiblemente borrachos, la diversión sin duda podría duplicarse. Nick les preguntó: "¿Qué hay de nuevo, *beaners*?". *Beaners* era uno de sus insultos preferidos. "Mexicanos jodidos" era otro. Con la excepción de Jeff y Chris y posiblemente Jordan, el resto comenzó a lanzar insultos: "¡Ilegales jodidos! ¡Vienen a este país a cogerse nuestro dinero! ¡Lárguense de este país!".

Loja y Lucero respondieron con el único insulto en inglés que se les vino a la mente. Los llamaron "*faggots*" (maricones).

Anthony les preguntó si tenían algún dinero.

"¡No!", les gritó Lucero. "¿Por qué no van a trabajar como yo para que puedan tener su propio dinero?".

Lucero se quitó la chaqueta de mezclilla, listo para pelear. Kuvan se llevó la mano derecha a la cintura, como si fuera a sacar un arma, y dijo: "Deja ya esa mierda, hijo de puta". Lucero no se movió. Kuvan se le acercó y le pegó un fuerte puñetazo en la cara, a un lado de la boca, que le partió el labio. Lucero comenzó a sangrar por la nariz o por la boca o por ambos lados y Kuvan se mofó de él: "Ya estás echando sangre, eso es todo lo que tuve que hacer". Anthony trató de darle un puñetazo a Loja, pero falló.

Por instinto, perfeccionado por los años que pasó saltando para meter la pelota en el aro, Loja saltó tan alto que logró esquivar el golpe y correr hacia el callejón donde vivía su amigo Elder Fernández. Lucero corrió en dirección opuesta, con cuatro jóvenes detrás, a poca distancia.

A pesar de los gritos y la conmoción, las calles estaban en silencio. No había nadie en la estación de tren. El tren había pasado una hora antes, a las 10:42 p.m.; el próximo —y el último del día— no pasaría hasta las 11:59 p.m.[2] Estaban solos y aparentemente no tenían tiempo para sacar un teléfono celular y llamar a la policía. Todo sucedió rápidamente y, a la misma vez, lentamente. Loja podía ver los movimientos como en cámara lenta y podía escuchar los insultos y los golpes como si estuviera bajo el agua. Sentía como si tuviera la cabeza rellena de algodón, pero tenía alertos los sentidos y la piel erizada y sudada. El único pensamiento en su mente era escapar —ileso, si fuera posible, y mejor todavía con su amigo.

Por el rabillo del ojo, Loja vio que Lucero se había caído. Cuatro de los jóvenes lo insultaban y lo pateaban como si fuera una pelota de fútbol. Por un momento Loja recordó el documental sobre los mamíferos africanos que había visto esa tarde con Lucero. Eso era lo que estaban haciéndole a su amigo, pensó. Despedazándolo como hienas.

Al ver la sangre, el resto de los atacantes que rodeaban a Loja se sintieron envalentonados y corrieron hacia los otros para ayudarlos con Lucero, que se las había agenciado para ponerse de pie y estaba agitando su cinturón en el aire, con lo que obligó al grupo alejarse un poco de él.

Al principio, Kuvan pensó que Lucero tenía un *nunchaku*; Anthony pensó que era una cadena con un candado en la punta, pero Jeff se dio cuenta de que era sólo un cinturón. Un cinturón es menos peligroso que un arma de artes marciales y ellos debieron haber pensado que siete jóvenes ágiles podrían fácilmente con dos hombres aturdidos, especialmente cuando uno estaba herido y sangrando, aunque estuviera blandiendo un cinturón. Kuvan dio la orden: ¡Rodéenlos!

El carácter de la pelea cambió. Ya no era una lucha unilateral, como la que los adolescentes acababan de tener, dándole patadas a Héctor Sierra en la espalda y las piernas, mientras este se hacía un ovillo, se cubría la cabeza y aguantaba los golpes y gritaba pidiendo ayuda. En Lucero habían encontrado al hombre enfurecido que buscaban —un oponente que era tan valiente como ellos lo eran temerarios. Con la excepción de Jordan, que no quería lastimarse la espalda, los otros obedecieron la orden de Kuvan y se posicionaron cerca de Lucero

ASESINATO EN UN SUBURBIO

en semicírculo; pero Jeff se acercó demasiado y la hebilla del cinturón lo golpeó en la cabeza. Rápidamente se tocó la frente y enfurecido, sacó una navaja y se le acercó.

Loja tuvo tiempo de quitarse el cinto y tratar de ayudar a Lucero, pero vio que la situación estaba demasiado peligrosa. Muchos de ellos se movían de un lado para otro tratando de evitar los latigazos del cinturón. Si los atacantes lograban agarrar los cinturones, su única defensa se anularía. Loja regresó hacia la calle donde estaba minutos antes. Cayó al suelo y miró hacia atrás buscando a Lucero, que esta vez trataba de seguirlo, agitando el cinturón y caminando en reversa para no quitarle la vista a sus atacantes. Loja se puso de pie y corrió hacia el callejón, perdiendo de vista a su amigo por un momento.

Lucero le lanzaba cintazos a los que estaban más cerca. Le tocó un latigazo a Nick. Jeff se dio cuenta y arremetió contra Lucero con la navaja abierta en su mano derecha. Lucero estaba de espaldas, pero se volteó de pronto, como si hubiese presentido el peligro acechándolo. Jeff, que estaba a cuatro o cinco pies de Lucero, continuó corriendo hacia él con los brazos extendidos —la mano con la navaja, al frente. Es imposible saber si Lucero vio el arma y si centelleó con la luz de las farolas. Loja dijo que no la vio. Sólo Lucero y Jeff supieron el momento en que Jeff le hundió la navaja debajo de la clavícula derecha, cerca del hombro. Nadie más pareció haberse dado cuenta.

Cuando Loja dio media vuelta en dirección de los atacantes, vio que Lucero estaba en el suelo. Lo llamó, pero Lucero no se levantó.

De pronto, la pelea se detuvo. Jeff le dijo a Nick: "Tenemos que irnos". Los otros aún estaban cerca de Lucero y Jeff les gritó: "¡Vámonos!". Kuvan debe haber detectado la urgencia en la voz de Jeff, porque él también les dijo a los demás que tenían que salir de allí. Todos comenzaron a retirarse.

Jeff, Chris y Kuvan caminaban delante. Cuando voltearon una esquina en dirección a Main Street, Jeff dijo: "Estoy jodido carajo. Lo acuchillé", y les mostró la navaja con la sangre. Chris le dijo que se deshiciera de la navaja, pero Jeff la limpió en un charco de agua, para quitarle la sangre, la cerró y se la metió en el bolsillo de los pantalones. Jeff también le dijo a Nick que había acuchillado al hombre que estaba sangrando. Kuvan cayó en cuenta de que la cantidad de sangre en la camisa del hombre no podía ser sólo del golpe que había recibido en la cara. Anthony, que había escuchado la confesión de Jeff, le dijo que podía contar con él, y se ofreció para hacer desaparecer la navaja. Jeff se negó y continuó caminando hacia el carro junto a los demás.

Algunos de ellos pensaron que podrían salirse con la suya, pero notaron una cámara en uno de los edificios y pensaron que era una mala señal. Si la cámara estaba funcionando, tarde o temprano los encontrarían. Antes de que ni pudieran expresar sus temores, escucharon la sirena de una patrulla policiaca.

Desde el lugar relativamente seguro en que estaba, Loja llamó de nuevo a su amigo: "Marcelo Lucero, ven. Ven para acá". Loja continuó llamándolo mientras los jóvenes se alejaban. La pelea había terminado. Pensó que quizás alguien había llamado a la policía, pero no había nadie. Todavía estaban solos. Habían pasado solamente cinco minutos, pero a Loja, que temblaba y bombeaba con adrenalina, le parecieron cinco horas. Todavía en el callejón, Loja volvió a llamar a Lucero, que se había levantado y se tambaleaba como un borracho tratando de recoger su chaqueta del suelo. Luego, fue en dirección de Loja. Mientras se acercaba, Loja escuchó un sonido. Un silbido parecido al que hace una manguera a medio abrir: *shshsh*. Entonces vio una mancha de sangre en la camisa de Lucero, que cada vez se hacía más grande. Cuando llegó junto a él tenía la camisa y los pantalones hasta los muslos empapados en sangre. Loja nunca había visto tanta sangre en su vida. Instintivamente, se acercó a su amigo y le hizo una pregunta que hasta le resultó tonta.

"¿Marcelo, estás bien?".

"No. Llama a una ambulancia", logró decir Marcelo antes de que el gorgoteo de su propia sangre apagara su voz y luego se desplomara en los brazos de su amigo.

Loja marcó el 911 con los dedos pegajosos de sangre.

La operadora contestó al primer timbre, pero el teléfono de Loja, que estaba bajo de carga, se apagó. Esa infructuosa llamada, como reveló más tarde la policía, fue hecha a las 11:52 p.m. La operadora lo llamó de regreso y el teléfono se encendió por un segundo sólo para apagarse antes de que Loja pudiera decir palabra. Desesperado, arrastró el cuerpo desmadejado de Lucero y lo colocó parcialmente debajo de un carro estacionado, con la esperanza de protegerlo en caso de que los atacantes regresaran. Dejó solo a Lucero por un momento y corrió hasta la casa blanca y pequeña donde vivía Elder Fernández. Golpeó la puerta, y Fernández, que los estaba esperando, abrió enseguida.

"Ayúdame, Elder. Han acuchillado a mi amigo y está sangrando mucho. Por favor, llama al 911".

Así lo hizo. La llamada entró a las 11:55 p.m. En lo que pareció menos de un minuto, llegaron dos patrullas policiacas. El oficial policiaco del condado de Suffolk, Frank Munsch, estaba dentro uno de los carros. Cuando se bajó, Loja le dijo lo que había pasado y le levantó la camisa a Lucero para que pudiera ver la herida que continuaba sangrando.

"Perdía una gran cantidad de sangre", testificó más tarde el oficial Munsch.[3]

Lucero respiraba aceleradamente, tendido boca arriba en un charco de sangre. Le temblaban las manos y los pies, pero estaba consciente y tenía los ojos abiertos.[4] A las 11:59 p.m. el oficial hizo una llamada y pidió un "equipo de rescate urgente". Más de un año después, Munsch dijo bajo juramento en la corte que había aplicado presión a la herida mientras hacía la llamada;[5] pero Loja ha mantenido desde el principio que cuando le mostró al oficial la herida de Lucero, el oficial fue a su carro, tomó un trapo y se lo tiró encima a Lucero, pero no hizo nada más con la excepción de pedirle que describiera a los atacantes. En un mal inglés y jadeando, le dijo lo que había sucedido y le describió a los jóvenes lo mejor que pudo. Munsch los había visto antes caminando por el área, e hizo una alerta en la radio con la descripción.[6] Los otros oficiales le pidieron a Loja que los acompañara. La policía ya había detenido a siete jóvenes sospechosos en la esquina de Main Street y la avenida Ocean. ¿Podría él identificarlos? Loja se subió al carro de policía, algo renuente, y se alejaron del lugar. Al mirar hacia atrás, notó que la ambulancia todavía no había llegado.

Christopher Schiera, el expedidor del Departamento de Bomberos de Medford y voluntario de la compañía de ambulancias de Patchogue, acababa de llegar a su casa en Holtsville cuando recibió la llamada: un hombre se desangraba cerca de la línea del tren de Patchogue, aproximadamente a cinco millas en dirección sur. La llamada se registró a las 12:01 a.m., del 9 de noviembre, exactamente cuarenta y cinco minutos después de que él terminara un turno de seis horas de trabajo.[7]

La compañía de ambulancia de Patchogue, fundada en 1934 por un pequeño grupo de bomberos voluntarios del departamento de bomberos de Patchogue, responde aproximadamente a dos mil cuatrocientas llamadas al año, las veinticuatro horas al día, todos los días de la semana.[8] En ese momento, Schiera era asistente del jefe de la compañía, lo que significaba que era el encargado de todo el personal de las ambulancias que, sin excepción, era compuesto completamente de voluntarios.

Schiera, un técnico de medicina certificado en cuidados de emergencia, o EMTCC (por sus siglas en inglés), también estaba certificado en tratamientos avanzados de rehabilitación cardiaca. Como tal, estaba calificado para administrar técnicas de resucitación, la maniobra de *Heimlich* y usar un desfibrilador externo automático —encontrados en edificios públicos, patrullas policiacas y ambulancias. Además, podía aplicar un suero, ofrecer medicamentos, hacer un electrocardiograma e intubar pacientes. En el momento del ataque, las certificaciones de Schiera habían caducado. Aunque estaba tomando un curso para obtener de nuevo su licencia, no estaba autorizado a ejecutar ninguna de las técnicas avanzadas de rehabilitación. Sin embargo, podía conducir una ambulancia y cuando entró la llamada a través de la radio portátil que necesitaba un chofer para la ambulancia, Schiera se ofreció como voluntario. Junto a su novia, que también era voluntaria, se dirigió a la oficina central de la compañía para recoger la ambulancia y a los voluntarios que estaban listos; pero a mitad de camino, el expedidor llamó de nuevo. La policía necesitaba la ambulancia inmediatamente. Un hombre sangraba cerca de las líneas del tren, víctima de apuñalamiento.

Schiera sabía quién estaba de guardia en la Compañía de Ambulancias de Patchogue ese día: dos personas que estaban certificadas para ofrecer primeros auxilios, pero no para conducir una ambulancia. Bajo ciertas circunstancias —cuando el paciente está en estado crítico, por ejemplo— la compañía permitía a los choferes no calificados oficialmente a conducir la ambulancia. Esta era una de esas circunstancias. Schiera le pidió a los voluntarios —Stephanie Mara y Gabriel Salerno— que tomaran la ambulancia y les dijo que se encontraría con ellos en Funaro Court, donde el hombre se desangraba.

La ambulancia llegó donde Lucero a las 12:12 a.m., dos minutos antes de que llegara Schiera.

Había varias patrullas cerca de la entrada de Funaro Court, una calle que inicialmente le pareció a Schiera como la entrada del estacionamiento de una casa blanca de dos pisos en esa calle. Las luces de los carros habían atraído a varias personas, que rodeaban el lugar tratando de ver al herido. Mara y Salerno ya atendían a Lucero, del que no sabían el nombre. Tomaron sus signos vitales: respiraba con dificultad a 28 respiraciones por minuto —el rango normal no debía ser superior a 16 o, por lo máximo, 20; el pulso estaba a 46 latidos por minuto —el pulso normal debe estar entre los 60 a 100 latidos por minuto; y su estado de conciencia fue calificado como "reaccionando solamente al dolor". Los técnicos en emergencias médicas, TEM, dividen los estados de conciencia en cuatro niveles: alerta, lo que significa, efectivamente, que el paciente está alerta y hablando; verbal, lo que significa que el paciente está confundido, pero puede hablar; dolor, lo que quiere decir que el paciente solamente responde a la estimulación física e inconsciente. Lucero estaba solamente a un paso de estar inconsciente.

Mara y Salerno utilizaron una tabla para estabilizar a Lucero, colocándole la cabeza de manera que se alineara con la columna vertebral, pero Schiera pensó que la tabla no era necesaria. El hombre tendido en el suelo frente a él había entrado en estado de *shock*. Estaba pálido, sudaba excesivamente y el ritmo respiratorio se había acelerado aún más. No hablaba y tenía los ojos cerrados. El estado de *shock* es descrito con frecuencia como un estado transitorio entre la vida y la muerte. La herida del pecho continuaba sangrando y la mitad de su cuerpo aún estaba bajo un todoterreno estacionado, donde Loja lo había dejado.

Schiera notó gasas ensangrentadas en la calle y miró con detalle el pecho de Lucero. Le pidió a uno de los voluntarios que le aplicara la máscara de oxígeno a la víctima. Le tomaron los signos vitales tres minutos después de las primeras pruebas. El ritmo respiratorio no fue tomado porque en ese momento tenía la máscara puesta; el pulso había bajado a 40 latidos por minuto y ahora estaba completamente inconsciente. Respiraba con tanta dificultad, que la máscara de oxígeno no era de ayuda. Schiera pidió un dispositivo llamado "sello de vendaje de pecho Asherman", un vendaje usado cuando se sospecha que el pulmón haya sido perforado. No tenía idea de la profundidad de la herida de Lucero o lo que la había causado, pero pensó en lo peor y razonó que el sello lo ayudaría, al permitir el escape de aire del pecho mientras contenía la hemorragia. Cuando intentaron moverlo, comenzó a sangrar de nuevo, esta vez profusamente, y el sello se desprendió del pecho. Volvieron a acostar a Lucero y le insertaron un dispositivo plástico en la boca para mantener abiertas las vías respiratorias. También le colocaron otra máscara de oxígeno y un vendaje más grueso para detener la hemorragia. A las 12:25 a.m., trece minutos después de la llegada de la ambulancia, pero veinte minutos después que Fernández llamara al 911, Lucero fue finalmente puesto en una ambulancia, dejando un rastro de sangre en Funaro Court.

Seis o siete patrullas policiacas se encontraban en el área conocida como Cuatro Esquinas en el pueblo de Patchogue, en la intersección de la calle Main y la avenida Ocean. Siete adolescentes tenían las manos levantadas, los corazones en la garganta y los cuerpos pegados a las ventanas de cristal de una oficina de bienes raíces.

Un policía llamado Richardsen comenzó a registrarlos, buscando armas. Cuando le tocó a Jeff, el policía no encontró nada al cachearlo la primera vez, pero Jeff le preguntó:

"¿Puedo hablar con usted en privado?".

El policía lo llevó a un lado.

"Tengo una navaja", dijo Jeff.

"¿Dónde?".

"En la cintura del pantalón". Richardsen le levantó la sudadera, encontró la navaja y la abrió.

"Tiene sangre", dijo.

"Yo acuchillé al tipo", le contestó Jeff.[9] En ese momento, llegó Loja en una patrulla. Sus atacantes estaban alineados contra la pared. Loja podía verlos perfectamente a todos, menos a uno que él sabía era negro, José Pacheco, aunque no sabía su nombre. Loja le dijo a la policía que faltaba uno, un chico de piel oscura. La policía acercó a Loja para que mirara bien. Le iluminaron la cara a José con una linterna. "Es él", dijo Loja sin moverse, mientras los miraba por unos minutos. Le temblaban las piernas. Vio como la policía se los llevaba. A él también lo llevaron a la estación de policía número 5.

El equipo de emergencia quiso llevar a Lucero a una zona de aterrizaje de helicópteros en la Universidad de Briarcliffe, a unas cuantas cuadras de Funaro Court. Pensaba que su condición era crítica y que necesitaban llevarlo por aire al Hospital de la Universidad de Stony Brook a catorce millas de distancia, en dirección norte. Como centro de urgencia, nivel I, el hospital tenía un equipo que incluía cirujanos, enfermeras, anestesiólogos y ayudantes que trabajaban las veinticuatro horas del día, siete días a la semana. El equipo podía practicar una operación en la sala de emergencia sin perder preciados minutos moviendo al paciente a otra área. El hospital Brookhaven, el más cercano a Patchogue, ni siquiera a cinco minutos, tenía doctores de guardia entrenados para casos de trauma, pero no podían operar en la sala de emergencia. No era un centro de urgencias de nivel I.[10] A las 12:28 a.m. la ambulancia llegó a la universidad lista para trasladar a Lucero al helicóptero, que aún no había llegado. En ese mismo momento, el equipo se dio cuenta de que el corazón había dejado de latir. Las ambulancias aéreas no pueden transportar pacientes en paro cardiaco. Decidieron entonces llevarlo a hospital Brookhaven. En camino, comenzaron a administrarle RCP, reanimación cardiopulmonar, haciendo compresiones en el pecho y ayudándolo a respirar a través de la cámara de oxígeno. También usaron un desfibrilador externo automático. La policía bloqueaba las intersecciones para detener el tráfico y darle paso a la ambulancia, pero tuvieron que detenerse una vez más para recoger a un médico del Departamento de Bomberos de Holbrook. Había sido llamado, porque a diferencia de los otros en la ambulancia, estaba certificado y había tenido entrenamiento a un nivel más avanzado que ellos.

El hospital Brookhaven estaba tan cerca que todo lo que el médico tuvo tiempo de hacer fue revisar los impulsos eléctricos del corazón de Lucero con un máquina de EKG. La situación era desesperada. Llegaron al hospital a las 12:34 a.m. En el momento en que Schiera sacaba al paciente por la parte trasera de la ambulancia, miró el monitor del EKG. El ritmo cardiaco mostraba "actividad eléctrica sin pulso" —un término médico para el corazón en los momentos finales de vida, en los que el corazón produce electricidad que parecen ser latidos del corazón, pero que no lo son.

El personal médico, que había sido alertado de la severidad de la condición de Lucero, los recibió en la puerta, pero ya era muy tarde. Lucero falleció a la 1:09 a.m. del 9 de noviembre, aproximadamente una hora y media después de ser apuñalado. El médico forense confirmó algo obvio: la causa de la muerte fue un herida de cuatro pulgadas en el pecho.[11]

"¿Va esto a crearme problemas con la temporada de lucha?", le preguntó Jeffrey Conroy al detective de homicidios del Departamento de Policía del condado de Suffolk, John A. McLeer. Eran cerca de las 3:30 a.m. Cinco minutos antes, McLeer, acompañado por otro detective, James Faughnan, había entrado en el recinto donde se encontraba Jeff esposado. Llevaba pantalones vaqueros, una sudadera negra, gris y dorada del equipo de baloncesto de los Patchogue-Medford Raiders con ribete blanco y zapatos tenis negros. En algún momento, McLeer le pediría a Jeff que se quitara la ropa. Sería parte de la evidencia.[12]

McLeer se introdujo y le removió las esposas a Jeff, las cuales estaban enganchadas a una cadena que, a su vez, estaba pegada al escritorio. McLeer y Faughnan tenían la tarea de indagar lo que había transcurrido en Funaro Court. Pero primero tenían que responder a la pregunta de Jeff.

"Jeff, somos del equipo de homicidios. Olvídate de la lucha. Es el menor de tus problemas en este momento. Eso es de lo que menos debes preocuparte", le dijo McLeer.

Y así comenzó la transformación de Jeff de atleta a sospechoso de asesinato.

La sala de interrogaciones de la estación de policía número cinco era pequeña y cuadrada, un área de solamente nueve pies por nueve pies. Las paredes de concreto estaban pintadas de blanco. El piso era de losas. El recinto estaba escasamente amueblado —sólo una mesa y varias sillas. Desde la ventana, con barras, se podía ver la calle. Una puerta sólida de madera separaba a los interrogadores e interrogados del resto de la estación de policía. La mesa, vieja y desportillada, estaba contra la pared de la ventana. Faughnan se sentó a un lado, opuesto a Jeff. McLeer se sentó en el medio. Le hicieron a Jeff algunas preguntas básicas —nombre, fecha de nacimiento, dirección, teléfono— y le leyeron los Derechos Miranda.[13]

Jeff puso sus iniciales al final de cada oración, indicando que los había comprendido: "Tienes derecho a guardar silencio". (No lo hizo). "Todo lo que digas puede ser usado en tu contra en el tribunal". (Todo lo que dijo fue usado en su contra, inmediatamente y ante el tribunal). "Tienes el derecho de hablar con un abogado ahora mismo, y que esté presente mientras seas interrogado". (Jeff no llamó a un abogado; ni siquiera pidió llamar a sus padres). "Si no puedes pagar por un abogado, se te asignará un abogado de oficio antes de ser interrogado. Si decides contestar a las preguntas ahora, sin la presencia de un abogado, tienes el derecho de detener el interrogatorio en cualquier momento hasta que hables con un abogado". (Jeff habló por varias horas, sin parar, hasta que su padre —a quien finalmente llamó—, le dijo que se callara).[14]

Finalizada la parte legal, el detective McLeer le preguntó por qué razón se encontraba en la estación de policía.

"Ya le dije al policía grande lo que hice, y él tiene mi navaja", dijo Jeff. El "policía grande" era Michael Richardsen, que ya había entregado el arma y la había colocado en la taquilla de las armas de McLeer.

McLeer, que había sido policía por veintiún años y trabajado como detective por los últimos trece, quería más información y formuló la pregunta de manera diferente. Más tarde, ante el tribunal, explicó su técnica de interrogación: "Una buena interrogación es, idealmente, una conversación e, idealmente, la persona con la que conversas es la que habla mayormente, proveyendo la información".

Y así lo hizo. Jeff se mantuvo tranquilo y cooperativo. Si tenía miedo, no lo demostró mientras relataba los eventos de esa noche: desde su visita a la casa de Alyssa temprano en la noche, hasta la reunión del grupo en la estación de tren de Medford y el parque, y finalmente la decisión de ir a "joder a algunos mexicanos".

A medida que McLeer obtenía información de Jeff, lo estudiaba detenidamente. Notó un área rojiza —parecía una lastimadura reciente— en la frente y vio que sus nudillos estaban ligeramente inflamados y con sangre, como si hubiera estado en una pelea.

"Dime, Jeff. ¿Golpeaste al hombre?", le preguntó McLeer.

Jeff dijo que los nudillos hinchados y la sangre en las manos eran el resultado de retozar con su amiga Felicia en la estación de trenes. Dijo que debió habérselas raspado cuando la puso en el suelo. Jeff tenía una curita en el dedo índice de la mano derecha, para lo que también dio una explicación. Había tenido una pelea el viernes con uno de sus mejores amigos, Roman.

"¿Y por qué te peleaste con tu mejor amigo, Jeff?", le preguntó McLeer.

"Por la misma razón que estoy aquí ahora, porque soy un imbécil".

McLeer desvió la conversación al acuchillamiento. "¿Cómo llegaste a Patchogue? Y otra vez, ¿cómo es que terminaste aquí conmigo?".

Jeff le explicó que se subieron al carro de Jordan y se dirigieron a Patchogue, y cómo Kuvan y Anthony comenzaron a golpear "al tipo" —en ese momento Jeff no sabía el nombre del hombre que había acuchillado. Habló sobre el cinturón y dijo que el tipo lo había golpeado con la hebilla. Como no quería que lo golpeara de nuevo, sacó la navaja y lo acuchilló.

"Creo que le di un solo navajazo en el hombro", dijo.

Describió la navaja. Dijo que era negra y que se la había encontrado en la habitación de un hotel y que sus padres sabían que él la tenía.

McLeer le preguntó si había sido arrestado alguna vez. Jeff le dijo que "casi" y "por la misma mierda", que describió como "atacar a mexicanos".

McLeer lo presionó para que le diera más detalles y Jeff le contó cómo el lunes de esa semana habían "dejado inconsciente de un puñetazo" a un hombre hispano en la avenida Jamaica junto a Kuvan, Anthony y José. En esa ocasión, fue José el que lo golpeó, dijo Jeff. La policía había llegado, pero la víctima se negó a presentar cargos.

"¿Tú y tus amigos andan asaltando mexicanos sin razón y golpeándolos sin motivo?", le preguntó McLeer. Jeff le dijo que él no lo hacía, pero que Kuvan sí, y agregó que él era un "imbécil por haberme metido en este lío".

También admitió que había salido "a buscar gente hispana para golpear" en el pasado, además de la semana anterior en la avenida Jamaica.

La primera parte del interrogatorio duró cuarenta minutos. A las 4:05 a.m., los detectives le volvieron a poner las esposas a Jeff para descansar y para decirle a su jefe inmediato superior que ya tenían una confesión. Regresaron en menos de diez minutos. De nuevo, le quitaron las esposas y esa vez, le preguntaron a Jeff si estaba de acuerdo en dar una declaración por escrito. De nuevo le leyeron sus derechos. Jeff renunció a ellos y firmó con sus iniciales, indicando que comprendía que no estaba obligado a hablar y que entendía cuáles eras sus derechos. Y continuó hablando.

A las 4:15 a.m., los detectives comenzaron a preparar la "declaración escrita" de Jeff, con las notas que tenían del interrogatorio inicial y de otra información obtenida a través de preguntas, en casos pertinentes. Al final de la declaración, Jeff dijo algo curioso: "No culpo al hombre hispano [Lucero] por haber tratado de golpearnos con el cinturón. Era obvio que quería irse de allí. Estaba listo para defenderse, pero nosotros no nos echamos para atrás". Queda claro que por un breve momento, en medio de la fuerte y desigual pelea, Jeff sintió cierta admiración por el hombre que conocía solamente como un "*beaner*".

Después de que Jeff firmó su confesión, McLeer fue hasta su taquilla y tomó la navaja, que estaba dentro de un guante de látex para proteger el ADN y las huellas digitales. Se la mostró a Jeff, que la reconoció como suya. A las 6:50 a.m., habían terminado. Las esposas fueron colocadas de nuevo alrededor de las muñecas de Jeff y de la cadena que lo mantenía atado a la mesa. Luego, los detectives dejaron el recinto. Los otros seis adolescentes fueron interrogados.

A esa hora, McLeer y Faughman ya habían hablado con un Loja tembloroso, que lo primero que preguntó fue: "¿Cómo está mi amigo?".

"Lo sentimos mucho", le dijo uno de los hombres. "Tu amigo falleció. Está muerto".[15]

Cuando Loja escuchó la noticia, sintió ira, pero, más que otro sentimiento, sintió tristeza. Una tristeza aplastante. Solamente unas horas antes, había ido de compras con Lucero, habían comido y bebido, habían hablado del futuro, de la vida, del trabajo, de su país. Ahora, sentado solo bajo las luces artificiales de la estación de policía, en un pueblo donde ya no se sentía bienvenido, Loja se preguntó a sí mismo cómo podría seguir adelante cuando el color de su piel, el idioma que hablaba, la forma de sus ojos y la textura de su pelo lo habían convertido en la víctima de un crimen de odio.

Todo lo que sospechaba o temía de Estados Unidos se había hecho realidad en un momento sumamente terrible, donde no sólo había perdido la inocencia, sino a su mejor amigo. Pensó en el viaje de dieciocho días de Gualaceo a Nueva York, las horas de sed y hambre cruzando el desierto, las noches en que pensó que no podría sobrevivir tan peligroso viaje. También pensó en lo que había sido de su vida desde que había dejado su casa: una sucesión de trabajos mal pagados, comentarios abusivos de jefes odiosos, miradas hostiles de personas que no se habían adaptado a la idea de ver latinos caminando por las calles de Patchogue. ¿Pertenecía él a ese mundo? ¿De verdad pertenecía a un lugar tan lejos de su casa? Quizás era el momento de renunciar al sueño americano.

Todo lo que sabía esa noche, mientras se miraba las manos callosas —aún manchadas con la sangre de Lucero— era que su amigo estaba muerto y que su vida había cambiado para siempre. Ya no sería un inmigrante anónimo tratando de sobrevivir en un suburbio de Nueva York. Desde ese momento, intuyó, sería conocido como el hombre que estaba con Marcelo Lucero la noche que lo habían asesinado, el hombre que no fue capaz de salvarlo.

"Kuvan y yo fuimos, probablemente, los que empezamos todo", le dijo a los detectives Anthony Hartford, un joven alto de diecisiete años, de seis pies una pulgada y 175 libras de peso. "Kuvan golpeó a uno de ellos en la cara y comenzó a sangrar mucho. Yo traté de golpear al otro pero fallé".

Anthony dijo que él y Kuvan habían estado matando el tiempo desde temprano en la tarde el 8 de noviembre, junto con otro amigo llamado Bobby. Jordan se les había unido después y los había llevado hasta la estación de tren de Medford. En camino a la estación, donde se encontraron con otros amigos, se detuvieron en una estación de gasolina en la autopista Long Island Expressway y habían comprado un paquete de seis cervezas Budweiser.

También dijo que la última vez que habían estado "atacando *beaners*" había sido cinco días atrás. El lunes 3 de noviembre, él, junto a José y Kuvan, habían atacado a un "*beaner*" en la avenida Jamaica. José le había dado un puñetazo tan fuerte al hombre que lo había noqueado, dijo Anthony. Luego dijo algo escalofriante: "Yo no salgo a hacer eso muy a menudo, solamente una vez a la semana".

La confesión de Kuvan fue prácticamente igual a la de Anthony. Ambos se refirieron a Christopher Overton como "un chico que se llama Chris", dejando claro que no era parte del grupo. Kuvan también se responsabilizó por los eventos de esa noche, diciendo que había sido él, no Anthony o Nick, el que había comenzado a hablar de "buscar gente para pelear" y voluntariamente dijo que esa noche había sido él quién había comenzado la pelea con el primer golpe, el golpe que hizo sangrar a Lucero; aunque también dijo que después del golpe, él había comenzado a caminar hacia el estacionamiento. Fue entonces que se dio cuenta de que los "tipos hispanos" se habían quitado los cinturones y que uno de ellos —al que él había pegado —estaba tratando de golpearlos.

Si él había pensado en retirarse, ver el cinturón lo hizo cambiar de idea, porque Kuvan dijo que entonces fue cuando les dijo a los otros "que rodearan al hombre y trataran de controlarlo". Kuvan también le dijo a los detectives que él había visto a Jeff correr hacia el hombre que había golpeado, pero que, al igual que Anthony, no vio cuando lo acuchilló. Todo lo que supo fue que la pelea terminó poco después de eso.

"El hombre caminaba de regreso a la calle y tenía mucha más sangre que cuando yo le di el puñetazo en la boca", dijo Kuvan. "Cuando caminábamos hacia el todoterreno pensé que nos escaparíamos, pero Chris señaló una cámara de video y varios segundos después, llegó la policía".

Kuvan fue sincero sobre su participación en la pateadura de hispanos en otras ocasiones. "Yo he participado en pateaduras así antes, pero nadie ha llegado a usar un cuchillo. Solamente hemos golpeado a la gente". Al igual que Anthony, Kuvan describió la paliza que le habían dado a un hombre hispano el lunes anterior en la avenida Jamaica, pero a diferencia de Anthony, dijo que Jeff también había estado allí, junto a otros tres jóvenes que no había mencionado antes. Una cosa tenía clara: en esa ocasión, "Anthony, José y yo noqueamos al tipo hispano".[16]

El "tipo hispano" que había sido noqueado en la avenida

Jamaica fue Octavio Cordovo, un inmigrante de México que había entrado ilegalmente en Estados Unidos solamente unos meses antes del ataque. Vivía en Medford y trabajaba esporádicamente en la construcción. Como otros tantos inmigrantes en Medford, todas las mañanas, al amanecer, se paraba en la esquina del 7-Eleven para esperar que alguien en un camión se detuviera y le ofreciera trabajo.

El 3 de noviembre de 2008, había trabajado desde las 7:00 a.m. hasta las 4:00 p.m. y había regresado a su casa. Más tarde, cerca de las 7:30 p.m., había salido y caminado unas cuatro cuadras con su amigo Adrián hasta la gasolinera CITGO para comprar café. Dos hombres se les habían acercado. Él notó que uno era blanco y otro era negro. Cordovo también notó que otros jóvenes que estaban deambulando en el parque cercano a la gasolinera se dirigían hacia ellos. Al pasar por el lado de los dos jóvenes, el blanco le preguntó si tenía cigarrillos.

"Sencillamente le dijimos 'no, no tenemos'", dijo Cordovo ante el tribunal cuando tuvo que testificar.

Lo que sucedió después fue muy confuso. Los jóvenes empujaron a Adrián. Uno de ellos —Kuvan o Anthony— golpeó a Cordovo en el hombro y lo empujó por el pecho. Cordovo escuchó a unas jovencitas que le gritaban a los atacantes: "¡No, no. No hagan eso!". Eso fue lo último que recordó. Lo dejaron inconsciente de un golpe en la boca, como a Lucero, y comenzó a sangrar, pero tuvo la suerte de desmayarse. A diferencia de Lucero, no tuvo la oportunidad de defenderse.

Durante su confesión, José no habló sobre el ataque a Cordovo, pero corroboró lo que habían dicho sus amigos sobre el ataque a Loja y a Lucero, y agregó nuevos detalles. Antes de que Kuvan diera el primer golpe, "el más bajito de los dos hombres hispanos dijo que no quería problemas". El más bajito era Lucero.

José también le dijo más tarde a la policía que cuando él vio a los policías que se les acercaban, se había sacado una navaja del bolsillo y la había echado a la basura. Dijo que Jeff se la había dado ese día más temprano y le había dicho que debía llevarla en caso de que la necesitara.

Nick confesó no sólo su participación en el ataque a Loja y a Lucero, sino también de otro que había tenido lugar ese mismo día. El sábado por la mañana, dijo, alrededor de la 5:00 a.m., junto a Jordan y a otro chico también llamado Nick, comenzaron a insultar a un hombre hispano para buscar pelea. El hombre había roto una botella y se les había enfrentado. Nick, que llevaba una pistola de balines, disparó tres veces al suelo y luego se dieron a la fuga en el carro. Había tirado la pistola en unos arbustos, pensando que el ruido y la conmoción atraerían a la policía. De hecho, la policía detuvo el todoterreno de Jordan cerca de una bodega, pero nadie fue arrestado. Más tarde, Nick regresó a los arbustos a buscar la pistola.

Jordan dio la misma descripción de los hechos, y confirmó la versión de Nick del ataque que había tenido lugar más temprano, agregando que él también había disparado con la pistola cuando el hombre rompió la botella. Al igual que Nick, había tirado la pistola en unos arbustos cercanos a las líneas del tren. Cuando la policía llegó y los interrogó, mintieron y dijeron que ellos no habían hecho nada. El oficial tomó sus nombres y les dijo que regresaran a sus casas. Más tarde, Jordan regresó a recoger su pistola de balines. Mientras hablaba con los detectives esa noche, el arma estaba todavía en su carro.

Chris hizo el recuento más corto de los siete. Su versión se ajustaba a la de los demás, con la excepción de una cosa: fue el único del grupo que dijo que nunca antes había salido a dar caza a "*beaners*".

Seis horas y media después de que dejaran solo a Jeff en la sala de interrogatorios, McLeer regresó y le preguntó a Jeff si estaría dispuesto a dibujar un boceto de los eventos. Jeff estuvo de acuerdo e hizo un dibujo infantil y estremecedor del asesinato. Utilizó dos figuras hechas con palitos para indicar el ataque, dónde había empezado y dónde había terminado. En la última figura agregó una nota explicativa: "acuchillado por mí".

Cuando Jeff terminó el dibujo, McLeer le preguntó si permitiría que filmaran su declaración, mientras el fiscal del distrito, no el detective, le hacía las preguntas. Jeff estuvo de acuerdo, pero le asaltó la duda y le preguntó a McLeer si él pensaba que fuera buena idea. McLeer comprendió que Jeff le estaba pidiendo consejos. Fue la primera vez, esa noche, que Jeff mostró cierta vulnerabilidad. Aparentemente, necesitaba consultar a un adulto. McLeer no podría darle consejos, y entonces Jeff, finalmente, hizo lo que su padre lo había entrenado a hacer: pidió llamar a su papá.

Era domingo por la mañana y Bob Conroy estaba preocupado. Un par de horas antes, Matt Cleary había llamado para decir que Jeff no había dormido en su casa, como debió haberlo hecho. "¿Qué me quieres decir con que él no está en tu casa?", preguntó el señor Conroy, con el pánico en el cuerpo al recordar que se había quedado dormido sin saber de Jeff. ¿Dónde podría estar? No tenía la menor idea y, aún peor, sus hijos le habían enviado mensajes de texto a Jeff y no les había contestado.[17]

Conroy llamó a su esposa, que había ido a la iglesia, y le preguntó si Jeff la había llamado. No lo había hecho. Llamó a tres hospitales locales y a la estación de policía, donde, aunque no podía saberlo, Jeff todavía estaba siendo interrogado. La persona que contestó el teléfono le dijo que no había allí nadie que respondiera al nombre de Jeff Conroy. Preocupado, salió a fumar, cuando su esposa llegó a casa. En ese momento sonó el teléfono.

Tenemos detenido a Jeff, dijo el detective McLeer. Se le presentan cargos de homicidio.

El impacto de la noticia hizo caer al señor Conroy, que casi se desmayó. Estaba confundido y furioso, y ni estaba seguro de quién lo había llamado o quién había muerto. No podía comprender que su hijo estuviera acusado de matar a una persona. Se puso la mano en el pecho, cerca del corazón y se propuso mantener la calma y la coherencia. Entonces, le pidió al detective que le permitiera hablar con su hijo.

A petición de Jeff, habían llevado un teléfono a la sala de interrogatorios, donde los detectives permanecieron para escuchar lo que decía Jeff.

"Papá", dijo Jeff.

"Jeff", dijo el señor Conroy.

Conroy oprimió el botón de altavoz para que su esposa pudiera oír la conversación.[18]

Jeff le dijo a sus padres que lo habían arrestado, y les explicó que había acuchillado a un hombre, que el hombre se había muerto y que lo acusaban de homicidio.[19] Más tarde, el señor Conroy juraría que su hijo nunca le había dicho que había acuchillado a un hombre. "Un padre no podría olvidar algo así", me dijo. El señor Conroy le aconsejó a su hijo de que no hablara más.

"Escúchame, Jeff. Ellos no son tus amigos, Jeff. Mantén la boca cerrada".

Después de hablar con su padre, Jeff se negó a que lo filmaran.

El señor Conroy colgó el teléfono y llamó a un abogado. Luego, se dirigió a la estación de policía y rogó y suplicó que lo dejaran ver a Jeff, pero la policía no accedió, y Conroy, con el dolor de alma y, a la vez, ardiendo de ira, tuvo que marcharse sin verlo.[20]

Jeff no pudo salir de la estación de policía hasta treinta y una horas después, y cuando lo hizo, no fue a su casa.

CAPÍTULO 8

UNA COMUNIDAD DIVIDIDA

El alcalde Paul Pontieri leía el periódico en el patio de su casa cuando recibió la llamada cerca de las 10:30 a.m. Era una agradable mañana de domingo. Las hojas amarillas y rojas de los árboles de arce se movían con la brisa. El sol se asomaba por entre las nubes y la temperatura rondaba los cincuenta grados. Como había sido su costumbre por los últimos treinta años, Pontieri ya había asistido a la misa de las siete y media en St. Francis de Sales, una iglesia católica en la avenida Ocean. Después, como parte también de su rutina, había comprado unos panes italianos y café, y había ido a visitar a su madre y a una de sus hermanas que vivían cerca. Tomaron café y conversaron brevemente.[1]

Regresó a su casa con la esperanza de disfrutar un día relajante. Sus hijos ya eran adultos; su esposa, una mujer muy ocupada que trabajaba para el distrito escolar de Southampton, siempre tenía algo que hacer, y él no tenía nada para ese día en la agenda de trabajo. Las elecciones habían terminado —cinco días antes, el 53 por ciento del condado había votado por Obama— y Pontieri había sido reelegido sin dificultad al postularse sin un oponente. Todo lo que tenía por delante esa mañana del 9 de noviembre era el periódico y otra taza de café. Fue entonces que sonó el teléfono y cambió el curso del día; y como muy pronto supo, el curso de su alcaldía.

Mataron a un hombre anoche, le dijo alguien desde la oficina ejecutiva del condado. La noticia sorprendió a Pontieri, porque desde que él había sido elegido en 2004, no había habido un asesinato en el pueblo. Podía recordar uno o quizás dos casos en los últimos veinte años.[2]

Pontieri colgó el teléfono y se dispuso a trabajar. Como nunca había tenido un caso de asesinato, hizo lo que todo ciudadano haría: llamó a la policía. Le dijeron que había tenido lugar una pelea y que algunos jóvenes habían sido arrestados. Eso era todo lo que se sabía. Después de la llamada, Pontieri trató de leer el periódico, pero no podía concentrarse. Inquieto y preocupado por la poca información que había obtenido, salió para la estación, que estaba a cinco minutos de su casa. Habló con un detective que le dio una breve descripción de lo que había sucedido y le explicó que sabrían más una vez fuera concluida la investigación. Algunos de los jóvenes involucrados aún no habían sido interrogados.

Una cosa estaba clara, le dijo el detective: seis de los supuestos infractores eran blancos y la víctima era un hombre latino que vivía en Patchogue, a unas pocas cuadras de donde Pontieri había crecido y donde aún vivía su madre. Ninguno de los jóvenes sujetos a investigación por el asesinato era del pueblo, pero vivían cerca. Tan cerca, que Pontieri estaba seguro de que la gente que él conocía tendría que conocerlos o por lo menos conocer a sus padres. Tan cerca, que algunos de los jóvenes del pueblo seguro tendrían que haber jugado pelota o fútbol con los atacantes, o por lo menos, algunos de ellos. "Suficientemente cerca", pensó Pontieri, "como para crear la imagen de que Patchogue era un lugar peligroso".

Pontieri regresó a su casa y comenzó a llamar a los administradores del pueblo. Por el momento no había nada que hacer o nada para lo que prepararse, les dijo. Simplemente los estaba alertando para que no se sorprendieran cuando escucharan las noticias de la tarde o la leyeran en el periódico la mañana siguiente.

Aproximadamente entre las 4:30 y las 5:00 p.m. finalmente recibió la llamada que estaba esperando de la oficina ejecutiva del condado, y fue cuando supo que los detectives estaban tratando el caso como un crimen de odio. Pontieri era un hombre culto, era un educador, y había nacido durante la generación posguerra de los *baby boomers*. Había vivido durante el movimiento por los derechos civiles y tenía conocimiento del término "crimen de odio", pero su idea de crímenes de odio era algo que sucedía en otros lugares, a otras personas. No podía comprenderlo. Entonces, recordó la llamada que había recibido de Jean Kaleda, la bibliotecaria, unos pocos días antes.

Se dio cuenta de que eso era a lo que ella se refería. Eso era a lo que le temían los inmigrantes que asistían a la biblioteca. Después de todo, el crimen de la noche anterior no había sido una simple aberración. Un chico había matado a Lucero, y él sabía que pronto todo el pueblo estaría implicado en el crimen. "¿Cómo será posible que yo no sepa lo que está pasando en el pueblo?", Pontieri se reprochó a sí mismo. Algo más le molestaba. Era inconcebible que no hubiera podido reconocer el nombre de Marcelo Lucero cuando mencionaron a la víctima. Se enorgullecía de conocer prácticamente a todo el mundo en el pueblo —no porque fuera el alcalde, sino porque Patchogue era su casa. Estaba claro que no había estado prestando la atención debida. Debió haberse dado cuenta de que las calles no eran seguras para algunos residentes, aquellos más vulnerables al abuso y a los ataques, precisamente por ser nuevos, desconocidos, incluso para él. Decidió cambiar las cosas y cerrar la brecha que existía entre los americanos de Patchogue y la gente del pueblo que él no había conocido.

Días después, cuando un periodista de *The New York Times* lo llamó, Pontieri mostró una actitud conciliatoria; era el alcalde de todos —especialmente de aquellos cuyos nombres no conocía. "Es imperativo que cerremos la brecha y que comprendamos que las cosas que tenemos en común son mucho más numerosas que las que nos dividen", le dijo.[3]

Pero su pedido era prematuro, y sus esperanzas de unidad eran demasiado idealistas para un pueblo que súbitamente se había convertido en la zona cero del debate migratorio.

La mañana del domingo, Denise y Warren Overton estaban angustiados. Habían recorrido todo el pueblo en el carro durante la noche buscando a su hijo. Llamaban a su teléfono celular, pero sólo salía el mensaje. Tenían la esperanza de que se hubiera encontrado con una chica que le gustara, estuviera con ella y hubiera desconectado el teléfono para que sus padres no interrumpieran el romance. No era característico de él, pero probable, razonaron ellos.[4]

Finalmente, el matrimonio Overton fue a la casa de Alyssa y preguntaron por su hijo. Alyssa no sabía dónde estaba Chris y no sabía dónde vivía Jeff Conroy, pero tenía el teléfono de un primo de José Pacheco. Hablaron con la tía de José y obtuvieron la dirección de la casa de los Conroy, pero cuando llegaron a la que ellos pensaban era la casa donde vivía Jeff y donde esperaban encontrar a su hijo, nadie les abrió la puerta. Le dieron la vuelta a la casa, patearon una ventana del sótano, golpearon la puerta, y llamaron a su hijo a gritos. Nada. Era la casa equivocada.

Nunca se les ocurrió llamar a la policía. Alrededor de las 3:00 p.m., mientras hablaba por teléfono con la madre de José, igualmente preocupada, sonó el teléfono de la casa. Era la policía para comunicarles que su hijo estaba en la estación de policía número cinco. Había tenido lugar un altercado, le dijeron.

"¡No, no, no, no, no!", la mente de Denise prácticamente

gritó, "otra vez no", mientras corría hacia la puerta para salir disparada hacia la estación de policía, una edificación de ladrillo de una sola planta con columnas dóricas. Un detective la recibió en la puerta y le dijo lo que ella no estaba preparada para escuchar. Había ocurrido un asesinato la noche anterior, dijo, y Christopher estaba implicado. Denise cayó de rodillas llorando y gritando que su hijo era inocente. "¡Él no ha hecho nada! ¡Yo sé que él no lo hizo!".

La policía le dijo que no era permitido ver a su hijo. Abatida y con tanto dolor que sentía por haber sido desollada, regresó a casa para esperar la llamada de su hijo, como le sugirieron los detectives. No tuvo que esperar mucho.

Chris llamó y le pidió que no se preocupara. Estaba bien. Jeff había matado a un hombre, pero él no había hecho nada. "No", le dijo, "no necesitaba un abogado". Iría a casa al día siguiente. Estaba allí solamente como testigo, le dijo.

Denise llamó a un abogado de todas maneras, lo que resultó ser una buena decisión.

"Mi hijo no ha vuelto a casa desde entonces", me dijo la señora Overton, con lágrimas en los ojos, durante una entrevista que le hice en su acogedora casa, con vista a las marismas de East Patchogue, al principio del otoño de 2012.

El reverendo Dwight Wolter se despertó la mañana del 9 de noviembre algo cansado y con muchas cosas en la mente.[5] Se había ido a la cama muy tarde, pero contento después de un concierto por la paz en su iglesia, La Iglesia Congregacional de Patchogue. Fue anunciado como "Una fiesta por la paz mundial" y el evento contó con percusionistas y jóvenes del *high school* que habían construido sus propios tambores. Tocaron sentados en un gran círculo, junto a los miembros de la congregación y de la comunidad.[6] Esa mañana, Wolter tuvo que dar un sermón a las 10:00 a.m. que había llamado "Un nuevo cielo, una nueva tierra, una nueva comunidad y una nueva vida". El sermón incluía los siguientes pasajes proféticos, basados en Apocalipsis 21:1-6:

> Necesitamos recordarles que las generaciones de nuestros antecesores se sacrificaron y trabajaron duro para hacernos la vida más fácil, pero que con el tiempo, hemos llegado a pensar que nuestras vidas son (o deben ser) predecibles y seguras, y que nuestras valiosas rutinas nunca deben ser interrumpidas. Abrimos la puerta en la mañana y siempre nos encontramos con el periódico.
>
> Pero no importa cuán segura tratemos de hacer nuestra existencia, algunas veces suceden cosas que nos recuerdan cuán provisional es nuestra vida como la conocemos. Estamos solamente a una llamada telefónica, una prueba de laboratorio o la noticia de algún suceso para que se hunda el mundo a nuestros pies. El caos siempre está acechando la oportunidad para amenazar la creación. Nadie está completamente seguro. Nadie es inmune a la muerte.

Entre sus funciones de padre de un niño de doce años y líder de una congregación de más de 360 miembros, Wolter era un hombre ocupado. La mayoría de los días, ya estaba en la iglesia a las 9:00 a.m., aunque en realidad no tenía una rutina fija. Trabajaba los siete días de la semana y entre dos y cuatro noches a la semana. Sus días eran largos, pero diversos: un enfermo que visitar, un concierto que organizar, una reunión de la escuela a la que asistir, una recaudación de fondos que llevar a cabo.

Mantenerse ocupado era algo que lo aliviaba a los cincuenta y ocho años, porque por años había vivido una vida triste y dolorosa. Un extraño síndrome lo había obligado a andar en silla de ruedas y un par de muletas por los primeros cinco años de su vida. Su madre, una mujer discapacitada, lo responsabilizaba por no poder caminar y su padre lo regañaba constantemente. Ambos eran alcohólicos y Wolter, a pesar de que era talentoso y ambicioso, buscó refugio en el alcohol y las pastillas en su juventud y abandonó los estudios. Vivió por veinte años en Manhattan, donde se sustentó trabajando como *maître d'* en restaurantes como Tavern on the Green y como el escritor de seis libros de auto ayuda —de los cuales tres tratan sobre el perdón. En sus libros, describió una infancia desgarradora y su camino hacia la recuperación, y también sobre las permanentes cicatrices emocionales de esos primeros años de su vida.

Había crecido sin religión. La primera vez que entró en una iglesia, tenía treinta y cuatro años y no podía entender el servicio litúrgico y estaba confundido de cuál libro leer: el libro de salmos o el himnario. En 1986, a los treinta y seis años, encontró su casa espiritual en la Unitarian Church of All Souls en el Upper East Side de Manhattan, una de las más grandes y más influyentes congregaciones de Estados Unidos. El pastor de la iglesia, Dr. Forrest Church, el hijo del antiguo senador Frank Forrester Church III, debió comprender muy bien a Wolter. Después de leer sus libros, le recomendó que entrara en el seminario. Al principio, Wolter se resistió, pero pronto comenzó a entender que el mensaje de empoderamiento en sus libros era mejor expresado desde el púlpito de la iglesia.

Wolter terminó los estudios que había abandonado hacía mucho tiempo y, tres años después de seguir los consejos de su pastor, comenzó a estudiar en el seminario Union Theological en la ciudad de Nueva York. Una vez graduado, fue bautizado como cristiano y ordenado en la iglesia Riverside, un punto importante de referencia de la ciudad con una larga historia de activismo social. Poco después, se convirtió en pastor de una iglesia en el estado de la Florida.

Cuando se presentó la oportunidad para trabajar en Patchogue, aceptó la oferta. Después de diez años en la Florida, estaba listo para un cambio. Había visitado Patchogue en la primavera de 2006, durante el proceso de entrevistas, y estaba intrigado por lo que había visto. En los negocios cerrados del centro del pueblo, había visto el deterioro de los suburbios. En las caras de la gente trabajadora que caminaba por Main Street vio el cambio demográfico que tenía lugar en Estados Unidos. Patchogue sería un reto, lo sabía, pero también una oportunidad de alejarse de tristes recuerdos.

El año anterior, su hija de seis años, Maya, había fallecido en un accidente automovilístico en la Florida. Cuando Wolter llegó al hospital y vio a su hija en una camilla, no podía dejar de mirarla a los ojos. Sus bellos ojos eran una de las pocas partes de su cuerpo que no había sido herida durante el accidente. Al final, los donó junto a las válvulas del corazón. Mudarse a Nueva York le permitiría a él y a su hijo Casey, del que tenía custodia después de su divorcio, de continuar el proceso de cicatrización, alejados de los lugares que constantemente les recordaban la muerte de Maya.

Wolter comenzó el ministerio en Patchogue en septiembre de 2006 y por dos años Patchogue le ofreció exactamente lo que Wolter estaba buscando: paz y sanación, pero también los retos del ministerio en la congregación más homogénea de un pueblo en constante cambio.

Estaba orgulloso de su iglesia —la más antigua de Patchogue, construida en 1793—, y de su congregación, que había sido fundada en 1773, tres años antes de que se adoptara la Declaración de Independencia. La iglesia fue construida de *brownstone*, piedra arenisca de color pardo rojizo, y algunos de sus muchos vitrales eran excepcionales trabajos originales de Tiffany. En las tardes, cuando el sol se filtraba por los vitrales, las paredes de su oficina tomaban los tonos de los paneles de los cristales: rosados, azules y malvas mezclados con la madera rubia del altar y los bancos. Era algo tan bello que Wolter, que tenía alma de artista, veía la mano de Dios detrás de su mudanza de la Florida. ¿Quién sino Dios podía haberlo llevado a ese precioso lugar?

Sin embargo, había ciertas cosas que le preocupaban de su nuevo hogar. Para un hombre acostumbrado a disfrutar del arte y, de cierta manera, de una vida cosmopolita, Patchogue no tenía mucho que ofrecerle. Uno de los más populares negocios de Main Street era una modernísima lavandería. Wolter nunca se había sentido tan lejos de la ciudad en su vida adulta. Paradójicamente, se sintió más cerca de Nueva York cuando vivió en Tampa o en Daytona en la Florida que ahora que vivía a una hora de Manhattan por automóvil.

Sabía que había diversidad en Patchogue. Podía ver un constante ir y venir de hispanos cuando se asomaba a la ventana, pero ninguno tocaba a su puerta. No podía entender cómo el pueblo no había cambiado con su presencia. ¿Dónde estaban las empanadas que tanto le gusta comer? ¿Y las actividades por y para hispanos? ¿Dónde viven? Era como si dos realidades diferentes coexistieran en Patchogue, una superpuesta a la otra, que nunca se tocaban y que no interactuaban entre sí. Pensó que las cosas tendrían que cambiar pronto, pero no estaba seguro cómo.

En una ocasión se le había ocurrido la idea de hacer un evento en la iglesia donde las personas de todas las nacionalidades y todos los credos fueran invitadas para compartir sus historias y un plato de comida. Wolter calculó que necesitaría cerca de $3,000 para el evento. Pidió dinero en el pueblo y el legislador Jack Eddington prometió contribuir, pero para tener acceso a los fondos públicos, Wolter necesitaba encontrar una organización que le permitiera usar su estatus de exención de impuestos 501c3. No encontró a nadie. Llegó a la conclusión de que Patchogue no estaba listo para aceptar su realidad multicultural. "¿Dónde piensan que viven?", se preguntó mientras observaba a las mujeres blancas vestidas con juegos de suéteres y el pelo bien arreglado que caminaban por delante de la iglesia sin molestarse en mirar a los trabajadores que les pasaban por al lado. Cualquiera que fuera la idea que tenían de Long Island y en particular del pedacito de su mundo en el condado de Suffolk, Wolter sabía que la realidad era otra. Temía que un buen día, esa realidad los iba a golpear con una fuerza tal que Patchogue no iba a poder seguir negándola por más tiempo.

El día llegó mucho antes de lo que Wolter había anticipado.

Aún con el pijama puesto, temprano en la mañana del 9 de noviembre, Wolter se sirvió una taza de café y encendió la televisión para escuchar las noticias. Una noticia lo detuvo: le habían dado muerte a un hombre latino en Patchogue la noche anterior. No sabía por qué, pero su intuición le dijo que había mucho más detrás de lo que el reportero estaba diciendo. Los asaltantes estaban en la cárcel, dijo el reportero, agregando, erróneamente que los siete eran blancos.

"Blancos contra latinos", pensó Wolter.

Sin pensar, en realidad, qué podía hacer, agarró un par de pantalones y se los puso sobre el pijama. Tomó el carro y recorrió el pueblo esperando lo peor. Si siete jóvenes latinos hubieran matado a un hombre blanco, sabía bien que las calles ya estarían ardiendo. Quería saber cómo Patchogue reaccionaba a la noticia y quería averiguar quién era el hombre que había sido asesinado y dónde vivía; pero las calles estaban calladas. "¿Dónde está todo el mundo?", se preguntó. Su teléfono sonó. Era un amigo que tenía más información que él y le dio la dirección donde vivía Lucero. Wolter nunca había oído hablar de esa calle, pero la encontró en cuanto hizo un giro y vio los camiones de las noticias con sus antenas satélites.

Los reporteros estaban rondando el área y un grupo de hombres latinos se amontonaba en la acera. Uno de ellos sobresalía de los demás: estaba pálido y tenía círculos rojos alrededor de los ojos. Wolter pensó que era un familiar y se le acercó. Trató de entablar una conversación, pero como no sabía español, se sintió como un intruso. Cuando un camarógrafo comenzó a seguirlo, se dio cuenta de que era hora de salir de allí.

De nuevo en la iglesia, Wolter incorporó con facilidad los eventos de ese día en el texto que tenía preparado, donde reflexionaba sobre el primer sermón que había dado en Patchogue. El primer sermón se titulaba "Tradiciones y transiciones", y en él había explicado cómo la mejor forma de atravesar una transición era arraigándola a las tradiciones. Esta vez, les recordó a sus feligreses que su iglesia, ahora también de él, tenía una larga tradición de ayudar a los demás en momentos de difíciles. La comunidad estaba afligida en ese momento y necesitaba ayuda. Los latinos eran parte de la comunidad, todos lo sabían. ¿Alguien en la iglesia conocía a alguno de ellos? ¿Conocían ellos a sus vecinos? El concepto de un Long Island blanco como un lirio era obsoleto, dijo, agregando que había anticipado que la muerte del inmigrante —Wolter aún no sabía su nombre— sería un evento transcendental en la vida del pueblo. Su sermón también abrió las puertas a la posibilidad —ciertamente, la necesidad— de un cambio:

Muchos, aquí mismo en la iglesia, lo ven como una ilusión, algo para soñadores. Miran a este mundo, lleno de dolor, y se dan cuenta que hemos estado esperando por *shalom* por más de dos mil años y cierran, con un suspiro, el libro de las promesas que nos hizo Dios. La posibilidad de que el sueño se haga realidad es, sencillamente, muy remota para preocuparnos.

Pero toda nueva realidad comienza con un sueño y

una oración. Y no me hablen de las estadísticas de las posibilidades del éxito. Existen demasiados ejemplos maravillosos de vidas, familias y comunidades que se han transformado en lugares de paz. A pesar de la fuerte oposición de algunas personas, a pesar de lo que hemos atravesado y a pesar de que sabemos lo difícil que puede ser el trabajo espiritual, muchas personas no abandonan sus sueños. Está al alcance de la Iglesia Congregacional de Patchogue construir la iglesia de nuestros sueños, y jugar un papel activo en la transformación espiritual de nuestra iglesia y de nuestra comunidad.

Nadie le había mencionado la frase "crimen de odio" todavía, pero para Wolter, la parte del crimen relacionada con el odio era algo obvio. Lo había percibido gestándose por mucho tiempo; era algo prácticamente predecible. Aunque estaba seguro de nunca haber escuchado que otro latino había sido atacado en Patchogue, desde que vivía en la Florida estaba al tanto de Farmingville y de la animosidad que los eventos ocurridos allí habían creado en toda la región.

Más tarde, ese mismo día, llamó al alcalde Pontieri y le dijo que quería ayudar en cualquier forma posible.

Wolter no fue el único que expresó su interés en ayudar, en hacer algo, cualquier cosa. Desde el momento en que los camiones de las noticias llegaron la mañana del 9 de noviembre, prácticamente todos en Patchogue comprendieron que tenían solamente dos opciones: esconderse de las luces y las cámaras y continuar la vida como si tal o enfrentar las cámaras —y al mundo— y ayudar a los medios de difusión a darle forma a la historia de Patchogue. Muchos se decidieron por lo último. Era como si una acción brutal, como el asesinato de un hombre por su origen étnico, mereciera una respuesta física igualmente fuerte. ¿Pero qué se podía hacer?

Lola Quesada, una oficial de la estación de policía número tres, con jurisdicción sobre algunos de los pueblos aledaños a Patchogue y Medford, pensó que sabía lo que tenía que hacer cuando escuchó la noticia. Primero, se sentó con sus dos hijos —de veintidós y diecinueve años— y les preguntó si alguna vez ellos habían sido acosados, mofados o discriminados por su origen étnico. "Deben saber", les dijo, "que esto les podía haber pasado a ustedes". Le contestaron que ellos habían visto a otros ser maltratados por hablar mal el inglés, pero que nunca les había sucedido a ellos. Los hijos de Quesada habían nacido en Estados Unidos. Se sentían cómodos con su ascendencia mixta: Quesada era de Ecuador, y los abuelos de su esposo eran de México, de Puerto rico, de Honduras y de Inglaterra.[7]

La familia vivía a unos quince minutos de Patchogue, pero ella no tenía idea de que sus compatriotas ecuatorianos estaban siendo acosados en un lugar que ella consideraba idílico para vivir con la familia. No se trataba de que ella fuera ignorante sobre los riesgos de ser un inmigrante. Cuando estaba esperando su primer hijo, ella y su esposo decidieron comprar una casa. El agente de bienes raíces los llevaba a ver casas en los barrios de personas de bajos recursos. Las casas no eran lo que ellos querían, recuerda Quesada. ¿No había ninguna casa buena en venta en Long Island? Entonces se dio cuenta de que estaban siendo víctimas de discriminación. Despachó a ese agente, y encontró la casa que quería, nueva y cómoda en un pueblo del Este de Long Island, donde la mayoría de los residentes eran blancos y de clase media.

Quesada había llegado, legalmente, a Estados Unidos en 1970, cuando tenía nueve años y se había radicado en Queens. Antes de dejar Ecuador, la familia había pensado en tres estados para vivir: California, Texas o Nueva York. Al final, se decidieron por Nueva York, porque tenían familia en la ciudad. Su padre era abogado, pero no tenía licencia para ejercer en Estados Unidos y se hizo trabajador social de la ciudad de

Nueva York. Su madre era costurera. Quesada se casó joven, a los veintiuno, y se hizo enfermera; pero cambió de idea después de los treinta años. Entonces decidió ser policía. La decisión estaba basada en razones prácticas y sentimentales. Pensó que ganaría más dinero y que tendría mejores beneficios; y pensó que ser policía era una buena forma de retribuir a la comunidad.

Le gustaba la disciplina y el rigor del entrenamiento requerido para pasar el examen de oficial de policía. "Mi padre siempre dijo que yo era capaz de cualquier cosa que me propusiera", me dijo cuando nos encontramos para tomarnos un café en Main Street de Patchogue en enero de 2012. "Además, pensaba que el trabajo de policía era el trabajo más honorable del mundo". Quesada trabajó duro con un amigo que era entrenador de atletas para las Olimpiadas Especiales, y a los cuarenta años se graduó de policía. Cuando le preguntaron cuáles eran sus ambiciones en uno de los exámenes de la academia, dijo que ella quería llegar a ser una inspectora, un nivel solamente por debajo del jefe de policía, en la nomenclatura policial.

Había trabajado como policía por seis años, patrullando las calles de su distrito. Cuando Lucero fue asesinado, el impacto de su muerte repercutió en la rutina de Quesada. Pensó que tenía que hacer algo radical. Leyó en los periódicos que Levy, el ejecutivo del condado, estaba buscando una persona que hiciera de enlace con la comunidad hispana. Ella tenía la experiencia y la credibilidad en su comunidad. Estaba informada de todos los eventos y tendencias. Quesada quería ese trabajo. "Necesitaba ser parte del cambio", me dijo.

Todavía consternada por la muerte de Lucero, fue a visitar a su madre, que se había mudado de nuevo al Ecuador. Estaba con ella cuando el inspector la llamó con la noticia que había estado esperando: el trabajo era suyo.

Julio Espinoza estaba en su casa cuando escuchó la noticia del asesinato antes de salir para el trabajo aquel domingo. Alguien lo llamó para decírselo, y Espinoza inmediatamente recordó al hombre tranquilo que con frecuencia entraba en su tienda a comprar una tarjeta de llamadas para hablar con su madre en Ecuador. Espinoza se puso en contacto con amigos y clientes y poco a poco comenzó a darle forma a la verdadera historia de lo ocurrido. El domingo por la noche ya se habían enterado casi todos que habían matado a Lucero porque era hispano. "¿Qué fue lo que vieron?", se preguntó Espinoza a sí mismo. "¿Fue el color de su piel? ¿Su acento? ¿Habló él con los atacantes? ¿Fue por la manera en que caminaba: la cabeza baja y las manos en los bolsillos para evitar miradas indeseadas?".[8]

Espinoza estaba desesperado. Tenía dos hijos en la misma escuela a la que atendían los atacantes. ¿Y si sus hijos eran también blanco de los ataques? ¿Cómo podía protegerlos de gente que atacaba sin provocación alguna? Sus hijos le habían dicho por mucho tiempo que la escuela estaba dividida y que los hispanos eran sujetos a burlas y también a acoso; pero nunca pensó que llegaría a la violencia, mucho menos al asesinato. Por primera vez desde que dejó Ecuador se preguntó si había sido buena idea haber dejado su país y comenzar una vida en un lugar donde todo era tan diferente a lo que él conocía.

Por el momento, lo único que tenía que hacer era honrar la memoria de Lucero. Como no habían anunciado funeral o servicio religioso, Espinoza tomó su carro y fue a la morgue. No pudo entrar y, no queriendo llamar la atención a su persona, regresó a su casa —con mucho cuidado.

El lunes por la mañana, ya todos sabían lo que había sucedido, incluso aquellos que habían estado fuera del pueblo en ese momento, como Jean Kaleda, la bibliotecaria. Cuando escuchó la noticia, estaba en la cubierta del *ferry* de New

London, de regreso de Cape Cod con un grupo de amigos, disfrutando de las últimas horas de un relajado fin de semana largo.[9]

Su amiga, Sally Rein, una residente de Patchogue por cuarenta años, había recibido una llamada de su esposo, quien le dijo que un ecuatoriano había sido asesinado por un grupo de adolescentes. Estaba en todas las noticias. Pálida, Rein le dio la noticia a Kaleda. "¿Conocías a Marcelo Lucero?", le preguntó Rein a Kaleda, que inmediatamente comenzó a sentirse mal. "Eso es. Eso tiene que tener relación con lo que los alumnos de las clases de inglés le habían dicho unos días antes", pensó. El estómago le dio un vuelco al pensar que las cosas habían llegado a ese punto. Estaba estupefacta de que esos adolescentes hubieran tenido la osadía de acosar a un adulto solamente porque era latino, y estaba horrorizada de que el acoso había culminado en asesinato.

Durante el resto del viaje, Kaleda permaneció en la cubierta, pensando largamente sobre el significado de lo que acababa de ocurrir y cómo se conectaba con su temor sobre el mundo en general, y su creencia de que la humanidad, en realidad, nunca aprende de sus errores pasados. Se preguntó si era posible que algunos de los amigos de Gualaceo que había hecho en Patchogue conocieran a Marcelo Lucero o eran familia. Y se preguntó, a pesar de que conocía la respuesta, si ella hubiera podido hacer algo para evitar su muerte.

Mientras Kaleda regresaba a casa, Gilda Ramos, la bibliotecaria hispanoparlante que tanto había ayudado en el acercamiento de la biblioteca a la comunidad hispana, llegaba al trabajo. Había escuchado la noticia de la muerte en las noticias de la mañana. En el viaje a la biblioteca, escuchó más detalles en la radio de su automóvil. Ahora tenía el nombre de la víctima, y un posible motivo por el asesinato: el odio. Cuando llegó a la biblioteca, todos querían saber cómo se sentía ella, en su calidad de hispana. Ramos le dio a todos la misma respuesta: es algo increíble.[10]

Buscó a Kaleda, pero recordó entonces que estaba de vacaciones. La llamó a su casa y al teléfono celular. El haberle dejado un mensaje la hizo sentir que estaba haciendo algo. Pensó, con tristeza, qué cosas debieron haberse hecho antes para prevenir esa muerte. Sus estudiantes le habían hablado del acoso y ¿qué había hecho ella? Nada más que decírselo a su supervisora, que ella sabía se lo había informado al alcalde del pueblo. Se había concertado una reunión, pero ya era muy tarde. ¿Por qué no se había hecho algo? ¿Por qué esa situación había tenido que llegar tan lejos? Ahora, un hombre había muerto y todo el país, si no el mundo entero, miraría a Patchogue como un lugar de odio e intolerancia.

Ramos estaba absorta en sus pensamientos cuando vio acercarse al alcalde. Pontieri estaba molesto y preocupado, y quería saber qué hacer: "¿Y ahora qué?". Ramos no tenía idea, pero le dijo que ella ayudaría en cualquier forma posible para aplacar el temor de los hispanos y calmar a los demás. La reunión con la comunidad tenía que llevarse a cabo, pero tendrían que hacerla una semana después de lo acordado, más tarde, el siguiente miércoles 19 de noviembre. Eso les daría tiempo a todos para superar los días difíciles inmediatos al asesinato y darle el pésame a la familia de Lucero. ¿Alguien sabía qué estaba pasando con el cadáver de Lucero? ¿Habría un funeral, una misa; había algo planeado?

Nadie lo sabía. Fue un lunes confuso y de tensión.

El siguiente día, el ejecutivo del condado, Steve Levy, calificó el asesinato como "noticia de un día" y agregó que la muerte había recibido demasiada atención porque la prensa estaba enfocada en las declaraciones que él había dado anteriormente con relación a la inmigración. Implicaba que la muerte de Lucero era algo rutinario, sin mayor consecuencia.[11] Dos días después,

Levy se retractó. Le escribió una carta al periódico local, *Newsday*, donde decía que había cometido un error. "El horrible incidente es, sin duda más que noticia de un día".[12] Tenía razón.

El miércoles 12 de noviembre, el alcalde Pontieri, acompañado de su esposa, fue a las clases nocturnas de inglés que impartía Gilda Ramos. Mientras Gilda interpretaba sus palabras, les dijo a los estudiantes que él haría todo lo que estuviera a su alcance para que nadie nunca más temiera caminar por las calles de Patchogue. Pontieri tenía la esperanza de que los quince estudiantes presentes comenzaran a decirles a todos que él estaba preocupado y que Patchogue era un lugar seguro.[13]

Ese mismo día, el reverendo Wolter fue invitado a hablar en un evento de la comunidad en *el high school* al que asistía su hijo Casey. También fueron invitados varios líderes civiles y oficiales electos y algunos estaban encolerizados. Levy no asistió. Eddington sí estuvo presente y exhortó a todos a que trabajaran juntos. Aceptó que el "horrible incidente" había tenido lugar en el pueblo, pero dijo: "no permitamos que esto defina nuestro condado, nuestra comunidad y nuestro pueblo". Hizo un llamado al estado para que fuera "activo" y no "reactivo" y que financiara programas educacionales para promover la tolerancia en las escuelas y nuevos trabajadores sociales. Otras personas tomaron la palabra, incluyendo a Luis Valenzuela, un líder cívico respetado que fungía como el director ejecutivo de la Alianza de Inmigrantes de Long Island.[14]

"Esto es, ciertamente, una verdadera tragedia. Es algo que hiere a la comunidad. Hiere nuestra humanidad, y tenemos que ser conscientes de que han habido circunstancias que promueven la intolerancia, aquí en el condado de Suffolk", dijo Valenzuela tristemente. A medida que elevaba el tono, hizo un reto que tenía matices de amenaza: "Retamos a los legisladores de esta comunidad a no presentar nunca más un proyecto de ley anti-latino". El público irrumpió en aplausos y se escucharon voces de la audiencia: "¿Dónde está él?". Todos sabían que Valenzuela se refería a Levy. "¿Dónde está Levy?", continuaban las voces. "¡No dio la cara!", alguien gritó.

Valenzuela dejó pasar el momento para continuar. Explicó por qué la muerte de Lucero no lo había tomado por sorpresa. "Hace catorce meses, aquí mismo en esta comunidad, hicimos una demostración donde el tema fue: palabras de odio equivalen a crímenes de odio", les recordó a todos; y terminó su discurso con la más conmovedora de todas las exhortaciones de la era moderna: "¡Nunca más!".

Wolter sabía que la ira de los participantes en la reunión estaba justificada, pero pensó que se necesitaba algo más que ira. Miró a su alrededor y notó que la mayoría de los presentes eran latinos. Cuando llegó su momento de hablar, trató de cambiar el tono y, en vez de criticar y culpar, trató de fomentar empoderamiento y cooperación. Exhortó a todos a seguirlo, haciéndose la sencilla pregunta de "¿En qué puedo ayudar?". Una forma de ayudar, dijo, era donando dinero a la familia de Lucero para enviar su cadáver a Ecuador como lo habían pedido. Él ya se había puesto en contacto con varias organizaciones civiles y les había pedido su contribución monetaria para sufragar los gastos funerarios y familiares, en los que sabía tenían que incurrir.[15]

"Sí no tienen dinero en este mismo momento, puedo esperar dos o tres minutos", dijo, y unas personas en el escenario y otras de la audiencia se rieron.

Tomaron la palabra otros líderes comunitarios, pero nadie capturó la atención de Wolter tan poderosamente como un hombre joven que de pronto subió al escenario y tomó el micrófono. Vestía un pulóver blanquísimo, una chaqueta de mezclilla, grandes espejuelos oscuros y una gorra a cuadros hundida en la frente. Wolter reconoció al mismo hombre que había visto en el grupo de latinos que estaba junto a la casa de Lucero. Como Wolter pronto supo, estuvo acertado en pensar que el joven conocía a Lucero. Era su hermano menor, Joselo. Cuando Joselo tomó la palabra, todos escucharon atentamente. Se mostraba digno y calmado, con el comportamiento de los que sufren un dolor intenso y el conocimiento de saberse víctima de una injusticia.

"Me voy a quitar las gafas para que ustedes vean la cara de un inmigrante", dijo Joselo en su inglés tentativo, y Wolter quedó cautivado.[16]

Por cerca de cinco minutos, habló del color de su piel y sus facciones de inmigrante hispano, pero también habló de su soledad y de su dolor. Dijo que había recibido tanto apoyo que se había sentido como "entre familia". Describió a su hermano como un hombre trabajador que luchaba para ayudar a la familia que había dejado atrás. "Somos personas sencillas", dijo y les pidió a todos que ayudaran para que se terminara el odio y "para tratar de vivir en armonía".

"No los odio, pero quiero que se haga justicia", refiriéndose a los que habían atacado a su hermano.

Su mensaje llegó hasta Wolter, que temía que la muerte de Lucero dividiera aún más a la comunidad. Reconoció en Joselo no sólo a un hombre que sufría, sino también a un líder potencial, alguien que podía utilizar la muerte de su hermano para crear lazos de unión. Wolter había seguido de cerca las noticias desde el domingo e invariablemente había visto caras oscuras y claras hablando sobre el crimen, pero no las había visto interactuar. Wolter pensó que el suyo podría ser el rostro claro entre tantas caras oscuras.

Cuando Joselo se bajó del escenario, Wolter lo siguió.

Joselo no había querido venir a Estados Unidos. Su madre tomó la decisión por él. Le habló del viaje solamente cuatro días antes del día de partida. Joselo no podía creerlo, y temía que ese boleto de ida lo separaría para siempre de todo lo que conocía, de su país y de su familia.[17]

Con el tiempo, comprendió las razones de su madre. Poco antes de marcharse, lo habían expulsado de la escuela por mala conducta, y estaba un poco inquieto en la casa, matando el tiempo con un grupo de catorce amigos. Uno a uno, sus amigos comenzaron a viajar hacia Estados Unidos. Al mismo tiempo, doña Rosario estaba preocupada por que su hijo pudiera tener problemas, o algo peor, que lo reclutaran para participar en las escaramuzas que se libraban entre Perú y Ecuador por territorios fronterizos, que habían comenzado en noviembre de 1994 y que escalaron en guerra en enero de 1995, para terminar un mes después. El conflicto, conocido como la Guerra de Cenepa, dejó un saldo de quinientos soldados muertos en ambas partes.[18]

En aquel momento, ya Joselo se había marchado. Llegó a Patchogue dos años después que su hermano.

"Ella quiere que yo sea cada vez mejor", le dijo a un documentalista poco después de la muerte de su hermano. "Ella quiere, usted entiende, ayudarme a crecer. Porque no tenemos muchas esperanzas. No tenemos muchas oportunidades en mi país. Y yo no voy a la escuela. Fue una decisión muy difícil para ella. De todas maneras, me podía dejar allí y enviarme a la guerra, o enviarme aquí".

Al principio, la vida en Long Island fue "como una pesadilla", dijo. Su hermano, al que veía como la figura paterna desde la muerte de su padre cuando tenía seis años, trabajaba todo el tiempo. Sus amigos, que al principio se pusieron muy contentos de verlo, también estaban muy ocupados. Todo el mundo trabajaba, iba a la escuela y tenía responsabilidades. Todo quedaba muy lejos. Joselo no podía simplemente salir y encontrarse con sus amigos, como estaba acostumbrado a hacerlo en Ecuador. De pronto, se vio solo en un lugar donde no conocía ni la lengua. En ese momento tenía diecinueve años.

"Yo me miro a mí mismo en el espejo", dijo, "y, ah, no sé qué hacer".

Lloraba con frecuencia. Más de una vez lloró hablando con su madre por teléfono: "Mamá, esto no es para mí". No sólo extrañaba a su familia, sino también extrañaba a una joven de la que se había enamorado y con la que quería casarse. Durante las dos primeras semanas, soñaba con Gualaceo todas las noches. Se levantaba en las mañanas y se preguntaba dónde estaba. Lentamente, comprendió que no había manera de regresar y que tenía que conseguirse un trabajo y dejar de ser un niño. Después de un año de compartir apartamento con su hermano, se mudó y comenzó a vivir independientemente.

Joselo continuaba viendo a su hermano como su protector y su guía. Se llamaban siempre y se veían con frecuencia. El viernes anterior a la muerte de Lucero, hablaron por cuarenta y cinco minutos. Habían salido a comer, y luego habían ido a la estación de tren para continuar conversando. Cuando ya se marchaba, Joselo, que a veces llamaba "loquito" a su hermano, se despidió: "Nos vemos luego, o mañana". "Okey", le dijo Lucero.

Cuando Joselo caminaba en dirección a su automóvil, Lucero lo sorprendió al decirle: "Cuídate, loquito".

Eso fue lo último que Joselo le escuchó decir a su hermano. Al día siguiente, Lucero fue a trabajar y Joselo salió con sus amigos. No se vieron o hablaron ese día, lo que no era inusual.

El domingo en la mañana, Joselo estaba todavía en la cama cuando escuchó golpes en la puerta. Se levantó y miró por la ventana del dormitorio. Había un carro estacionado frente a la casa, por lo que fue hasta la puerta para ver quién era.

Era un detective que le mostraba su identificación. Joselo se sorprendió, porque jamás había tenido problemas con la policía en Patchogue. "¿Es usted Joselo?", preguntó el detective. "No, yo no soy Joselo", le contestó. Sentía una sensación extraña. Tenía miedo y pensó que no quería escuchar lo que le fueran a decir, así que decidió mentir. "¿Conoce a Marcelo o tiene alguna relación con Marcelo Lucero?", la mención del nombre de su hermano lo hizo reaccionar. "Claro que sí. Es mi hermano", le contestó.

El detective le pidió pasar. Necesitaba hablar con él. Le pidió a Joselo que se sentara. En ese momento, un primo lo llamó y le preguntó si todo andaba bien. Joselo no tenía la menor idea de por qué su primo lo estaba llamando, y pensó que era algo relacionado con la visita del detective. "Creo que no. Te llamo después". Colgó y se volteó hacia el detective.

"Lo que le voy a decirle es algo muy difícil y quiero que lo tome con la mayor calma posible", dijo el detective. "Su hermano fue asesinado anoche. Siete jóvenes los atacaron y lo apuñalaron".

En ese momento, recordaba Joselo más tarde, no le creyó al detective. "Sencillamente le dije. 'No, eso no es correcto. No es verdad'". Tomó el teléfono y llamó al teléfono celular de su hermano. Por supuesto, no recibió respuesta. Llamó por segunda vez. Nadie contestó. Entonces el detective le dijo: "No va a contestar. Nosotros tenemos su teléfono".

"Ese fue el peor momento de mi vida", dijo Joselo.

Cuando dejó el escenario, Joselo caminó sobre la avenida Ocean South. Un grupo de latinos se agrupaban en la esquina esperándolo, pero Wolter no se desanimó. Sentía que Dios lo llevaba en esa dirección. Como una hoja al viento, dejó que lo guiara. Como era costumbre, sacó del bolsillo una de sus tarjetas de presentación. Otro hombre blanco con una tarjeta, pensó. La guardó y se acercó a los hombres, que parecían haber construido una pared protectora alrededor de Joselo. Wolter pidió permiso para hablar y, para su asombro, sus primeras palabras fueron: "¿Dónde está el cadáver de tu hermano?". Hasta ese momento no supo lo que iba a decir o qué papel él jugaría en la tragedia.

Joselo pareció sorprendido y aliviado con la pregunta. Dejó caer los hombros, como si dejara escapar la tensión. Los músculos de la cara se le relajaron. "¿Por qué?", preguntó. "Porque ya han pasado varios días", dijo Wolter. "¿Qué vas a hacer con tu hermano?".

Se entabló una breve discusión. Nadie tenía idea qué hacer, pero Wolter sabía que enviar el cadáver de un latino indocumentado que había sido asesinado a Ecuador era un proceso complicado que implicaba muchos pasos. No tenía caso decírselo a Joselo, Wolter lo analizó, y cambió el tema. "¿Piensas velarlo y darle un toque de sanación a todo esto?".

"No lo sé. Posiblemente en la funeraria", le contestó Joselo.

"La funeraria no va a ser suficientemente grande", dijo Wolter y señaló la torre de su iglesia, la estructura más alta del pueblo. "Soy el reverendo", Wolter dijo, tratando de usar alguna palabra en español.

"Ah, ¿esa es su iglesia?", preguntó Joselo.

"No", le dijo Wolter. "Esa es tu iglesia". Acto seguido, le ofreció hacer los servicios funerarios. Le dio varias opciones: "Puedes hacer la misa por la mañana, en la tarde o en la noche. Puedes escoger al sacerdote, el idioma y la música. Como tú quieras".

Joselo estuvo de acuerdo y le dijo que llamaría a la funeraria, pero Wolter sabía que eso también podía ser difícil para Joselo. El cadáver estaba todavía en la morgue. Había una investigación en curso. "Sabes qué, yo voy a llamar a la funeraria", le dijo Wolter.

Poco después de esa conversación, Joselo fue a la iglesia de Wolter para preparar los servicios funerarios de su hermano. El reverendo Allan Ramírez, un pastor local nacido en Ecuador y defensor de los inmigrantes, estaría presente. Un amigo de la familia se había ofrecido para cantar. El resto, dijo Joselo, quería que estuviera en manos de Wolter.

Lo primero que Wolter hizo fue tomar la decisión de que la prensa no estaría presente en los servicios. Quería que fuera algo solemne y memorable. Rechazaba la idea de fotógrafos enfocando los lentes en el cadáver de Lucero. También temía que en la forma en que estaban los ánimos, el funeral se convirtiera en un fórum para expresar diferencias políticas. Ya Wolter había sido blanco de la crítica. Varios de los feligreses y otras personas de la comunidad le habían recriminado haber ofrecido la iglesia para el funeral. ¿Estaba él en el lado de los latinos? ¿De qué parte estaba?

La noche anterior a los servicios funerarios, Wolter asistió a una reunión de la comunidad en una sinagoga local. Varios de los líderes civiles y oficiales del gobierno estaban presentes y algunos hablaron. La reunión comenzó a deteriorarse cuando muchos comenzaron a lanzarle insultos al legislador Jack Eddington. Lo criticaron por haber presentado una ley, mayormente fracasada, que ellos consideraban antiinmigrante.

Eddington, que era un trabajador social de experiencia y avezado en resolver problemas, no consideraba que sus intentos por mejorar el área de Patchogue-Medford fueran antiinmigrantes. Los veía como soluciones prácticas que podían beneficiar a la comunidad, incluyendo a los inmigrantes. Por ejemplo, si Eddington estaba preocupado porque había muchos accidentes en una intersección particular, y un estudio había arrojado que los accidentes eran causados por vehículos que se detenían a recoger inmigrantes que buscaban trabajo, la solución obvia era evitar que los trabajadores se pararan en las calles a solicitar trabajo. Para él era una cuestión de lógica. Para muchos en la comunidad era racismo.[19]

A Eddington le dolió profundamente que lo llamaran "racista". Nacido en 1947 y criado en unos proyectos bajo la sombra del Queensboro Bridge en Long Island City, Queens, había sido víctima de los abusadores negros y latinos, que se ensañaban con él por ser blanco, pelirrojo con pecas e irlandés. Su cuerpo todavía tenía las cicatrices de los disparos que recibió con un *zip gun*, —un arma burda de fabricación casera— cuando tenía cerca de diez años. "Yo no podía entender por qué me atacaban", me dijo la primera vez que hablamos en 2010. Más tarde lo comprendió. "Le hacían a los blancos lo que los blancos les habían hecho a ellos", dijo, refiriéndose a los niños afroamericanos que lo habían aterrorizado. En unas memorias no publicadas que escribió hace varios años, describió como él veía el mundo cuando era joven: "Puede ser un lugar muy hostil. Un lugar donde siempre tienes que estar preparado para un ataque. Donde siempre tienes que estar alerto y bien armado para defenderte".

En su propia casa no encontraba alivio. Si se portaba mal, su padre lo golpeaba con un látigo que llamaba "gato de nueve colas", un palo de un pie de largo con nueve tiras de cuero. "Me dejaba verdugones en la espalda y a veces me dejaba herido. Algo curioso es que yo nunca pensé en decírselo a alguien o en protestar o pedir ayuda. ¿Con quién podía hablar?". En sus memorias dice que era golpeado con aquel instrumento de tortura una o dos veces a la semana.

Finalmente, después de un periodo de cuatro años en la Fuerza Naval, comenzó a destacarse como trabajador social clínico y escolar y como consejero educativo en el Departamento de Educación de Estados Unidos y la Administración de Abuso de Sustancias del Estado de Nueva York. Entró en política, como miembro del Partido de Familias Trabajadoras, respaldado por los sindicatos y luego como independiente, porque se dio cuenta de que su entrenamiento para resolver problemas le serviría de ayuda a la hora de encontrar soluciones para los asuntos de su comunidad. Pero se sorprendió al hallar entre los legisladores muy poco interés en el compromiso del trabajo y aún menos sentido común. Fue electo, por primera vez, para el consejo de administración del condado de Suffolk en 2005 y fue reelegido dos veces más. Fue miembro de Comité de Seguridad Pública, lo que significaba que la mayoría de las quejas contra los inmigrantes llegaban a su despacho.

"Nadie quiere que seas junto", me dijo varias veces, "lo que quieren es que te pongas de su parte".

Las quejas eran variadas, pero mayormente de personas que, como él, se preocupaban porque pensaban que los hispanos se mantenían monolingües de manera obstinada, y no se habían asimilado a la comunidad con la misma celeridad que otros grupos de inmigrantes anteriores. ¿Y por qué?, se preguntaba. Eddington no lo sabía, pero sí sabía que los defensores de los inmigrantes utilizaban su tiempo y energía para criticar a aquellos que eran percibidos como antiinmigrantes, como él, y todavía ninguno había comenzado a hacer algo para ayudar a los recién llegados. Por ejemplo, "¿por qué no les enseñan cómo ocuparse correctamente de la basura?", se preguntaba Eddington. "¿Por qué estacionaban sus carros en la grama? ¿Por qué se sentaban en el jardín a tomar cerveza? ¿Por qué no podían vivir en familia como todos los demás en lugar de vivir veintisiete hombres solteros en una casa diseñada para cuatro personas? ¿Por qué nadie les había dicho que no era correcto jugar voleibol en el patio de la casa hasta altas horas de la noche?" Los partidos se habían convertido en eventos ruidosos y negocios ilícitos, donde se vendía comida y cerveza, mientras los vecinos trataban de dormir. Durante sus años en el gobierno estatal, se presentó personalmente junto a la policía, en varias ocasiones, para poner fin a los partidos de voleibol.

Estos inmigrantes, terminó diciendo Eddington, "no

seguían las reglas", pero por su entrenamiento de trabajador social, también podía ver que los inmigrantes hispanos no conocían las reglas. A diferencia de los inmigrantes anteriores, que habían llegado con sus familias en su mayor parte, los inmigrantes de Ecuador, México o El Salvador que llegaban al condado de Suffolk eran hombres pobres con poca o ninguna instrucción y que habían dejado atrás a sus familias.

Durante su reelección en 2008, no había una actividad ni reunión de la comunidad donde no se le preguntara qué estaba haciendo él con relación a la inmigración ilegal. Eddington les decía lo mismo siempre: "Veré lo que puedo hacer". De hecho, ya había hecho mucho. En 2006, había impulsado, junto a otras personas, un proyecto de ley que requería que las compañías que tuvieran nexos comerciales con el condado verificaran si sus empleados estaban autorizados para trabajar. En otras palabras, no estaba permitido contratar a inmigrantes indocumentados. El proyecto de ley fue aprobado. También, en ocasiones, se refirió a los inmigrantes hispanos de forma, que él ahora ve, puede haberse interpretado como impasible, si no racista.

La noche antes del funeral de Lucero, mientras Eddington se encontraba en el centro del Templo Beth El, muchos en la audiencia lo culparon por contribuir a la atmósfera que llevó a un grupo normal de adolescentes al asesinato.

Impertérrito, trató de comunicarles quién era él y cuál era su posición. "Muy pocas personas aquí conocen a Jack Eddington", comenzó. "No saben quién soy yo. Sólo conocen las leyes que he logrado pasar… Yo no he segado en mi empeño. Quiero que sepan que las personas que me señalan, nunca se han acercado a mí".[20]

En ese momento, alguien gritó: "¡Es todo un cuento!", a lo que Eddington contestó: "Y cuando trato, me abuchean".

Continuó hablando, y los gritos disminuyeron mientras le

hablaba a la audiencia sobre su participación en la guerra de Vietnam y sobre su deseo de que todos en Patchogue y Medford se unieran para crear un ambiente de seguridad, donde nadie tuviera miedo de caminar por las calles de noche. Finalizó su discurso de tres minutos con una bendición irlandesa que había aprendido de su abuela: "Que Dios te conceda por cada tormenta, un arcoíris; por cada lágrima, una sonrisa; por cada preocupación, una promesa; y una bendición en cada prueba. Por cada problema que la vida te envíe, un amigo fiel con quien compartirlo; por cada suspiro, una dulce canción y una respuesta a cada una de tus oraciones".

Al día siguiente, Eddington no estuvo presente en el funeral de Lucero. Levy tampoco asistió. *The New York Times* reportó que Pontieri le había pedido a Levy que no asistiera.[21]

La gente había empezado a agruparse horas antes de que la Iglesia Congregacional de Patchogue abriera sus puertas minutos después de las 5:00 p.m. el 15 de noviembre, una semana después del asesinato de Lucero. Los servicios funerarios congregaron a 1,452 personas que se apiñaron dentro de la iglesia, de las cuales 420 pudieron encontrar asiento; el resto se paró en los pasillos y en la parte de atrás mientras otros cientos permanecían afuera.[22]

A pesar de que era un momento de intensas emociones, fue un evento callado, con música —hubo dos coros y un cantante de música popular que cantó en español— y algunas personas que habían conocido a Lucero en Gualaceo brindaron unas palabras también. Joselo, quien vestía con una chaqueta negra con una cadena y una gran cruz de plata en el pecho, de pie, junto al féretro, recibía los abrazos de los asistentes. Tenía círculos oscuros alrededor de sus ojos color marrón.[23]

Wolter, que explicó que hablaba en nombre de Joselo, dijo que Lucero había sido un hombre conversador que amaba un buen debate y la buena conversación. "Si le mostrabas una piedra negra, te diría que era azul", dijo Wolter.

Antes de la ceremonia, Wolter reservó casi una hora para que la familia, que aún no lo había visto, pudiera ver el cadáver en privado. Casi dos años después, Wolter describió aquellos cuarenta y cinco minutos con Joselo, algunos amigos y familiares como "muy, muy difíciles".

"Escuché los gritos de dolor, la sensación del vacío y del ruido desgargante de las gargantas de los familiares al mirar el cadáver del joven Marcelo Lucero, latino indocumentado", escribió Wolter en unos de sus artículos publicados.[24]

Una vez que comenzó la misa, el féretro permaneció abierto junto al altar. Lucero estaba vestido con un traje gris oscuro de rayas, una camisa blanca nueva y una corbata gris y azul. Yacía en un ataúd forrado de blanco y cubierto de flores.[25] Junto al féretro había una pintura de Lucero vestido de blanco y con un halo dorado —como si fuera un santo— con la bandera ecuatoriana a su izquierda y la bandera de su pueblo a su derecha. La misma imagen fue colocada en las cajas de las ofrendas a la entrada de la iglesia. La hermana mayor de Lucero, Catalina, que vivía en Queens, se sentó en la primera fila junto a Joselo. La representante Nydia M. Velázquez, una demócrata de la ciudad de Nueva York, se sentó junto a Catalina y la consolaba mientras, uno por uno, los invitados se acercaban al féretro para besarle la frente de su hermano.[26]

"Quizás lo que Marcelo ha logrado con su muerte es algo mucho más grande que lo que habría podido hacer en vida", dijo Wolter durante el sermón. "Lo que ha hecho por esta comunidad, desde que su espíritu dejó esta tierra, es convertirse, muy posiblemente, en la fuente de sanación, esperanza y reconciliación para un pueblo que tiene la capacidad de transformarse".[27]

El reverendo Allan Ramírez subió al púlpito con un mensaje ambivalente: pidió que se concediera el perdón, pero no sin depurar primero responsabilidades. "Como creyentes, también tenemos que conceder perdón, incluso al señor Levy", dijo, refiriéndose a Steve Levy. "Pero ese perdón sólo podrá suceder —podrá tener lugar— cuando el señor Levy tome responsabilidad por la forma en que sus leyes y sus opiniones han incitado un clima de odio racial".[28]

Los asistentes prestaban atención, abrazando y secándose las lágrimas. Por lo menos un hombre pareció haber llegado derecho del trabajo; llevaba pantalones vaqueros sucios y una sudadera con capucha. Una mujer con una larga trenza llevaba un collar rojo y dorado, un adorno tradicional de los indios quechua de Ecuador.[29]

El servicio funerario duró aproximadamente una hora y media. Tomó más de treinta minutos llevar el féretro desde el frente de la iglesia, repleto de gente, hasta el carro funerario que esperaba afuera. Muchas personas se acercaban a tocarlo por última vez. Cuando finalmente fue colocado dentro del carro y se cerró la puerta, los que lo conocieron en vida respiraron aliviados. Marcelo Lucero al fin regresaba a casa.

CAPÍTULO 9

UN PEDACITO DE CIELO

El cadáver de Marcelo Lucero llegó a Gualaceo el miércoles 19 de noviembre en un ataúd de metal, envuelto en la bandera amarilla, azul y roja de Ecuador. Había llegado a Quito, la capital del país, la noche anterior y había viajado en una carroza fúnebre doscientas millas hacia el sur, al pueblo natal de Lucero. Los gualaceños se congregaron en la entrada del pueblo para recibirlo a las 9:30 a.m. Muchos llevaban carteles en los cuales habían escrito: "No al racismo yanqui", "Ningún ser humano es ilegal" y "Ecuador es un país pacífico".[1]

El féretro fue cargado a través del pueblo por algunos de los amigos de Lucero. Dos de ellos tenían un cartel hecho de flores que decía TUNAS, las siglas de Todos Unidos, Nadie Anda Solo, dijo el reportero de *Newsday*, Bart Jones, que había viajado de Long Island a Gualaceo para esperar la llegada del cadáver.

Cientos de personas —incluyendo niños que llevaban puesto el uniforme de escuela (las niñas en suéteres azules o rojos y faldas a cuadros; y los niños con camisas amarillas y pantalones negros)— los acompañaron en la procesión que los llevó hasta el ayuntamiento para "una ceremonia breve bajo un sol abrasador".

El alcalde declaró tres días de luto. Las banderas se izaron a media asta y a los empleados públicos se les dio el día libre para que pudieran atender al recibimiento.

"Algunas escolares se entrelazaron de manos, elevándolas en alto a modo de saludo, cuando pasaba el cortejo. Otros ondeaban pequeñas banderas blancas que decían 'paz'. Algunas personas lanzaban pétalos de flores al féretro, mientras otros observaban desde los balcones. La madre y la hermana de Lucero caminaban detrás seguidas de cientos de personas", reportó Jones.

Finalmente, el cadáver fue colocado en el primer piso de la casa que Lucero había financiado gracias a su trabajo en Nueva York, la casa con la que tanto soñaba y había construido según sus especificaciones. Había tomado dos años y $100,000 para terminarla. Su madre se había mudado el día de las madres de 2005. En las llamadas y en las cartas a su familia, Lucero les había detallado cómo él la imaginaba: un espacio en la planta baja para el negocio de la familia o una tienda, junto a un apartamento de dos dormitorios y un patio; un piso principal con tres dormitorios donde él podía vivir son su familia, y un tercer piso con un apartamento de dos dormitorios y una terraza, para alquilar. Desde lejos, había seleccionado losas de color beige y ladrillo para el piso, madera de color caramelo oscuro para los gabinetes de la cocina y una puerta de madera de tallado intrincado para su habitación a un lado de la sala; así como colores en las paredes con tonos que se complementaran y todos los muebles elegantes, pero cómodos.[2]

El mueble del televisor tuvo que hacerse a la medida, porque el televisor que él quería era tan grande que no cabía en ninguno de los que había en las tiendas locales. Debía ocupar un lugar prominente en la sala, y si Lucero hubiera regresado a casa, hubiera sido lo primero que vería cuando abriera la puerta de su dormitorio. Una parte de sus cenizas, dentro de una pequeña caja adornada con un ángel y una imagen de cobre de la Virgen María, reposa ahora sobre ese mueble. El dormitorio que hubiera sido de él permanece cerrado a llave. A nadie le gusta entrar en él, pero doña Rosario, débil y profundamente triste, me lo permitió durante mi visita en julio de 2010. Sacó la llave de su delantal y me abrió la puerta.

Un televisor grande acaparaba la atención en la habitación, que se mantiene fría y en la oscuridad con cortinas color oro completamente cerradas para no dejar pasar la luz del sol. En el centro de la habitación hay una cama tamaño matrimonial con un edredón de colores bermellón y dorado. Para el piso, Lucero había preferido la madera en lugar de las losas que son típicas de las casas de América del Sur. El clóset tenía nueve repisas para ropa y zapatos. Un conejo gris de peluche estaba como reposando sobre varias bolsas de ropa sin abrir que esperaban su llegada.

Doña Rosario suspiró profundamente, salió del dormitorio y colocó la llave una vez más en el bolsillo de su delantal después de cerrar la puerta.

La muerte de Marcelo Lucero causó un gran impacto entre los gualaceños porque el asesinato es algo casi desconocido en su modo de vida y porque desvaneció la idea que muchos tenían sobre Estados Unidos como un lugar próspero y de oportunidades.

En esta compacta y linda ciudad, prácticamente no ocurren crímenes violentos, aunque les aquejan otros males sociales que muchos creen son producto de la emigración sin freno de cientos de hombres, padres de familia que dejan atrás esposas e hijos. Sin duda, esas familias tienen una vida más próspera que las familias donde los padres no emigraron, sin embargo, detrás de las atractivas fachadas de las casas grandes y nuevas en Gualaceo, hay mucha tristeza y desesperación.

El divorcio es común: tanto hombres como mujeres han

buscado amantes para luchar contra la soledad y han creado otras familias en Patchogue o en Gualaceo. Algunos jóvenes que sufren la ausencia de sus padres han recurrido al alcohol y a las drogas; muchos parientes están resentidos por el éxito de aquellos que dejaron el pueblo y creen que ellos también deberían de beneficiarse de la emigración. Especialmente preocupante para algunos es que los jóvenes, que piensan que todo lo que llega de Estados Unidos tiene que ser bueno, han comenzado a usar atuendos "americanos": pantalones vaqueros con desgarraduras en las rodillas, pantalones que cuelgan peligrosamente de las caderas mostrando la ropa interior a cuadros, aretes en la nariz y otras perforaciones en la cara.[3]

Cuando visité Gualaceo, sentí como si hubiese puesto un pie en el pasado, en una era más apacible y de un paso más lento. No es de extrañar que Lucero pensara que estaba trabajando demasiado y que a Ángel Loja le molestara la forma en que era tratado en Estados Unidos. Pagué diez dólares la noche en un hotel de nombre desconocido pero perfectamente equipado y limpio. Caminé junto al río y alrededor de la plaza central y visité la iglesia y el periódico semanal que había ayudado a los inmigrantes a conectarse con Jean Kaleda en la biblioteca de Patchogue.

La conexión entre Gualaceo y Patchogue es como un largo cordón umbilical que alimenta a ambos, a los gualaceños que salieron del pueblo y a aquellos que penan por ellos y que quieren que regresen o que dependan de ellos para sobrevivir.

A un lado de la iglesia católica se encuentra un mercado campesino, donde una col, desproporcionadamente grande y preciosa, se vende por cincuenta centavos y un pastel de *SpongeBob* por treinta dólares. Solamente en una cuadra, conté quince tiendas de zapatos, una señal de que las zapaterías están prosperando de nuevo en esa parte del país. Otra tienda vendía docenas de pulóveres con letreros y grabados en inglés, la mayoría con las barras y las estrellas de la bandera de Estados Unidos. Había flores fragantes en todas partes: hibiscos, calas y buganvillas. Las mujeres indígenas, acuclilladas en las desiguales aceras, asaban cuyes o cobayos, una exquisitez local que con frecuencia llega a Long Island empacada en hielo.

Varios negocios pequeños en el pueblo funcionan como enlace entre Gualaceo y Nueva York, haciendo envío de paquetes y recibiendo dinero a un designado precio, y una oficina espaciosa en la calle principal atiende todo tipo de asuntos de emigración, desde visas y certificados de defunción hasta la búsqueda de familiares de los que no se ha sabido nada desde que salieron para Estados Unidos.

Visité un mercado de alimentos en un edificio de cemento y ladrillos con una variedad tal de carnes, papas y frutas que resultaba abrumador para los sentidos: bananos preciosos, grandes y de un amarillo irresistible; diferentes tipos de huevos, incluyendo de ganso y de avestruz; una hilera de cerdos asados con los ojos cerrados y las bocas abiertas y por lo menos una docena de sacos de papas de diferentes colores y texturas. El aire olía a fruta madura y especias como tomillo, pimentón y canela; a carne cruda y a carne crepitante, a sudor humano y al perfume de las mujeres mezclado con la ocasional brisa fresca del rocío de las montañas. Parecía imposible que alguien pudiera morirse de hambre en Gualaceo o que sintiera la necesidad de dejar aquella tierra exuberante en busca de un lugar mejor. Sin embargo, cerca de quince mil gualaceños habían abandonado Gualaceo por Estados Unidos. Seis mil de ellos viven en Patchogue o en pueblos cercanos, según un estimado del alcalde de Gualaceo, Marco Tapia, quien, como la mayoría allí, había sido víctima y, a la vez, beneficiario de la emigración.

Cuando lo visité hace cuatro años, me contó que dos de sus hermanos vivían en Long Island. Su hermano se había marchado cuando Tapia tenía nueve años, y su hermana cinco años después. Con la ayuda económica de ellos, se hizo instructor de educación física. En aquel momento, su hermano le estaba pagando los estudios para hacerse abogado. Tapia tenía treinta y un años y vivía con su esposa y sus hijos, libre de alquiler, en la modesta casa de un tío que llevaba veinticinco años en Estados Unidos.

Gualaceo, que en 2010 tenía aproximadamente cuarenta y siete mil habitantes,[4] es parte de Azuay, la provincia con el mayor número de emigrantes hacia Estados Unidos. De las municipalidades de Azuay, Gualaceo, conocida regionalmente como "el jardín de Azuay", ha visto marcharse más personas hacia Estados Unidos que ningún otro municipio, con la excepción de San Fernando, localizado a casi sesenta millas en dirección suroeste. En la escuela primaria donde Lucero asistió de niño, cerca de 120 alumnos de los 500 estudiantes registrados en 2008 tienen uno de sus padres viviendo en Estados Unidos. María Cuesta Rodas, una maestra de la escuela, le dijo al reportero de *Newsday* que existía tanta tristeza y sufrimiento entre los alumnos, que la escuela había contratado a un psicólogo para que los ayudara.[5]

Al mismo tiempo, Tapia, el alcalde, estimaba que por lo menos el 80 por ciento de la economía local dependía completamente de las remesas que provenían ciertamente de Estados Unidos, pero también de Italia, España e Israel. El hecho de que la provincia de Azuay sea líder en la emigración tiene lógica, dadas las características de la región y los emigrantes en todas partes. En su libro *Portrait of a Nation: Culture and Progress in Ecuador*, (Retrato de una nación: La cultura y el progreso en Ecuador) el ex presidente de Ecuador, Osvaldo Hurtado, explica que la gente de Azuay es de espíritu empresarial y posee una ética de trabajo estricta y poco común. Analiza que bien entrado el siglo diecinueve, el resto del país aún no se había recuperado de los malos hábitos de la era colonial:

una combinación tóxica de conquistadores españoles racistas e indígenas que no veían razón alguna en trabajar porque sabían que aunque se esforzaran al máximo, los españoles nunca los aceptarían en una sociedad rigurosamente estratificada. El trabajo duro parecía innecesario porque, en su mayor parte, Ecuador era una tierra tan generosa y fértil que la supervivencia se lograba con muy poco esfuerzo.[6] Pero la gente de Azuay tenía que lidiar con una topografía irregular, con ríos, valles, colinas, glaciares y montañas.

El viaje de Cuenca a Quito, por ejemplo, era un largo y arduo proyecto que incluía un viaje a caballo por los gélidos Andes. La gente de la región de Azuay estuvo mayormente aislada y tuvo que aprender a usar su "perseverancia", su "inteligencia" y sus "brazos" para sobrevivir y progresar, explica Hurtado.

Por décadas, la economía local dependió en gran parte de la industria del sombrero de paja, que requería solamente del cultivo de la abundante planta toquilla para obtener la paja, y manos diestras que tejieran los preciosos sombreros. Cuando el negocio de los sombreros decayó, los trabajadores se quedaron con los contactos que les permitirían seguir el camino hacia el norte que los sombreros habían abierto. En 1993, un desplazamiento de tierra cerca de Cuenca mató cerca de trescientas personas y destruyó una carretera que conectaba la ciudad con los pueblos del noroeste de Azuay. Se perdieron muchos trabajos, y muchos se vieron forzados a emigrar, acelerando así un proceso que había comenzado varias décadas antes.[7]

Los que estudian los patrones de emigración saben que Gualaceo no es un caso aislado. De hecho, los emigrantes tienen la tendencia a no ser los más pobres. Dejar su casa y viajar a parajes desconocidos sin ahorros, sin una estructura familiar o incluso sin saber el idioma, requiere una habilidad típica de aquellos que han recibido instrucción, tienen el dinero para pagar por los gastos del viaje y poseen un espíritu empresarial. Esas características no son encontradas frecuentemente entre los desposeídos, sino entre la clase media ascendente o la clase media baja. Lo que la mayoría de los emigrantes busca no es un plato de comida, una cama cómoda o un techo. Eso lo tienen en casa. Lo que en realidad buscan son las oportunidades de prosperar más allá de lo que las estructuras sociales inamovibles de sus países de origen les ofrecen.

"Los inmigrantes tienen diferentes destrezas y características, por lo que cualquier aseveración sobre ellos puede ser definida como una generalización", escribe en su libro el economista británico y periodista Philippe Legrain en su libro *Immigrants: Your Country Needs Them* (Los inmigrantes: Tu país los necesita), antes de generalizar de manera total pero acertada: "Los inmigrantes tienden a ser más jóvenes, más fuertes y más trabajadores y más emprendedores que la gente local. ¿Por qué?, no porque los extranjeros en general sean más laboriosos y arriesgados, sino porque las personas que emigran son una minoría selecta, elegida por sí misma".[8]

Tapia, el alcalde de Gualaceo, no estudia los patrones de migración, pero conoce muy bien a su gente y quiere que regresen. Especialmente aquellos con nuevas destrezas y los que han dejado atrás a sus familias. Dice que lo que le preocupa es que los niños están creciendo sin sus padres. Su única cuñada dejó a sus hijos cuando su hija tenía dos años y su hijo cinco. Ahora tienen veintiuno y veinticinco, y Tapia recuerda haber crecido sin su hermano. Cuando quería un juguete, su hermano se lo enviaba de Nueva York, pero él hubiera preferido tener a su hermano en casa.

"Hoy podríamos compartir memorias de nuestra infancia", dijo.

Su mensaje a los gualaceños es sencillo: "Basta, gualaceños. Ya han ganado suficiente dinero. Es hora de regresar a casa".

El gobierno de Ecuador está de acuerdo y ha lanzado una

campaña llamada Plan Retorno que les permite a los emigrados regresar a casa sin tener que pagar impuestos por artículos como un nuevo automóvil o una estufa de tamaño industrial. De acuerdo con las cifras del gobierno en su sitio en la red, 3,279 ecuatorianos se han beneficiado de la oferta y han regresado a Ecuador desde marzo de 2010. Tapia sabía por lo menos de veinte personas que habían regresado de Patchogue.[9] Algunos de ellos hablaron con el reportero de *Newsday* el día que el cadáver de Lucero fue recibido.

"Cuando supe la noticia", dijo José Rómulo Ríos González, "fue como si me hubieran apuñalado a mí". Ríos vivió un tiempo con Lucero en Patchogue. A diferencia de Lucero, logró regresar con vida a Gualaceo.[10]

Cuando doña Rosario vio a su hijo dentro del féretro, prácticamente no lo reconoció. Se había marchado joven, delgado, con abundante pelo y la cara marcada por el acné. Había regresado ya todo un adulto, fuerte y corpulento, más alto de lo que ella lo recordaba y había perdido mucho pelo.

Durante la tarde del velorio, se sucedieron las visitas. En una silla junto al féretro colocaron una foto de Lucero vistiendo un overol y una gorra. Sus amigos de TUNAS lo miraban con tristeza. TUNAS era algo más que unas siglas, era la forma de definir a un grupo de cerca de cuarenta hombres que habían sido amigos desde la niñez. Habían recorrido el pueblo juntos, nadado en los ríos cercanos y jugado trompillo, un tipo de trompo con cuerda, un juego muy popular en Latinoamérica.

De adultos, la mayoría de los miembros de TUNAS había viajado a Estados Unidos, específicamente a Patchogue, donde, una vez llegado el primero, los otros lo seguían porque sabían que por lo menos tendrían alguien que los ayudaría y un lugar donde estar. Cuando Lucero llegó a Queens, fue a vivir a casa de un amigo de los TUNAS en Bay Shore. Más tarde, en Patchogue, vivió con algunos TUNAS, incluyendo a Ríos.

"Un hombre inocente tuvo que morir para que la gente se diera cuenta del racismo que existe contra los latinos en Long Island", dijo Juan Pablo Jadan, que a los treinta y ocho años de edad, era el líder del grupo que velaba a Lucero y que también había vivido en Patchogue. "Morir de causas naturales es una cosa; morir a causa de la violencia, el racismo y el odio, es otra".[11]

En un momento durante el velorio, la hermana menor de Lucero, Isabel, salió de la casa y se puso ante las cámaras de televisión y los micrófonos para exigir el castigo de los hombres que habían matado a su hermano.

"No queremos que los criminales que hicieron esto terminen riéndose porque piensen que es un juego. Queremos que se haga justicia, para que mi hermano pueda descansar en paz", dijo.[12]

El cuerpo fue cremado a la mañana siguiente. Más tarde, cerca de las 4:00 p.m., doña Rosario e Isabel, vestidas de negro, salieron de la casa a pie, con la caja de las cenizas de Lucero. Una vez más, fueron rodeadas y acompañadas de cientos de personas, muchas con arreglos florales en forma de cruz. Juntos, caminaron varias cuadras hasta la iglesia católica en el centro del pueblo. Las campanas de la iglesia doblaron y más de seiscientas personas encontraron asientos en los bancos de madera. La familia colocó dos cajas —una con una cruz y otra con la imagen de la Virgen María— en una mesa cubierta por un paño color púrpura, rodeadas por seis velas.

En el sermón, el reverendo Jorge Moreno denunció la "xenofobia" que había terminado con la vida de Lucero; pero fue Isabel, que habló en nombre de su madre, la que hizo llorar a todos.

"Marcelo, hijo mío, nunca estarás lejos de mi corazón,

porque el amor de una madre es interminable", dijo mientras su madre lloraba desde su puesto en el primer banco de la iglesia.[13]

Al final de la misa, y rodeadas por lo que parecía ser todo el pueblo, la familia caminó hasta el cementerio, a una milla de distancia. Cerca del fondo del cementerio, en una sección con la grama seca y quebradiza, hay un mausoleo de concreto de veinte pies de altura y pintado de blanco, dividido en compartimentos de dos por tres pies. La familia de Lucero localizó el número 150 y con mucho cuidado colocó dentro una de las cajas. Doña Rosario apoyó la cabeza contra el nicho y comenzó a llorar.

"¿Por qué me quitaron a mi hijo? ¿Por qué tuvieron que quitármelo?".[14]

En el condado de Suffolk se hacían las mismas preguntas, y aunque el dolor era, sin duda, menos descarnado que en la casa de Lucero en Gualaceo, estaba igualmente teñido de ira. Inmediatamente después del asesinato, comenzaron las reflexiones y la búsqueda de culpables.

El adolescente Jeffrey Conroy había blandido la navaja que mató Lucero, pero el culpable, en la opinión de casi todos, era Steve Levy, el ejecutivo del condado de Suffolk que había sido reelecto por una mayoría aplastante en 2007 al reconocer y explotar las inseguridades de los que vivían detrás de esas cercas blancas. Inteligente y cínicamente, había avivado los temores de los nativos —miedo a los altos impuestos, miedo a los extranjeros, miedo a los hombres solos que bebían mucho, miedo al español, miedo a una cultura diferente invadiendo el paraíso de la vida en los suburbios, con violaciones, enfermedades y terrorismo— y Levy escarbó y hurgó en esos miedos como si fueran una costra, hasta que comenzaron a sangrar. Y cuando sucedió al fin, la sangre derramada fue la de Lucero, pero las manos de Levy quedaron manchadas por el creciente y horrible racismo que la muerte de Lucero había revelado.

UN PEDACITO DE CIELO

En la búsqueda del camino a seguir en una situación en la que nunca antes se había visto involucrado, el alcalde Pontieri le pidió consejos a dos personas en los días que siguieron al asesinato: a su esposa, que lo escuchó y le ofreció apoyo, y a Joel Levinson, un rabino del Templo Beth El, a una cuadra de Main Street de Patchogue. Nacido en Brooklyn, el rabino se había mudado a Patchogue ocho años atrás y se sentía particularmente afectado por los hechos porque habían sucedido en la víspera del aniversario de "Kristallnacht" —la noche del 9 de noviembre de 1938, cuando los nazis en Alemania y parte de Austria cometieron una serie de ataques contra los judíos, matando a noventa y uno de ellos, enviando treinta mil a los campos de concentración y destruyendo miles de sus negocios.[15]

En lugar de darle consejos a Pontieri, Levinson reconoció lo que él ya había hecho: ser el alcalde de todos al hacerse asequible a la comunidad latina, a la policía, a los educadores y a todos los que podían ayudar en el mejoramiento de la ciudad. Pontieri lo tuvo en cuenta cuando la noche del 19 de noviembre se paró frente a un grupo de 125 personas en la biblioteca de Patchogue-Medford mientras el cadáver de Lucero yacía en un ataúd en Gualaceo. La reunión tuvo lugar solamente algunas semanas después de la alarmante llamada de Jean Kaleda sobre los ataques contra los inmigrantes, pero para Pontieri y los demás presentes esa noche parecía haber ocurrido hacía una eternidad. Todo lo que ellos creían de su pueblo había cambiado de la noche a la mañana. Desde el principio, Pontieri se expresó en todo conciliatorio, pero la reunión vivió momentos de indignación y de tensión.

"Estamos aquí para ayudar y servir", dijo Pontieri, dependiendo, otra vez, de la traducción de Gilda Ramos. Agregó que los inmigrantes hispanos eran tan importantes para la comunidad como los miembros de su familia y como lo habían sido sus abuelos. Sus abuelos, enfatizó, habían llegado a Patchogue al igual que los ecuatorianos: con las manos vacías, pero en busca de una vida mejor.[16]

El inspector de la policía de la estación número cinco, Dennis Meehan, que fue transferido a otra estación poco después de esa reunión, dijo que quería "empezar ahora" a crear las posibilidades de un diálogo abierto con la comunidad, y animó a los allí presentes a reportar cualquier incidente de acoso o abuso a la policía.

En ese momento, un hombre que solamente hablaba español dijo que él había sido perseguido cerca de su casa y no por jóvenes, sino por oficiales en ropa de civil. Lo habían golpeado y había terminado con un brazo fracturado. Meehan parecía conocer el caso, pero regañó al hombre por haber traído el caso a la luz, a pesar de que minutos antes había abierto las puertas para que se hablara abiertamente de cualquier problema.

"Esta reunión no es el lugar para eso", dijo Meehan, truncando el diálogo.[17]

La reunión finalizó con algo de confusión. Por un lado, Pontieri había abierto los brazos a todos y asegurado: "somos una comunidad"; y por otro lado, el representante de la policía había dicho que se acercaran a la policía con las quejas, pero que no lo hicieran en público donde los medios de comunicación pudieran escucharlos.

Al día siguiente, seis de los siete adolescentes que habían atacado a Lucero fueron procesados en la corte criminal del condado de Suffolk. Fueron acusados de varios cargos de asalto y crímenes de odio, no solamente por la muerte de Lucero, sino también por otros ataques que, según la fiscalía, habían cometido contra hispanos, particularmente contra Héctor Sierra y Octavio Cordovo. El juez les impuso fianza a cinco de ellos de $250,000 en efectivo o $500,000 a través de una casa afianzadora. A Chris Overton le fue denegada la fianza dada su previa condena por robo en 2007 en East Patchogue.[18]

Los adolescentes fueron llevados ante el juez, uno por uno, donde esperaban sus padres y sus amigos del *high school*. La familia de Lucero y sus amigos también estuvieron presentes, y lloraron abiertamente mientras el fiscal presentaba la secuencia de eventos que culminaron con la muerte de Lucero.

El acusado número siete, Jeff Conroy, fue presentado ante la corte a la semana siguiente. La fianza le fue denegada. Fue acusado de asesinato en segundo grado y homicidio como crimen de odio. Conroy fue el único acusado de asesinato, dijo la fiscal, porque los otros adolescentes no supieron del acuchillamiento hasta que él se lo dijo. Los abogados de los otros seis acusados argumentaron que sus clientes habían sido injustamente acusados de un crimen que no habían cometido, e hicieron un gran esfuerzo en hacer notar que sus clientes no podían ser racistas porque tenían amigos de todos los colores y razas. Para tratar de probarlo, señalaron al grupo diverso de hombres y mujeres jóvenes que se encontraba en la sala.

Todos se declararon no culpables, pero en los ojos de la fiscalía, los medios de comunicación, los ecuatorianos de Patchogue y prácticamente todo el que estaba siguiendo los eventos, ya eran culpables. El fiscal de distrito del condado de Suffolk, Thomas, J. Spota, así lo dio a entender cuando habló en una conferencia de prensa después de la lectura de los cargos.

"Para ellos, era un juego. Estamos seguros de que existen otras víctimas", dijo.

Desde el principio, Bob Conroy dijo que era injusta la forma en que su hijo y sus amigos eran tratados por los medios de comunicación.

"Jeff fue condenado al ostracismo por la prensa", me dijo la primera vez que hablamos y todas las veces que nos vimos después. "Ha sido usado como la imagen de todo lo malo que existe en este país con relación a la inmigración. Toda la responsabilidad cayó en los adolescentes, en mi hijo".[19]

El 25 de noviembre, un grupo de activistas radicado en Manhattan llamado Latino Justice/PRLDEF le escribió una carta a la división de derechos civiles del Departamento de Justicia de Estados Unidos pidiéndole que abrieran una investigación del Departamento de Policía del condado de Suffolk que, según ellos había violado sistemáticamente los derechos de los latinos al ignorar los constantes ataques contra los hispanos por razones étnicas.[20] Ese mismo día, el comisionado de la policía de Suffolk, Richard Dormer, anunció que destituía de su cargo al jefe de la estación de policía número cinco, Salvatore Manno, y que el hispano Arístides Mojica los sustituiría en el puesto. Mojica, que había crecido en el sur del Bronx, el mayor de cinco hermanos de una familia puertorriqueña, se convirtió en el hispano de mayor rango del departamento.[21]

Durante una entrevista con *Newsday*, Mojica reconoció que se encontraba ante serios retos.

"No se puede suponer que es una anomalía", le dijo a *Newsday* refiriéndose al asesinato de Lucero. "No se puede suponer que nunca va a volver a suceder. No se puede suponer que esa conducta es propia de Patchogue". Prometió ganarse la confianza de los latinos en el área.[22]

El 3 de diciembre, el reverendo Wolter abrió las puertas de su iglesia en Main Street de Patchogue a todos los latinos que pensaran que habían sido víctimas de crímenes de odio para determinar cuántas víctimas anónimas y cuántos crímenes sin reportar existían. Los animó a que contaran sus historias. Fueron grabadas por un reportero de la estación pública de radio WSHU, afiliada con la cadena National Public Radio. Wolter invitó a los medios de comunicación. Por lo menos un periodista, el escritor de editoriales de *The New York Times*, Lawrence Downes, tuvo la opinión de que era algo de mal gusto. Lo llamó una "fiesta de culpabilidad" y preguntó si las personas entrevistadas sabían que estaban siendo grabadas. Downes citó a Pontieri, quien le dijo que la reunión debió haber tenido lugar en la biblioteca, el centro de congregación de los latinos de Patchogue, y sin periodistas; pero a Spota, el fiscal del distrito, le pareció productiva. Le dijo a Downes que él vio entre setenta y cinco y cien personas en la iglesia esperando para contar su historia, y que él esperaba poder obtener varios casos no reportados de asaltos.[23] Al final, dijo Wolter, cincuenta y tres personas dijeron haber sido víctimas de ataques o acoso en Patchogue y otras áreas cercanas. Aproximadamente una semana después, los fiscales se aparecieron en la iglesia con una citación para hacerse de las grabaciones, y se las llevaron todas. Wolter expresó sentirse aliviado.[24]

Con los ojos de los medios de comunicación puestos en ellos, los habitantes de Patchogue comenzaron a sentirse bajo asedio. Los periodistas, sencillamente, no se marchaban (tres diferentes grupos habían comenzado a filmar documentales desde casi el principio). Los latinos cobraron fuerza, pero también estaban asustados e indignados. Los no-latinos estaban a la defensiva, y también asustados e indignados. ¿Qué le había pasado a su pueblo y cuándo lo recuperarían? ¿Cuándo volverían las cosas a la normalidad? La culpabilidad y el *shock* tomaron muchas formas. El ejecutivo del condado, Steve Levy, en una declaración sorpresiva, se refirió a los atacantes de Lucero como "supremacistas blancos" sin ninguna evidencia que apoyara sus declaraciones, de la misma manera que antes había llamado "comunistas" a los defensores de la inmigración.

Michael Mostow, el superintendente del distrito escolar de Patchogue-Medford, dijo que el ataque era "una aberración" y le dijo a la prensa que no había problemas raciales o divisiones en el *high school* donde estudiaban los adolescentes;[25] pero Manuel J. Sanzone, hijo y nieto de inmigrantes italianos y director del *high school* de Patchogue-Medford, tomó precauciones. Movilizó a la escuela en un mini estado de sitio, lo que significó revisiones diarias de las mochilas de los estudiantes y personal extra de seguridad en los pasillos. Cuatro días después del asesinato, les habló a los estudiantes. "Les dije que la manera en que ellos manejaran esta situación y lo que aprendieran de ella formaría parte de su carácter", le explicó a un reportero de *The New York Times*, "y que incluso si sentían miedo por sus compañeros de clase que estuvieron involucrados, nunca deberían olvidar que ellos también habían sido víctimas".[26]

Aproximadamente cinco semanas después de la muerte de Lucero, una acalorada reunión de la junta escolar culminó en un enfrentamiento entre los padres y los miembros de la junta, que intercambiaron insultos a gritos. El tema en cuestión era el infame pasillo que albergaba las clases de ESL. Allí era donde se congregaban los estudiantes hispanos. Una estudiante que habló a favor de las clases fue abucheada y tuvo que dejar el escenario.[27] Los padres de los estudiantes blancos no-hispanos protestaron que después de la muerte de Lucero, el pasillo no era un lugar seguro para sus hijos, y que ellos, no los estudiantes latinos, eran ahora el blanco de acoso; pero Mostow y otros miembros del comité escolar dijeron que los propios estudiantes no habían protestado y le aseguraron a los padres que sus hijos no corrían peligro. En ese momento, un residente de North Patchogue, Bill Pearson, sugirió que una posible solución era eliminar las clases de ESL. Su sugerencia provocó una ola de ira, lo que dio lugar a un nuevo intercambio de insultos y a que Mostow lo llamara "racista". Pearson exigió una disculpa, a lo que Mostow contestó: "¡A ti, nunca, racista!". Pearson le dijo a un periodista de *Newsday* que pensaba contactar a un abogado.[28]

En uno de mis encuentros con Conroy, me mencionó que

su hija también tenía miedo de caminar por el pasillo "hispano".

Hubo vigilias a la luz de velas durante el invierno por Lucero y en apoyo a su familia, mientras Loja desapareció discretamente de la escena. Los periodistas querían hablar con él, pero él los rehuyó a todos.

Jack Eddington y otros organizaron un campeonato de fútbol al que invitaron a todos los grupos étnicos del condado. El equipo latino perdió el primer campeonato en 2009, pero el evento sirvió para establecer contacto entre los americanos y los inmigrantes, y el juego al aire libre fue reconfortante. Se promovió un taller de escritura como una forma de luchar contra el odio en la comunidad y acercar a las mujeres angloparlantes e hispanoparlantes que tuvieran historias que contar.[29] Un cineasta ecuatoriano de Long Island hizo un corto inspirado en el caso, *Taught to Hate (Enseñados a odiar)*, que fue presentado en la Expo Internacional de Cine de Long Island[30], y un estudiante de la universidad Stony Brook se ganó un premio de redacción por un análisis de los artículos sobre Lucero y sus asesinos que apareció en las publicaciones más importantes.[31]

Diane Berthold, una diseñadora local con un sinnúmero de problemas de salud, pero con la actitud de que siempre se puede hacer algo, creó un proyecto para hacer un enredón. Se unió a un grupo de otras mujeres que quisieron crear algo bello y permanente. Así nació el proyecto *The Healing Hands & Mending Hearts* (Manos que curan y corazones que remiendan), que, al final, creó tres diferentes enredones de tres diferentes grupos comunitarios. Los enredones fueron presentados en 2010 en el centro de la Legión Americana de Patchogue.[32] Más tarde fueron expuestas en el frente de una tienda en la avenida South Ocean, a un tiro de piedra de la esquina donde Jeff y los otros habían sido arrestados.

Se creó La Fundación Lucero, para unir a los latinos de Patchogue. La fundación se reunía mensualmente en una habitación sin calefacción en el segundo piso de un edificio en Main Street. Las escuelas comenzaron a ofrecer clases de español para adultos que querían aprender el idioma para comunicarse con sus vecinos; y el área donde le habían dado muerte a Lucero —en la intersección de la avenida Railroad, Funaro Court y la calle Sephton— fue optimistamente y prematuramente rebautizada como Unity Place (lugar de unidad), solamente dos meses después de que el Southern Poverty Law Center (Centro legal para la pobreza sureña), una influyente organización que aboga por los derechos civiles con base en Alabama, publicara un caustico informe titulado *Clima de miedo: Los inmigrantes latinos en el condado de Suffolk, N.Y.* El informe aseguraba que el asesinato de Lucero había sido el resultado de "la violencia, la intolerancia y el odio nativista" que se había recrudecido por años en el condado de Suffolk y culpaba, en particular, a los oficiales locales por fomentar semejante atmósfera, y a Steve Levy por restarle importancia al asesinato al llamarlo "noticia de un día".[33]

El informe también detallaba treinta y cinco ataques contra inmigrantes hispanos en el condado de Suffolk entre el primero de junio de 1999 y el ocho de noviembre de 2008. Solamente en 2008, por lo menos catorce inmigrantes, la mayoría ecuatorianos, habían sido atacados o acosados en Patchogue.[34] Sin embargo, muy pocos se habían atrevido a llamar a la policía por dos razones: porque les preocupaba que los deportaran y porque otros les habían dicho que la policía nunca había hecho nada porque los jóvenes eran menores de edad. Después de la muerte de Lucero, y hasta agosto de 2008, se reportaron otros siete ataques, dos de ellos en Patchogue. Las víctimas de estos dos últimos —dos hombres en un incidente y un hombre en el otro— le dijeron a la policía que habían sido atacados por adolescentes. Por lo menos algunos de los adolescentes les habían dicho a sus víctimas que ellos querían "matar a un hispano".[35]

El consulado de Ecuador en Nueva York les pidió a los inmigrantes que hablaran sobre los casos de abuso y acoso, y los reportes de crímenes de odio se elevaron cerca de un 30 por ciento en el condado. El consulado también creó un programa para ayudar a los ecuatorianos en el proceso de asimilación en los suburbios, enseñándoles, entre otras cosas, que no es legal arrojar basura a la calle o beber en público —el tipo de educación básica por la que Eddington había abogado por mucho tiempo.[36]

En Gualaceo, doña Rosario le dijo a los periodistas que a ella le gustaría viajar a Nueva York para encontrarse con los asaltantes de su hijo, no para mostrar odio —no sentía ninguno— sino para mostrarles que el hombre que ellos habían matado tenía una madre que lo quería mucho.

"Sólo quiero verles las caras. No quiero hacerles daño, pero quiero que vean que él tenía una madre que lo estaba esperando. Quiero que pongan sus manos en mi corazón y sientan el enorme daño que le han causado a esta familia", le dijo a *Newsday*.[37]

Margarita Espada, una dramaturga puertorriqueña, escribió la obra de teatro *¿Qué mató a Marcelo Lucero?*, que fue estrenada en 2009 en la universidad de Hofstra. Una docena de actores, muchos sin previa experiencia o entrenamiento, representaron eventos reales y personajes verdaderos involucrados en el asesinato, incluyendo políticos antiinmigrantes, jornaleros, familias blancas no-hispanas y familias hispanas. La mayor parte de los diálogos provenía de las noticias.[38] Fue puesta en escena en diferentes lugares de Long Island hasta que finalmente llegó a Patchogue en la primavera de 2011.

Había cerca de doscientas personas en el público, latinos y no latinos, jóvenes y viejos. La obra bilingüe era más conversación comunitaria que obra de arte. No tuvo final, y Espada dijo que lo había hecho a propósito, porque el final aún quedaba pendiente: era la responsabilidad de la gente del condado de Suffolk imaginar un final para una historia tan cruenta.

Bob Conroy se sentó en la sexta línea a la derecha del escenario. Estaba vestido con pantalones negros deportivos y un pulóver azul, un anorak rojo y una gorra negra que nunca se quitó. Masticaba chicle y observaba atentamente mientras los acontecimientos recientes se sucedían en el escenario. Un actor que representaba a un trabajador latino en bicicleta fue atacado con un bate por varios jóvenes. "¡Vete de vuelta a México!", le gritaron y le robaron la bicicleta. Un grupo de abusadores patearon a un niño y le vaciaron su bolsa de almuerzo. "Pensé que encontraría un burrito", dijo uno de ellos antes de desechar la bolsa.

Con la excepción de sus mandíbulas, que furiosamente masticaban el chicle, el señor Conroy no se movió. Al final, los actores se agruparon alrededor de un ataúd rodeado de banderas de todos los países de América Latina. Lo bajaron hasta el público, En ese momento, Espada los interrumpió. "¡Paren!", dijo dirigiéndose a los actores. "¿Podemos entablar un diálogo?".

Luis Valenzuela, activista defensor de los inmigrantes, habló primero y le recordó al público que durante el año desde que Lucero había sido asesinado, se habían presentado seis proyectos de ley antiinmigrantes en la legislatura. Un profesor universitario dijo que a partir de la muerte de Lucero había sentido miedo de ser latino por primera vez en su vida.

Otros también hablaron y entonces, Conroy pidió el micrófono. Todas las miradas se posaron en él y se hizo silencio. Era la primera vez que hablaba públicamente desde que su hijo había sido arrestado. Carraspeó.

"Siento mucho lo ocurrido, pero pienso que los problemas de la nación han recaído en los hombros de un joven de diecisiete años", dijo, repitiendo un tema que aparentemente incitaba su ira.

Luego, continuó hablando, de forma un poco desordenada, pero sincera.

"A los diecisiete años, no puedes beber y no puedes conducir solo. Salía con una chica hispana. Mi primera esposa es hispana. Esto me ha abierto los ojos. Ustedes (los actores) hicieron muy buen trabajo, pero con una excepción: no fue en el corazón", dijo, refiriéndose a la herida en el pecho de Lucero, que en realidad, había sido más cerca del hombro que del pecho. "Fue calificada como una herida no mortal que no fue atendida por cuarenta minutos".

Valenzuela interrumpió para decir: "Estoy de acuerdo con usted cien por ciento en que no fue solamente tu hijo. Este es un problema de la sociedad".

Conroy dijo que se quedó "lívido" cuando la prensa caracterizó a su hijo como el cabecilla del grupo. "Pudo haber sido el hijo de cualquiera de ustedes", le dijo al público que permaneció absorto ante sus palabras.

"Absolutamente", estuvo de acuerdo Valenzuela.

"Se deben conocer los hechos antes de juzgar a alguien", dijo Conroy antes de sentarse, ocho minutos después de haber tomado el micrófono.

Hubo unos cuantos aplausos, pero un hombre del público se levantó y le dijo a todos que no olvidaran que había una sola víctima en el ataque a Lucero, y que esa víctima no era Jeffrey Conroy, era Marcelo Lucero. Casi al final de la noche, el reverendo Wolter, que le había pedido al señor Conroy que participara del evento, dijo que estaba complacido. "Por primera vez en esta comunidad, todos tuvieron un puesto en la mesa", dijo.

Pero no todos estuvieron en la mesa esa noche. La familia de Lucero no asistió.

La noche del 16 de febrero de 2009, doña Rosario llegó a la ciudad de Nueva York para ver al hijo que le quedaba, Joselo, y para asistir a las vistas programadas antes del juicio de los adolescentes acusados de matar a su hijo. Era la primera vez que viajaba fuera de Ecuador.

Llegó al aeropuerto John F. Kennedy acompañada de su hija Isabel y de su nieto de tres años, Isaac. Temblando y llorosa, se abrazó a su hijo Joselo, que la esperaba con un ramo de rosas blancas y eucaliptos. Los dos que quedaron sin palabras por varios minutos, pero los periodistas que estaban cerca pudieron escuchar a Joselo susurrar entre lágrimas: "Mi mamá, mi mamá".

Joselo se quitó la chaqueta negra y la puso con delicadeza por sobre los hombros de su madre, pequeña y frágil. La familia abandonó el aeropuerto en un carro conducido por la sargento Lola Quesada, que en ese momento trabajaba como enlace con la comunidad latina y había ganado una relevancia enorme en la comunidad en los días inmediatos que le siguieron a la muerte de Lucero.[39]

Nueve meses después, en noviembre de 2009, doña Rosario regresó para recordar el primer aniversario de la muerte de su hijo en un servicio interreligioso en la iglesia St. Francis de Sales de Patchogue. Para sorpresa de todos, Steve Levy se acercó a la familia de Lucero en el primer banco y habló con ella en voz baja. Les dijo que sentía la pérdida de la familia y le dio las gracias a Joselo por hablar sobre su hermano. Disgustado por la presencia de Levy, Joselo solamente asentía la cabeza. Un fotógrafo de *Newsday* tomó una foto donde se veía a doña Rosario arropada con un abrigo de una talla grande, estrechando la mano de Levy. La oficial Quesada está entre ellos dos, aparentemente haciendo las veces de traductora. Joselo Lucero, mira hacia al frente, y tiene las manos enfundadas en los bolsillos de los pantalones.

Cuando le tocó hablar a Joselo, se dirigió directamente a Levy: "Usted tiene una segunda oportunidad para arreglar todo la malo que ha hecho ahora". Esta vez fue Levy quien mantuvo la vista fija hacia al frente.[40]

Después de la misa, el alcalde Pontieri les dijo a los periodistas que él había organizado la visita de Levy al servicio. Admitió que debió haber alertado a la familia de Lucero, pero dijo no haber pensado en ello.

Joselo estaba furioso.

"Siento que me tendieron una emboscada", dijo. "Hay personas con las que no quiero hablar".

Dos meses después, el juicio contra Jeffrey Conroy llegó al tribunal de la Corte Suprema de Nueva York del juez Robert W. Doyle en Riverhead, Long Island.

CAPÍTULO 10

JUICIO Y CASTIGO

La noche anterior, había sacado del armario su nuevo traje negro, el que había comprado especialmente para el juicio. Después de dieciocho meses de preparación, innumerables horas revisando documentos y fines de semana enteros pensando en estrategias y en la declaración inicial que haría ante el jurado, todo se reducía a una superstición: Megan O'Donnell, asistente de fiscal de distrito en el condado de Suffolk con doce años de experiencia, siempre se vestía de negro en el primer y el último día de un juicio. Pensaba que le traía buena suerte. Con el caso de Lucero, la necesitaba.[1]

En el caso de Lucero, había mucho más en juego que el destino de un hombre joven. ¿Qué mensaje le enviaría al mundo que en el condado de Suffolk, en Long Island, un grupo de muchachos había asesinado impunemente a un inmigrante indocumentado? Bajo la presión de los medios de comunicación, que seguían todos los detalles del juicio, a veces parecía que el mundo entero los estaba observando, lo que no era completamente cierto. En su mayoría, la cobertura era local, cerca de la mitad de los medios era en español, aunque periodistas de lugares tan distantes como Ámsterdam habían mostrado un interés momentáneo en la historia en los días posteriores al asesinato. Grupos de apoyo a los inmigrantes —locales y nacionales— además del gobierno federal, sin duda estaban prestando atención. El primero de septiembre de 2009, seis meses antes del primer día del juicio, la División de los Derechos Civiles del departamento de justicia de Estados Unidos y la oficina del abogado del distrito este de Nueva York habían iniciado una investigación conjunta del departamento de policía del condado de Suffolk. O'Donnell, por supuesto, sabía que el caso era el foco de atención. Algo que Jeffrey Conroy le había comentado a sus amigos justo después del incidente le daba vueltas en la cabeza: "¿Se imaginan si me salgo de estas?".[2] No veía a Jeff y a los otros seis como jóvenes que habían cometido un error. Su conducta había sido propia de una pandilla, pensó, y su trabajo era detener a las pandillas que aterrorizaban el área donde ella vivía y por el cual se sentía responsable.

Megan O'Donnell había nacido en Patchogue. Su padre, banquero, había emigrado a Estados Unidos de Canadá. Su madre, secretaria legal, era de Carolina del Norte. Cuando O'Donnell tenía siete años, la familia se mudó a Virginia. Se interesó en el derecho cuando en el octavo grado la maestra organizó un juicio simulado de la Guerra de Independencia. O'Donnell hizo el papel del abogado que representaba a los americanos. Perdió el caso, pero hasta el día de hoy, sigue pensando que debió haberlo ganado.

Comenzó la universidad en Virginia, pero a mitad de camino regresó a Nueva York, donde se graduó de ciencias políticas en la Universidad Stony Brook. Recibió el título de abogado de la Universidad Hofstra, también en Nueva York, en Long Island. Al principio, estaba indecisa sobre qué tipo de derecho quería ejercer después de graduarse, pero en el verano después del primer año de la carrera, una pasantía en la oficina del fiscal de distrito del condado la hizo decidirse por hacerse fiscal. O'Donnell se graduó en mayo, tomó el examen de oposición en agosto y comenzó a trabajar al siguiente mes en la corte del distrito del condado de Suffolk a cargo de casos de delitos menores.

Su primer juicio trató de una mujer que fue inapropiadamente manoseada en la cocina del restaurante donde trabajaba, pero O'Donnell rápidamente comenzó a trabajar en el departamento de crímenes graves, procesando delitos de robo, violación y asesinato. Después de tres años, fue asignada a la unidad de investigaciones especiales, procesando casos de violencia de pandillas y casos de uso de armas. La designación fue imprevista, pero se convirtió en su pasión, y permaneció en el departamento por siete años. Ella misma se describe como una persona centrada, organizada, metódica, analítica y determinada. En la universidad, comenzó a correr, lo que aún hace generalmente a las 5:00 a.m., cuatro veces a la semana.

Nadie se sorprendió cuando su jefe, el fiscal de distrito Thomas Spota, le asignó el caso de Jeffrey Conroy. En aquel momento, ella era una de los 185 asistentes del fiscal de distrito del condado, pero una de los solamente doce que podían llevar un caso de homicidio.

Cuando O'Donnell comenzó a estudiar el caso se dio cuenta que el problema más grande no sería probar la culpabilidad de Jeff. A pesar de que nadie, ni siquiera Ángel Loja, lo había visto apuñalar a Lucero, la evidencia y su propia confesión lo condenarían. La edad no era un problema, porque en el estado de Nueva York toda persona mayor de dieciséis años puede ser procesada como adulto. Jeff tenía diecisiete años cuando atacó a Lucero. Si podía existir alguna clemencia en el caso, tenía que venir del juez en el momento de la sentencia si Jeff fuera encontrado culpable, y no de la oficina del fiscal de distrito.

Tampoco había dudas sobre la naturaleza del crimen. Todos los jóvenes habían confesado haber atacado a Lucero y a Loja por su origen étnico. Durante las confesiones, los jóvenes no habían dicho por qué habían salido esa noche a atacar hombres hispanos, pero durante los interrogatorios con los fiscales y con los oficiales del departamento de libertad condicional habían revelado algún tipo de motivación. Sus declaraciones variaban, pero todos expresaron sentir miedo de que los inmigrantes les quitaran los trabajos a los ciudadanos americanos, asistieran a las escuelas y, por lo tanto, usaran el dinero de las personas que pagaban impuestos en programas para, por ejemplo, enseñar a las maestras a hablar español, y todo sin ellos pagar impuestos. Era algo que O'Donnell había escuchado antes. Su impresión era que los jóvenes reflejaban lo que pensaban sus padres y lo que escuchaban en casa a la hora de la cena.[3] En un reporte del incidente preparado antes de su arresto, se cita a Jeff diciendo que a pesar de que él no se considera un "blanco supremacista" y no pertenece a ese grupo, sigue las actividades de los blancos supremacistas en el Internet y tiene "pensamientos racistas" por "haber sido criado en una casa de padres racistas".[4] (El señor Conroy lo niega enérgicamente, y duda que su hijo haya dicho semejante cosa).

Para O'Donnell, entonces, el asunto radicaba en la intención. Si Jeff había tratado deliberadamente de matar a Lucero, debía ser acusado de asesinato, pero si su intención había sido lastimarlo, no obstante gravemente, los cargos serían de homicidio involuntario. La decisión no era de O'Donnell. La fiscalía presentó el caso ante un jurado de acusación.[5] Al final, el jurado de acusaciones presentó siete cargos contra Jeff. Los más serios, y por los que podría ser enviado a la cárcel de por vida, eran asesinato en segundo grado como crimen de odio (lo que significaba que le había causado la muerte a Lucero intencionalmente al acuchillarlo) y homicidio en primer grado como crimen de odio (lo que significaba que la intención pudo haber sido infligir lesiones serias a Lucero, pero le había causado la muerte al acuchillarlo). Los otros cargos fueron asalto en grupo en primer grado, conspiración en cuarto grado y tentativa de asalto en segundo grado como crimen de odio por los ataques a Héctor Sierra, a Ángel Loja y a Octavio Cordovo.[6]

Este era el caso más importante en la carrera de O'Donnell. Tenía treinta y siete años cuando le habían asignado el caso y treinta y nueve cuando, finalmente, había llegado a la corte el jueves, 18 de marzo de 2010. En el primer día del juicio *Ciudadanos del Estado de Nueva York vs. Jeffrey Conroy*, O'Donnell echó todo a un lado —la política, los medios de comunicación, la presión de grupos de apoyo— y utilizó toda su concentración y considerable energía en lo único que le interesaba: ganar.

La corte del juez Doyle estaba callada y a la expectativa cuando O'Donnell se levantó de su silla, detrás de una mesa de madera pulida frente al juez, y se dirigió a la corte y a los miembros del jurado —siete hombres, cinco mujeres y cuatro suplentes.

"Su señoría", comenzó, "presidente del jurado, abogados; el 8 de noviembre de 2008 se inició la caza". Y seguidamente, comenzó a describir con lujo de detalles cómo dos grupos diferentes de amigos, con vidas diferentes y planes diferentes, chocaron ese día en Funaro Court, cerca de la medianoche, con resultados funestos. "Siete adolescentes, uno de los cuales es el acusado, Jeffrey Conroy, recorrían las calles de Patchogue desenfrenadamente, con un solo propósito y solamente con el propósito de encontrar a personas hispanas para, al azar, atacarlas físicamente", dijo.

Los miembros del jurado estaban magnetizados. Sus expresiones faciales —de horror al escuchar la descripción del asesinato o de preocupación por la familia de Marcelo Lucero— no escaparon al ojo de águila del experimentado abogado de Jeff.

William Keahon, un ex fiscal de sesenta y cinco años, se presentaba siempre en la corte impecablemente vestido en trajes de colores neutrales o negros, perfectamente peinado, con el cabello plateado echado hacia atrás, con la cara roja de lo limpia y afeitado inmaculadamente. *The New York Times* lo describió como un "abogado litigante poderoso e impredecible", que en dos ocasiones le había pedido al juez Doyle que declarara nulo el juicio por razones técnicas y que durante la selección del jurado, había argumentado exitosamente que la tela oscura que cubría parte de la mesa de la defensa reflejaba una luz ominosa en su cliente. Se ofreció a llevar sus propias herramientas para quitarla, ya que estaba atornillada a la mesa. No tuvo que hacerlo. El mantel en cuestión ya no estaba al día siguiente.[7]

Keahon tenía fama de aceptar casos difíciles y con frecuencia obtener la exoneración de clientes acusados de crímenes horribles. Así es como lo describió *Newsday* en una publicación de 2007: "Después de todo, Keahon es el mismo hombre que ganó la primera exoneración de asesinato en primer grado en Suffolk, en 1997, incluso después que el acusado Gairy Chang había confesado el crimen. Keahon es el hombre que el año pasado mantuvo en vilo por siete días al jurado en el caso de Zachary Gibian después de presentar la improbable teoría de que la madre discapacitada de Gibian —y no Gibian, que finalmente fue declarado culpable— fue la que asesinó al padrastro de Gibian con una espada samurái mientras dormía". También fue el abogado de Evan Marshall, quien en 2007 se declaró culpable de descuartizar a una maestra jubilada y guardar la cabeza en el maletero de su carro.[8] Sin embargo, en la declaración inicial del caso de Jeff, Keahon no habló mucho sobre su cliente o sobre el caso. El nombre del cliente era diferente, por supuesto, pero su estrategia no parecía diferente a la de cualquier otro juicio. Más tarde se hizo evidente que había estado guardando el as de bastos para el final del juicio.

"Ustedes tuvieron la oportunidad de escuchar las persuasivas declaraciones iniciales de la fiscal de distrito", les dijo a los miembros del jurado, casi resignado a perder, "y mientras la señorita O'Donnell les hablaba y yo la escuchaba, observaba la reacción de cada uno de ustedes; y noté en algunas de sus caras un aceptación tácita de lo que ella les decía; prácticamente la aceptación de los hechos que ella les dijo que iba a probar, casi como si ya hubieran aceptado que los hechos hubieran sido probados".

Jeffrey Conroy había estado en la cárcel por dieciséis meses. En ese momento tenía diecinueve años, pero a pesar del traje negro que llevaba a la corte todos los días y el hecho de que sus manos eran esposadas al entrar y al salir de la corte, lucía aún como un adolescente hosco pero asustado, sin entender aparentemente la gravedad de su situación.

Aún no se había probado nada, pero Keahon sabía que en los ojos de la prensa, su cliente ya había sido condenado. En el momento en que comenzó el juicio, cuatro de los adolescentes se habían declarado culpables de asalto en grupo en primer grado y conspiración como crímenes de odio; otros dos harían lo mismo antes de que se acabara el año.[9] Muchos en Long Island, incluyendo varios posibles miembros del jurado, sabían los sórdidos detalles del crimen y de la terrible noche que concluyó con el asesinato.

El procesamiento de delitos como crímenes de odio se hizo posible en el estado de Nueva York después de que fuera aprobada por mayoría el Acta de crímenes de odio de 2000 en la legislatura, convirtiéndose en ley el 10 de julio de 2000. Así reza parte del acta:

La asamblea legislativa declara y determina lo siguiente: Los delitos criminales que involucran intimidación y destrucción de propiedad basados en parcialidad y prejuicios se han hecho más prevalentes en el estado de Nueva York en años recientes. La intolerable verdad es que en estos crímenes, comúnmente y justamente llamados "crímenes de odio", las víctimas son intencionalmente seleccionadas, completamente o en parte por su raza, color, nacionalidad de origen, ancestros, género, religión, prácticas religiosas, edad, discapacidad u orientación sexual. Los crímenes de odio hacen mucho más que amenazar la seguridad y el bienestar de todos los ciudadanos. Ellos infligen en sus víctimas incalculable daño físico y emocional y destruyen la estructura básica de la sociedad libre.

Los crímenes motivados por el odio hacia grupos particulares no sólo hacen daño a las víctimas individuales, sino que envían un fuerte mensaje de intolerancia y discriminación a todos los miembros del grupo al que pertenece la víctima. Los crímenes de odio pueden, y a veces logran, intimidar y convulsionar comunidades enteras y viciar el civismo, esencial en los procesos democráticos saludables. En una sociedad democrática, sus ciudadanos no tienen que aprobar las creencias y las prácticas de los otros miembros, pero nunca deben cometer delitos criminales basados en sus opiniones. La ley actual no reconoce adecuadamente el daño al orden público y a la seguridad del individuo que causan los crímenes de odio. Por lo tanto, nuestras leyes deben recrudecerse para proveer un reconocimiento claro de la gravedad de los delitos de odio y de la apremiante importancia de prevenir su recurrencia. En conformidad, la asamblea legislativa llega a la conclusión y declara que los crímenes de odio deben ser procesados y castigados con la severidad apropiada.[10]

Washington y Oregón fueron los primeros estados en promulgar la ley de crímenes de odio, en 1982. Hoy en día hay leyes que castigan los crímenes de odio en cuarenta y cinco estados y el Distrito de Columbia, aunque las leyes varían con relación a los grupos que protegen, el tipo de crimen que cubren y el castigo para aquellos que cometan los crímenes. Las excepciones son Arkansas, Georgia, Indiana, Carolina del Sur y Wyoming.[11]

De acuerdo con un reporte del Instituto Nacional de Justicia —la agencia de investigación, desarrollo y evaluación del Departamento de Justicia— el factor que motiva más crímenes de odio es la raza, seguido de la religión, la orientación sexual, el origen étnico y la discapacidad. Solamente el 11 por ciento de los crímenes de odio reportados son motivados por el origen étnico, mientras que el 61 por ciento de los casos son motivados por la raza.

Se puede asumir que la mayoría de los infractores probablemente no distinguen entre raza e identidad étnica. Parte del problema en definir un crimen de odio contra un hispano radica en que en Estados Unidos los términos "hispano" o "latino" —que generalmente se usan indistintamente— se han convertido en un asunto racial. Al asignarle el color "oscuro" a lo que en realidad es una entidad étnica de muchas tonalidades, ha hecho difícil distinguir entre identidad étnica y raza cuando se trata de los hispanos —una categoría del censo de Estados Unidos que define a un gran número de personas que pueden ser de cualquier raza y nacieron en América Latina o son descendientes de personas de la región. Esa categoría puede seleccionarse individualmente, es decir cualquier persona puede declararse hispana. Hay cincuenta y dos millones de hispanos en Estados Unidos, no todos inmigrantes, por supuesto, y el número se eleva a casi cincuenta y seis millones si se agregan los puertorriqueños, que son ciudadanos norteamericanos al nacer y lo que hace que los hispanos sean el grupo minoritario más grande del país.[12]

Entre ellos, hay cubanos negros, dominicanos blancos, judíos argentinos e indígenas y cristianos de El Salvador. Hay mexicanos americanos que han vivido en Texas por generaciones, se consideran hispanos y no hablan español. Hay negros recién llegados de Costa Rica, descendientes de jamaiquinos, para los que el inglés es su primer idioma. Y como parte de ese verdadero crisol, existen aquellos que no hablan español, sino lenguas indígenas como el mixteco, el náhuatl y el chinanteco. Y luego están los garífuna de Honduras, Guatemala y Nicaragua, que son descendientes de la gente de África Occidental, del Caribe y de Arawak. Ellos hablan su propia lengua además del español y pueden o no considerarse hispanos en el censo de Estados Unidos. Si uno de ellos es atacado por alguien hostil, ¿se vería como una acción motivada por la raza o por la identidad étnica o por su religión? Posiblemente dependa de los insultos dirigidos a la víctima durante el ataque. En el caso de Lucero, la identidad étnica fue la razón del ataque aunque sus asaltantes probablemente pensaron que "hispano" correspondía a la raza.

Donde las estadísticas se acercan al caso de Lucero es en lo que motiva a los infractores a cometer crímenes de odio. De acuerdo con el Departamento de Estadística Judicial, una dependencia del Departamento de Justicia, el 66 por ciento de los delitos son "motivados por la búsqueda de emociones fuertes". Esos son los llamados "amantes de la adrenalina". Solamente el uno por ciento piensa que está cumpliendo una misión —es decir, "está tan comprometido con la intolerancia que hace una carrera del odio".[13]

Durante años, el FBI ha mantenido récords detallados de los crímenes de odio reportados por la policía. El año en que fue asesinado Lucero, se reportaron 7,783 incidentes de crímenes de odio. De esos, el 51.3 por ciento fueron motivados por la raza y el 11.5 por razones étnicas o nacionalidad de origen; el 64 por ciento de los crímenes motivados por razones étnicas o nacionalidad de origen tenían a los hispanos como blanco. Los infractores fueron, mayormente, personas blancas (61.1 por ciento). La mayoría de los crímenes involucraron intimidación (48.8 por ciento), o sencillamente asalto (32.1), pero el 18.5 por ciento fueron asaltos a mano armada, donde siete personas resultaron asesinadas y once fueron violadas.

Una de las víctimas de 2008, por supuesto, fue Lucero, pero no fue la única ese año en New York. José Sucuzhañay, también de Ecuador, fue golpeado con una botella de cerveza y un bate de aluminio un mes después de la muerte de Lucero. El 7 de diciembre de 2008, Sucuzhañay, que había bebido en exceso, caminaba de regreso a su casa con su hermano, Romel, tomados del brazo, en Bushwick, Brooklyn. Keith Phoenix, de treinta años de edad, y Hakim Scott, de veintiséis, pensaron que el par era una pareja homosexual, y comenzaron a gritarles insultos homofóbicos y contra los hispanos. Scott le rompió una botella en la cabeza de José y persiguió a Romel por una cuadra con la botella rota en la mano mientras Phoenix atacaba a José con un bate, fracturándole el cráneo. Scott fue encontrado culpable de homicidio involuntario y asalto y condenado a treinta y siete años de cárcel. Phoenix fue encontrado culpable de asesinato en segundo grado y condenado de veinticinco años a cadena perpetua, y doce años adicionales por intento de asalto, ambos como crímenes de odio.[14] Unos meses antes de que el caso fuera llevado a la corte en Brooklyn, Jeffrey Conroy se convirtió en la primera persona procesada por homicidio como crimen de odio en el condado de Suffolk bajo la ley de delitos de odio del estado.

La selección del jurado en el caso de Jeffrey Conroy fue un proceso tedioso, pero un ejercicio fascinante para los interesados en los sentimientos del condado de Suffolk con relación a la inmigración. El juez demostró su propia ignorancia al referirse repetidamente como "español" a alguien "hispano", como si los cincuenta y seis millones de personas que se denominan hispanos pudieran reducirse a un idioma que muchos de ellos ya no hablan o nunca lo hicieron.

Quizás porque él usó el término, o quizás porque no conocían el término correcto, los posibles miembros del jurado usaban la misma palabra cuando el juez, con la intención de averiguar sus prejuicios, les hacía preguntas como: "¿Usted conoce a personas españolas?", o "¿Tiene usted amigos o miembros de la familia que son españoles?". Muchos dijeron que conocían a hispanos, y sus prejuicios a favor o en contra —la mayoría en contra— eran suficiente para eliminarlos como posibles miembros del jurado. Sus respuestas y comentarios al juez que los interrogaba resultaron ser una radiografía del país y expusieron los grandes miedos con los que viven algunos habitantes blancos de los suburbios de Estados Unidos.

"¿Por qué les está permitido testificar a los ilegales?", le preguntó al juez Doyle un potencial miembro de jurado. "¿Está bien en los ojos del gobierno?". Cuando el juez lo incitó aún más, dijo que él se cuestionaría la credibilidad del testigo que fuera inmigrante indocumentado "teniendo en cuenta que no es americano".[15]

Otro potencial miembro del jurado preguntó: "¿Si estas personas van a testificar, serán arrestadas después, dado que son ilegales?".[16]

Esos dos fueron eliminados rápidamente, y también una mujer joven que dijo que su padre tenía "una fuerte posición con relación a la inmigración ilegal". Cuando se le preguntó si eso podía interferir con su habilidad de ser justa, dijo que la opinión de su padre era también la opinión de ella.[17]

Un hombre le dijo al juez que inmigrantes ilegales habían robado en su casa dos veces mientras él dormía, lo que lo incapacitaba para ser imparcial en un juicio sobre el asesinato de un inmigrante indocumentado. Un hombre joven de Riverhead reveló que, como había crecido en un ambiente racista en Pensilvania, él no podía ser justo. Otro hombre, un chofer de autobús, dijo que él tampoco podía ser imparcial porque era miembro de un sindicato que estaba en contra de la falta de acción del gobierno federal sobre la inmigración, agregando que él se había ganado su trabajo y su salario "a la antigua": legalmente.[18] Otro hombre agregó que él había tenido muchas malas experiencias trabajando con inmigrantes en trabajos de jardinería. "No son honrados", le dijo al juez. Un electricista sindicalizado dijo que él objetaba que la gente trabajara sin documentos legales y sin pagar impuestos.[19]

Un periodista de The New York Times, Manny Fernández, escribió que la selección del jurado parecía "un *show* radial donde la gente llamaba para despotricar sobre la inmigración ilegal, los crímenes de odio, la identidad étnica y el sueño americano".[20]

Al final, tomó ocho días concluir la selección del jurado, después de haber eliminado a cuatrocientos personas, una tras otra. El 18 de marzo, la fiscal llamó a declarar a su primer testigo.[21]

Originalmente, el abogado de Jeff trató de atribuir la muerte de Lucero a la demora en llevarlo al hospital, que estaba apenas a tres millas de distancia. The New York Times le pidió a un patólogo forense no relacionado con el caso que examinara el reporte de la autopsia de Lucero. El patólogo describió la herida de Lucero como "no mortal si era atendida rápidamente".[22] Cuando el Times le dijo a Joselo lo que había dicho el patólogo, se quedó sin aliento. "No estamos hablando de 10 minutos", dijo. "Estamos hablando de 39 minutos. No tengo idea cómo explicarlo. Estamos hablando de la vida de una persona".[23]

La navaja usada en el asesinato fue mostrada por primera

vez durante el testimonio del oficial Michael Richardsen, el policía que había registrado a Jeff y no la había encontrado. Una foto grande de la navaja, con sangre en la hoja, fue mostrada al jurado. El mango era negro y curvo, y la hoja serrada.[24]

A pesar de que la defensa trató de demostrar que Jeff tenía un grupo leal y diverso de amigos, y que por lo tanto no podía albergar sentimientos mezquinos hacia ningún grupo de personas, algunos de los testimonios más dañinos los dieron sus mejores y más viejos amigos. El primero en testificar, Keith Brunjes, amigo de Jeff desde que tenía aproximadamente ocho años de edad, habló sobre un día en mayo de 2008 cuando los dos estaban viendo la serie "Oz" en HBO y decidieron imitar a los prisioneros del programa y hacerse tatuajes ellos mismos. Con tinta comprada en una tienda de manualidades y aguja e hilo, dijo Brunjes, él le tatuó a Jeff un rayo y una estrella primero, y aproximadamente seis semanas después, le hizo otro tatuaje: una esvástica de una pulgada en la parte superior del muslo derecho.

Brunjes dijo no saber por qué su amigo quiso marcarse de esa manera, pero también testificó que, aparentemente, Jeff comprendía las implicaciones. "Si alguna vez voy a la cárcel, estoy jodido", dijo Jeff, de acuerdo a Brunjes, después que este terminó de hacerle el tatuaje. Otra amiga, Alyssa Sprague, le dijo al jurado que cuando Jeff le mostró el tatuaje del rayo, ella pensó que era el logo de Gatorade, pero que Jeff la rectificó y le dijo que era símbolo del "poder blanco".[25]

El testimonio de Ángel Loja fue muy difícil de escuchar y le hizo mucho daño a Jeff. Sus palabras sumieron a la corte en un silencio más profundo que normal.

"Escuché cómo brotaba la sangre de mi amigo. Sonaba como agua de una llave", dijo, pero Keahon se concentró en el hecho de que Loja no había visto la navaja o el momento en que su amigo había sido apuñalado.[26]

Un médico forense jubilado, Stuart Dawson, le dijo al jurado que cuando la navaja penetró a Lucero —"la hoja completa, hasta la empuñadura"— había sido retorcida de alguna manera. La herida había sido justo por debajo de la clavícula, no un lugar terriblemente peligroso, pero la navaja había alcanzado una arteria y una vena. Repitió lo que otros ya habían dicho. La atención rápida le hubiera salvado la vida a Marcelo.[27]

Dawson dijo que Lucero no parecía haber sido golpeado repetidamente, lo que contradecía el testimonio de Loja. Además de la herida que le había causado la muerte, la única otra herida provenía del puñetazo que Kevin Shea había admitido haberle propinado en la boca. La autopsia de Lucero también reveló que tenía bajos niveles de cocaína y marihuana en el cuerpo y suficiente alcohol para estar "justo en los niveles de intoxicación o a punto de estarlo".[28]

Nicholas Hausch, el único miembro del grupo que sirvió como testigo de la fiscalía, presentó una imagen desoladora del "asalto a *beaners*". Así es como lo describió: "Es cuando sales en busca de hispanos para darles una paliza". Ante una corte abarrotada, Nick admitió que antes de atacar a Lucero, él y dos de sus amigos también habían ido a "asaltar *beaners*". Le habían dado puñetazos y patadas a un hombre hispano que montaba a bicicleta. Nick dijo que se había quedado con la gorra blanca del hombre porque era "como un trofeo".[29]

Nick también hizo un comentario que resultó un revés para la fiscalía. Después del apuñalamiento de Lucero, dijo haber escuchado a alguien decir "¿se imaginan si me salgo de estas?", algo que O'Donnell le adjudicaba a Jeff. Sin embargo, Nick dijo que no había sido Jeff el que lo había dicho y no sabía quién había sido.[30]

El momento más dramático y más inesperado del juicio ocurrió durante la cuarta semana, cuando Jeff subió al estrado a testificar en su propia defensa. Fue una estrategia inusual y arriesgada. El abogado de Jeff le dijo más tarde a los periodistas que, en sus veinticinco años como abogado defensor, había puesto a declarar a menos de diez de sus clientes.[31] La táctica puede cambiar el resultado del juicio. Si el acusado es agradable y creíble, puede inclinar a los miembros del jurado hacía un veredicto de no culpable, pero si los miembros del jurado no le creen al acusado, los resultados pueden ser desastrosos para la defensa.

Cuando Jeff se dispuso a prestar declaración, su destino estaba en sus manos. Toda la preparación y las vistas anteriores al juicio, las peticiones y las estrategias legales, se redujeron a los recuerdos y a la personalidad de un joven de diecinueve años, actuando bajo las circunstancias más estresantes de su vida.

Estaba sentado en el estrado y vestía camisa de cuello blanca sin corbata.[32] Comenzó el testimonio de manera sencilla, contestando a las preguntas de su abogado sobre su vida, su edad, con quién vivía y qué deportes practicaba. Entonces, el abogado comenzó a interrogarlo sobre la noche del 8 de noviembre, desde su visita a casa de Sprague hasta el momento en que la pelea con Lucero había terminado y cuando, según él, Chris Overton se le había acercado.

"¿Y qué te dijo él?", le preguntó Keahon.

"Me dijo, 'Jeff, creo que acabo de apuñalar al tipo en el hombro. No puedo estar metido en este tipo de líos. ¿Puedes coger la navaja? Solamente lo pinché, te juro que no está herido'. Y luego, después de eso, yo le pregunté: '¿Por qué no se pueden dar cuenta que hiciste esto?'. Me dijo: 'Porque ya te dije que estuve metido en un caso de asesinato y aún no me han sentenciado y me voy a joder si me agarran. ¿Puedes, por favor, coger tú el cuchillo?'. Entonces me dijo: 'Mira. Está hasta caminando'. Y cuando volteé para mirar, el hombre se alejaba caminando".

"¿Cogiste la navaja?".

"Sí".

"¿Qué hiciste con la navaja?".

"La tenía en la mano".

"¿Viste a Nicky Hausch?".

"Sí".

"¿Qué te dijo?".

"Me dijo: '¿Qué pasó?'".

"¿Y tú qué dijiste?".

"Le dije: 'Le di una cuchillada al hombre'".

Y así de sencillo, sereno, sin sonreír, mirando hacia adelante, Jeff le transfirió la culpa a Chris, un chico que había conocido la noche en que salieron a cazar hispanos.

Cuando le tocó su turno, O'Donnell, incrédula, le preguntó a Jeff cómo era posible que se echara la culpa del asesinato de Lucero para proteger a una persona que acababa de conocer.[33]

Su respuesta fue: "Me dio pena por él".

Jeff también dijo que se había juntado con sus amigos porque necesitaba que lo llevaran a casa de un amigo donde iba a pasar la noche y no porque tuviera la intención de salir a "asaltar *beaners*". Nunca había tocado a Lucero, a quien describió como el agresor en la confrontación, utilizando su cinturón como arma contra los adolescentes. Lucero "podría haberlo evitado", dijo. Con relación a la confesión que hizo la noche del asesinato, dijo haberle admitido a los detectives que él había acuchillado a Lucero. Sin embargo, explicó que los detectives también anotaron cosas que él nunca dijo, particularmente que él había admitido ser parte de un grupo que salía a cazar latinos para pelear.[34]

Mientras continuaba el testimonio de Jeff, que duró cerca de tres horas y media, podían escucharse quejidos y carcajadas en la sala.[35] "¿Puedes creer con lo que sale este muchacho?", dijo alguien lo suficientemente alto como para que lo oyeran algunas de los cientos de personas en la sala del juzgado,[36] entre ellos la madre de Lucero y su hermana, que habían viajado desde Ecuador para asistir al juicio ese día por primera vez, y su hermano, que estuvo presente todos los días. Doña Rosario estaba sentada, seria como siempre, con un insondable dolor. En la mano izquierda, sostenía un pañuelo de papel con el que se secaba los ojos. El fiscal de distrito del condado de Suffolk, Thomas J. Spota, se presentó en el juicio, algo que no sucedía frecuentemente. Cuando lo hacía, siempre se sentaba en la primera fila. Unas cuantas filas detrás de él estaba sentada Denise Overton.

Cuando le preguntaron después cómo se había sentido cuando escuchó las acusaciones contra Chris, Denise le dijo a los periodistas: "Es algo horrible, absolutamente horrible",[37] y agregó que Jeff era una persona "sin el menor remordimiento".[38] No era la primera vez que alguien culpaba a su hijo de un crimen.

Chris fue el único de los siete que atacaron a Lucero que había estado implicado en una muerte. La defensa de Jeff no fue nada original.

El 8 de mayo de 2007, exactamente dieciocho meses antes de que Lucero fuera asesinado, Christopher Overton se había unido a otros cuatros adolescentes para robar la casa de Carlton Shaw en East Patchogue, un inmigrante jamaicano de treinta y siete años, que tenía tres trabajos para mantener a su familia. Cuando Shaw se enfrentó a los ladrones, uno de ellos le disparó y lo mató. Su hijo de tres años fue más tarde encontrado sano y salvo, dormido sobre el pecho de su padre.

Terraine Slide, de dieciséis años en ese entonces, enfrentó cargos de asesinato en segundo grado. El primo de Slide, Levon Griffin, se declaró culpable del mismo cargo. Los otros tres, incluyendo a Chris, tenían catorce y quince años en aquel momento. Se declararon culpables de robo en primer grado y señalaron a Slide como el asesino.[39] Durante el juicio, el abogado de Slide argumentó que su cliente había sido coaccionado para que confesara a un crimen que no había cometido. Slide, el único de los acusados que fue procesado como un adulto, le echó la culpa a Chris de haber disparado y matado a Shaw.[40] El jurado no le creyó y lo declaró culpable. Sin embargo, la condena fue anulada por una corte de apelaciones del estado y los fiscales decidieron llevarlo a juicio de nuevo. En mayo de 2011, Slide se declaró culpable de homicidio en primer grado, en lugar de presentarse a juicio por segunda vez. Durante el interrogatorio en la corte, Slide mantuvo que Chris había llevado el revólver calibre .22 que había sido usado en el asalto en la casa de Shaw,[41] pero esta vez admitió que él lo había disparado.[42]

El 6 de septiembre de 2011, el juez Doyle, quien coincidentemente también presidió el juicio de Slide, los sentenció a veinticinco años de prisión.[43]

Los miembros del jurado tampoco le creyeron a Jeff.

El 19 de abril de 2010, a las 11:00 a. m. después de cuatros días de deliberaciones, el jurado leyó el veredicto: Jeff fue declarado inocente del cargo más grave —asesinato en segundo grado—, pero fue declarado culpable de homicidio involuntario como crimen de odio y de asalto en grupo en el ataque de Lucero, así como de intento de asalto en el caso de otros tres hombres hispanos. El veredicto significó que los miembros del jurado no pensaron que Jeff había tenido la intención de matar a Lucero, sólo de agredirlo.[44]

Jeff escuchó el veredicto de pie junto a su abogado.[45] Keahon le puso una mano en la espalda y lo sintió temblar.[46] Cuando los miembros del jurado se retiraron, Jeff, finalmente, se sentó y bajó la cabeza. Antes de que le pusieran las esposas y los oficiales se lo llevaran de la sala, Jeff Conroy volteó en dirección de sus padres y les dio una mirada con la intención, aparentemente, de infundirles ánimo.[47] Sus padres estaban sentados en silencio, pero cuando salieron, el señor Conroy comenzó a llorar, cubriéndose la cara con una mano, mientras su esposa, que había estado en el juicio esporádicamente y testificado por diez minutos a favor de su hijo, permaneció impávida.[48]

La familia de Lucero llegó a la corte después de que el veredicto había sido dictado, pero a tiempo para que Joselo felicitara a la fiscalía, y les dijera que su trabajo le había devuelto la fe en el sistema de justicia de Estados Unidos.

Steve Levy, que se había cambiado al partido republicano para poder presentarse a la candidatura de gobernador, describió el ataque de Lucero como "un acto atroz y reprensible". En una declaración emitida inmediatamente después del juicio, pareció instar al juez para que dictara una sentencia severa. "Espero que la sentencia refleje apropiadamente el odio ciego y brutal que se puso de manifiesto la noche del asesinato", leía la declaración.[49]

No todo el mundo estuvo contento con el veredicto. Allan Ramírez, el pastor de Long Island que estuvo al lado de la familia Lucero, protegiéndolos, dijo que el veredicto significaba que "nuestras vidas no valen mucho".[50]

Las cámaras siguieron a la familia Lucero desde la corte hasta Funaro Court en Patchogue, donde la sangre de Lucero había dejado un sinuoso rastro de 370 pies de largo.[51]

Alguien había colocado tulipanes rojos y amarillos en el lugar donde Lucero había caído. El pavimento estaba regado con basura y juguetes por dondequiera, entre ellos una piscina plástica azul junto a una lata de té de marca Arizona; varios ventiladores, una computadora vieja, lámparas rotas y un acondicionador. Unas plantas medio secas trataban de sobrevivir junto a una cerca oxidada de metal. Doce cámaras de televisión captaron la escena mientras la familia recibía abrazos y besos de amigos y simpatizantes.

Delante de todos, en la acera, doña Rosario habló sobre el perdón. Su hijo Joselo una vez más se puso ante las cámaras para abogar por la memoria de su hermano.

"Este es el lugar donde mi hermano cambió las leyes del juego", dijo, refiriéndose al hecho mencionado con frecuencia de que Lucero se había defendido. "Él se defendió. Quería que lo trataran como un ser humano".

Joselo parecía tener sentimientos encontrados, pero proféticos, sobre Patchogue y los crímenes de odio. En la corte, le dijo a los periodistas: "El tiempo de caza ha terminado, por lo menos por ahora"; pero más tarde, después de rezar calladamente en el lugar donde su hermano había sido asesinado, pareció cambiar de idea. El odio, dijo, "siempre está buscando otro lugar donde posarse".[52]

EPÍLOGO

El tiempo de caza no había terminado. Como predijo Lucero, el odio se mudó a otro lugar. El 18 de diciembre de 2009, trece meses después de que Lucero fuera asesinado, *The New York Times* citó las palabras de Thomas E. Perez, jefe de la división de derechos civiles del Departamento de Justicia, que había dicho que el departamento había investigado más casos de crímenes de odio en ese año que en ningún otro año desde 2001. En 2009, se reportaron veinticinco casos, dos casos más que en el año anterior, lo cual no reflejaba necesariamente un aumento en ese tipo de crimen, sino el cambio de actitud de los fiscales a la hora de procesarlos. Después del descenso en procesamientos de crímenes de odio durante la administración de George W. Bush, Perez anunció que la división de los derechos civiles del Departamento de Justicia estaba "lista para la faena".[1]

En 2011, el Departamento de Estadísticas Judiciales emitió un informe de crímenes de odio reportados por ciudadanos entre los años 2003 y 2009. Prácticamente, noventa por ciento de los crímenes de ese periodo "se percibieron como crímenes motivados por problemas raciales, prejuicios étnicos o ambos" y el 87 por ciento de los crímenes involucraba la violencia. Solamente en 2009, "un estimado de 148,400 crímenes de odio fueron reportados al *National Crime Victimization Survey* (Encuesta nacional de víctimas de crímenes), incluyendo ocho homicidios. Sin embargo, sólo el 45 por ciento del total de crímenes fue reportado a la policía; el 19 por ciento de las personas que dijeron no haber llamado a la policía explicaron que ellos decidieron callar porque la policía "no podía, o no haría nada para ayudarlos".[2]

Poco después de la muerte de Lucero, la agencia de noticias *Associated Press* reportó que había habido un aumento en los crímenes de odio desde que Barack Obama había sido elegido presidente.[3] En ese caso, Lucero puede haber sido la primera víctima de ese aumento, apenas cuatro días después de las elecciones. Sin embargo, no existe ninguna indicación que la elección de Obama tenga relación alguna con el ataque a Lucero y a Loja. Los atacaron porque eran vulnerables, porque los adolescentes involucrados debieron pensar que todos los hispanos que había en Patchogue-Medford eran mexicanos, y por lo tanto, ilegales. El supuesto estatus migratorio de esos hombres de alguna forma los hacía menos humanos a los ojos de los adolescentes.

Muchos expresaron sorpresa cuando supieron del crimen, y de que uno de los adolescentes —José Pacheco— fuera negro e hispano, no sólo porque era amigo de Jeff Conroy y de los otros jóvenes blancos del grupo, sino porque él también había participado en los repetidos ataques contra los inmigrantes. ¿Cómo es posible que le hiciera eso a su propia gente?, me preguntaron repetidamente. Los estudiosos de la naturaleza de los prejuicios humanos saben que se puede ser ambas cosas, minoría racial o étnica y racista. "Es una dualidad común", escribió Touré, el autor de *Who's Afraid of Post-Blackness?* en una columna de la revista *Time*. "Humanizamos a aquellos que conocemos, pero la verdadera prueba es, ¿podemos extender esa humanidad a aquellos que no conocemos?".[4]

Sólo tres de los adolescentes hablaron con los periodistas después de su arresto: Jeffrey Conroy, José Pacheco y, brevemente, Nicholas Hausch.

Se dice que Jeff se mostró "reflexivo", "arrepentido", "humilde" y "esperanzado" cuando habló con el periodista de *The New York Times* Manny Fernández mientras esperaba la sentencia en la cárcel del condado de Suffolk, en Riverhead. Durante la hora que duró la entrevista, habló de "su amor y su preocupación por su familia" y del futuro que aún tiene la esperanza de vivir con Pamela Suárez, su novia de tanto en tanto, desde la escuela secundaria.[5]

"No soy nada como me describen los periódicos", dijo. "No soy un supremacista blanco y nada que se le parezca. No soy el racista que todos piensan que soy".

Le contó una anécdota que nadie había escuchado hasta ese momento: Cuando estaba en el primer año de *high school*, en octubre de 2007, se había enfrentado a dos hombres blancos en la entrada de una tienda que querían robarle la bicicleta a un hombre hispano, posiblemente un jornalero. Con relación a la esvástica que se había tatuado en el muslo dijo "no significa nada para mí".

Un año después del ataque, desde el otro lado de la partición de plexiglás y vestido con el uniforme verde de la prisión, José le dijo a Sumathi Reddy, un periodista de *Newsday*, que él "no tenía nada que ver con el crimen", y alegó que estaba en el carro con ellos esa noche porque necesitaba que lo llevaran a su casa.[6] Por su participación en el ataque, había sido amenazado en la cárcel por bandas de latinos. Algunos lo habían escupido. Dijo que se pasaba los días leyendo los libros que su madre le llevaba y tratando de aprender japonés. Jugaba baloncesto, asistía a un grupo de oraciones y llamaba a su madre todos los días.

"Soy inocente. Quiero que la gente sepa que soy una buena persona. No soy un monstruo", dijo.

Nick le dijo a Andrew Strickler durante una breve entrevista cuando estaba en libertad bajo fianza que si pudiera revivir todo de nuevo, "no saldría" la noche del ataque.[7]

Kevin no ha hablado con los periodistas, pero su padre, en respuesta a mi petición de una entrevista, me envió una carta en marzo de 2010 donde decía que a su hijo le gustaría verse conmigo. "A él le gustaría que usted viera cómo ha madurado y lo que ha aprendido de sus errores", decía la carta de Thomas Shea, padre. "Quiero que sepa que yo quiero a mi hijo y que trato de verlo tantas veces como sea posible", continuó. "Nos es imposible encontrar una respuesta para lo que sucedió, cómo sucedió y lo que nos llevó a esta tragedia, pero quisiéramos demostrar que esa conducta no es propia de Kevin".[8]

A pesar de mi insistencia en tratar de comunicarme con los dos, nunca más supe de ellos.

Después de que todos los asaltantes fueron enviados a la cárcel, —Jordan Dasch, José Pacheco y Anthony Hartford fueron condenados a siete años, Christopher Overton a seis, Kevin Shea a ocho y Nicholas Hausch a cinco— la familia Lucero presentó dos demandas judiciales, una contra los adolescentes y sus padres y otra contra el condado, el pueblo y la policía. Esta última fue desestimada por un detalle técnico y ha sido apelada, pero la demanda contra las familias está pendiente en la corte suprema del condado de Suffolk. En la demanda, la familia de Marcelo Lucero acusa a los padres de los adolescentes de no supervisar adecuadamente la "condición peligrosa y deficiente" de sus hijos, que es descrita en el documento como una conducta "propensa al vicio, violenta, antisocial, criminal y agresiva".[9]

El 6 de noviembre de 2012, cuatro años después de la muerte de Lucero, el presidente Obama fue reelecto con el apoyo mayoritario de la comunidad hispana, que castigó a los republicanos por, entre otras cosas, su arremetida contra los inmigrantes indocumentados y su renuncia a pasar una ley con el fin de legalizarlos. A pesar de que no todos los 11.1 millones de inmigrantes indocumentados en el país son hispanos, la mayoría, un 59 por ciento, son mexicanos que viven a lo largo y ancho del país, pero se concentran en los estados de Nevada, California y Texas. En 2010, representaban el 5.2 por ciento de la fuerza laboral de Estados Unidos.[10]

Apenas cinco meses antes de las elecciones, en una maniobra que fue interpretada ampliamente por comentaristas políticos y analistas como parte de una estrategia para atraer el voto latino, el presidente Obama firmó una orden presidencial para aplazar la deportación de inmigrantes indocumentados jóvenes que habían sido traídos al país ilegalmente cuando eran niños. La táctica dio resultado. Los latinos fueron a las urnas en masa —se registró el voto de 11.2 millones de latinos— y ayudaron a poner a Obama en La Casa Blanca por otros cuatro años.[11] Inmediatamente después, el presidente prometió que la reforma migratoria sería una prioridad.

En un programa que comenzó así: "El gigante dormido se ha despertado", CNN reportó que los latinos, que habían sido el 10 por ciento del electorado por primera vez, habían ayudado a Obama a ganar las elecciones en los estados clave de Nuevo México, Colorado, Nevada, Florida y Virginia. "Los latinos, el grupo minoritario de más rápido crecimiento y el 16% de la población nacional, hizo presencia en la noche de las elecciones y votó por el presidente Barack Obama, que logró el 71% de los votos, a diferencia de su oponente, Mitt Romney, con el 27%, el porcentaje más bajo recibido por un candidato republicano en las tres últimas elecciones".[12]

El 8 de noviembre de 2012, el *Wall Street Journal* publicó un editorial posterior a las elecciones con el titular en español: "¡Estimados Republicanos!". El titular —el primero en español que he visto en ese periódico— era llamativo. El contenido del artículo era aún más provocativo. El periódico, conservador y abanderado de los negocios, reprendió a los republicanos por la "actitud antagonista que el GOP (Partido Republicano) mostraba con frecuencia hacia el grupo demográfico de mayor crecimiento en Estados Unidos". Calificó al antagonismo como "innecesario", porque los inmigrantes —con documentos o no— eran "votantes naturales del GOP" por su creencia en el trabajo y su cultura conservadora.[13]

Un mes después de las elecciones, líderes latinos nacionales, envalentonados por su demostración de poder el día de las elecciones, dijeron que ellos iban a "llevar un récord" del debate sobre emigración que se esperaba tuviera lugar en 2013, de manera que ellos pudieran movilizar a los votantes hispanos contra aquellos que no apoyaran "una reforma migratoria", una frase clave para la ley que les permitiría a los inmigrantes indocumentados permanecer legalmente en el país y les ofreciera la posibilidad de obtener la ciudadanía.[14]

El 17 de abril, un grupo bipartidista de ocho senadores presentó un extenso proyecto de ley que el presidente Obama caracterizó como "consistente en gran medida" con sus principios, pero que desató la ira de los oponentes, que comenzaron a discutir públicamente estrategias para anularlo. Una de las razones es el miedo dentro de las filas conservadoras de que facilitar la ciudadanía pueda atraer a un mayor número de inmigrantes ilegales. El proyecto de ley fue aprobado en el Senado a finales de junio del 2013. Hasta el día de hoy, más de un año después, la Cámara de Representantes no ha aprobado un proyecto de ley similar.[15]

Hace dos años, uno de mis hijos le escribió una carta al vicepresidente Joe Biden como parte de un proyecto escolar. Biden le respondió, o firmó la carta que alguien escribió por él, contestando la pregunta de mi hijo sobre los inmigrantes indocumentados, enfatizando el hecho de que eran ilegales y haciendo recaer la solución de sus problemas en los mismos inmigrantes. "Esta administración está trabajando para proteger nuestras fronteras en los puertos de entrada con personal, infraestructura y tecnología adicionales", escribió en la carta con fecha diciembre 20 de 2012. "El Acta de Recuperación dispuso de un fondo de $400 millones para llevarlo a cabo. A la misma vez que el fortalecimiento del control de fronteras es un pilar importante de la reforma, también estamos eliminando incentivos para la entrada ilegal en Estados Unidos y para prevenir que los empleadores contraten a trabajadores indocumentados. La aplicación de estas medidas no es la única solución. Debemos también lograr que los trabajadores indocumentados con buena conducta salgan de las sombras y tomen una vía responsable hacia la obtención de la ciudadanía".

El gobierno de Obama ha batido el récord de deportaciones de inmigrantes indocumentados — 2 millones hasta la fecha, promediando más al mes que los deportados por George W. Bush durante sus ocho años de presidencia.[16] Las fronteras nunca han estado más seguras. En el 2012, el presupuesto de la Oficina de Aduanas y Protección Fronteriza alcanzó los $11.7 mil millones, 64 por ciento más que en 2006, cuando los republicanos estaban en La Casa Blanca. En el 2013, existen 651 millas de muro, 21,444 agentes y nueve *drones* que protegen la frontera entre Estados Unidos y México.[17]

La protección desplegada ha dado resultados y puede, de alguna manera, resultar innecesaria, porque la inmigración de México ha declinado. Un reporte del Centro de investigaciones Pew de abril de 2012, reveló que "la ola de inmigrantes más grande de la historia de un solo país (México) a Estados Unidos se ha detenido. Después de cuatro décadas que resultaron en los 12 millones de inmigrantes actuales —la mayoría ilegal— el flujo neto producto de la migración de México a Estados Unidos se ha detenido y posiblemente se ha invertido". Los investigadores explicaron que el declive fue el resultado de muchos factores, incluyendo la debilitación de la economía de

Estados Unidos, mejores condiciones económicas en México (junto a la reducción en la tasa de natalidad en ese país) y la percepción —basada en la realidad— de los peligros de cruzar la frontera por la alta seguridad, los riesgos de deportación y las amenazas del crimen organizado.[18]

En Patchogue, la gente dice que las cosas han cambiado, que los inmigrantes ya no le temen a la policía o a los adolescentes que solían acosarlos. Ya no existe el tiempo de caza de hispanos, dicen, pero todo es basado en observaciones, y muy inconsistentes.

Después de años sin reportes de ataques, un hombre hispano fue asaltado y robado en abril de 2013 en Patchogue. En las semanas siguientes y hasta el 14 de mayo, cuando *Newsday* publicó la historia, hubo otros ataques en East Patchogue.[19] El alcalde Pontieri dijo que los incidentes aparentaban ser crímenes de oportunidad, no de odio, y que él se sentía mejor por el hecho de que esa vez, él fue el primero es saberlo. "El hecho de que hayan venido a mí primero significa que hemos progresado. Ahora hay más confianza", me dijo.[20]

Julio Espinoza dice que él no nota el racismo, pero él nunca lo llegó a notar. Es un hombre muy ocupado que durante el día va de una tienda a otra —el negocio ha crecido tanto que prácticamente emplea a todos los miembros de la familia— y conversa con sus amigos y clientes, que aún se acercan para pedirle consejos. La inseguridad que sintió después de la muerte de Lucero ha sido reemplazada por la complacencia que genera el hecho de que su vida no ha sido perturbada por los hechos. Sus hijos están bien y progresan cada día, y el más pequeño se graduó del mismo *high school* al que asistieron Jeffrey Conroy y sus amigos, y que dividió a la comunidad con sus dos áreas separadas para inmigrantes y americanos.

Ángel Loja, que prácticamente desapareció después de testificar en el juicio y se negó a hablar con la prensa, respira profundo cuando le preguntan si las cosas han cambiado. Cada vez que le pregunto me dice: "¡Ay, señora!", como si estuviera hablándole a un niño inocente que no puede comprender el mundo. El racismo está extendido en todo Patchogue, dice Loja, que se mudó del pueblo y encontró un trabajo manejando un autobús escolar. Tiene una relación estable, y parece menos triste que cuando lo conocí en 2011; pero continúa descontento con los políticos en Patchogue y en el estado, y la forma en que él sabe que algunos lo miran por el color de su piel y sus ojos rasgados. La última vez que lo vi estaba tratando de reunir $1,500 para pagar por los trámites de la residencia.

El 13 de septiembre de 2011, el Departamento de Justicia publicó algunas críticas preliminares antes de concluir su investigación del Departamento de Policía del condado de Suffolk.[21] Entre otras cosas, el documento de veintiocho páginas señalaba la falta de seguimiento de los reportes de discriminación, además de reportes inconsistentes y falta de seguimiento de los delitos de odio. También criticaba al departamento de policía por hacer indagaciones sobre el estatus migratorio de los detenidos durante las investigaciones y mencionó la barrera lingüística como posible obstáculo para la relación con la comunidad hispana. Además, el documento culpó a la policía por ignorar claras señales de violencia antes del asesinato de Lucero. El departamento de Justicia declaró que "la tendencia a restarle importancia a los ataques, alegando que 'eran niños, haciendo cosas de niños', impidió que se reconociera la seriedad de la conducta criminal que podían observar los menores", agregando que "la conducta inducida por el prejuicio, incluso si no llega al nivel de un crimen de odio, puede ser significativa y debe prestársele atención. De no controlarse, puede dar lugar a serios crímenes, como evidencian los eventos que precedieron a la muerte de Marcelo Lucero".[22]

Cuando se difundió el documento, ya habían tenido lugar algunos cambios en el condado de Suffolk. Lola Quesada, la oficial que frecuentemente estuvo al lado de la familia de Lucero, había sido promovida a una posición recién creada: asistente especial del comisionado de la policía para asuntos de las minorías. Como tal, dejó de vestir el uniforme y se convirtió en una oficial a cargo de las relaciones comunitarias con la comunidad latina, a tiempo completo. Entre otras cosas, imparte clases a los nuevos integrantes de lo que ella llama "español para sobrevivir la calle" en la academia de policía. El informe elogió el trabajo de Lola y también el hecho de que otros oficiales de la policía se han animado a aprender español para poder relacionarse con la comunidad hispana.[23] En 2011, Quesada fue promovida a detective de la unidad de crímenes de odio.

Varias señales positivas fueron visibles en el condado de Patchogue. El alcalde Pontieri, que nunca había visitado la Calabria natal de sus padres y que raramente salía de Patchogue, viajó a Gualaceo en el verano de 2010 a invitación del alcalde de Gualaceo, Marco Tapia. La visita de cuatro días fue algo informal y generó mucha publicidad para el alcalde, que les dijo a los reporteros que estaba en una misión "de buena voluntad". La familia de Lucero, aún afectada por la decisión de Pontieri de invitar a Steve Levy al homenaje a Lucero un año después de su muerte, se negó a recibirlo, pero Pontieri se reunió con oficiales locales, bailó con gualaceñas y dio un breve discurso donde aseguró que no quería concentrarse en el pasado sino mirar hacia el futuro. Como siempre, estableció una conexión al hacer mención de sus raíces de inmigrante: "Cuando el embajador de Ecuador visitó Patchogue, después de la tragedia de Marcelo Lucero, le mostré una foto de mi abuelo y de los hombres que trabajaban para él... Hombres jóvenes y fuertes con palas, que estaban construyendo las calles de Patchogue. Aún tenemos hombres fuertes con palas construyendo edificios, con la diferencia de que no son de Italia. Hoy, ¡la mayoría es de Ecuador!".[24]

Recibió atronadores aplausos. Habilidosamente, como había aprendido a hacer, evadió el tema de la inmigración, repitiendo su mantra: ese era un tema muy por encima de su rango. Su trabajo en Patchogue consistía en salvaguardar la seguridad y la prosperidad de todos sus residentes, sin importar el estatus migratorio o la nacionalidad. Esa posición sobre la seguridad y de mirar hacia adelante le ha servido de mucho. Pontieri ha viajado por varias ciudades de Estados Unidos llevando el mensaje de tolerancia e integración, ha escrito sobre sus experiencias en Patchogue y ha sido la estrella indiscutible de un documental de PBS sobre el caso de Lucero titulado *Not in Our Town: Light in the Darkness* (En nuestro pueblo, no: Una luz en la oscuridad), que salió al aire en el otoño de 2011.

Después del caso de Lucero, Pontieri y Quesada no fueron los únicos que recibieron elogios y promociones o ambas cosas. Megan O'Donnell, la fiscal, fue promovida a asistenta del fiscal de distrito y a principios de 2013, dejó ese puesto para trabajar en la oficina del abogado del condado de Suffolk, encargada de los asuntos civiles del condado ante la corte federal. La biblioteca de Patchogue-Medford recibió una medalla —*2010 National Medal for Museum and Library Service*— de manos de la primera dama, Michelle Obama, durante una ceremonia que tuvo lugar en La Casa Blanca el 17 de diciembre de 2010. La medalla es el más alto honor conferido a museos y bibliotecas por servicios excepcionales prestados a la comunidad; en este caso la biblioteca fue condecorada por su continuo trabajo con los inmigrantes.

Tres meses después, Gilda Ramos recibió el galardón de bibliotecaria asistente del año, concedida por la publicación *Library Journal*. Gilda y Jean Kaleda han sido reconocidas como las personas que iniciaron el allegamiento a los hispanos de la comunidad y las que lograron que la biblioteca fuera reconocida nacionalmente. La biblioteca ha llegado a ser una institución indispensable para los ecuatorianos del condado de Suffolk, un cambio increíble que pone en evidencia la tenacidad y la bondad de Kaleda. Ella también visitó Gualaceo. Viajó por Azuay en marzo de 2011 por diez días. Cuando le pregunté por qué había visitado Gualaceo, me respondió: "¡Porque ellos son mis usuarios! Yo necesito conocer el lugar de donde vienen", pero, por supuesto, hay mucho más detrás de ello.[25]

A nivel nacional, los inmigrantes también están siendo reconocidos, aunque de manera tardía, y aceptados por ciertas comunidades. Los votantes en California en la pasada generación aprobaron una iniciativa para mantener a los inmigrantes indocumentados fuera de los hospitales públicos y las escuelas; pero hoy, según un artículo de *The New York Times* de febrero de 2013, "un mayor número de residentes de California piensa que los inmigrantes son un beneficio para el estado".[26] En Arizona, donde una vez los estudios étnicos mexicanos fueron prohibidos, un juez federal ha ordenado que los cursos que reflejen la historia, la experiencia y la cultura de los mexicanos americanos puedan ser impartidos en las aulas.[27]

Un estudio de octubre 2011 del Instituto de Política Fiscal, una organización sin fines de lucro de Nueva York, encontró que los inmigrantes, independientemente de su estatus legal, realizan una contribución importante en la economía de Long Island y que son un grupo relativamente próspero, con un ingreso promedio por familia, con por lo menos un inmigrante adulto en ella, de $98,000 en comparación con el ingreso de $110,000 en familias encabezadas por adultos nacidos en Estados Unidos. El reporte reflejó que en los condados de Nassau y Suffolk, dos de los condados más pudientes, los inmigrantes representan el 16 por ciento de la población y contribuyen con su trabajo, con cerca del 17 por ciento de la economía.[28] En una entrevista con *The New York Times* sobre el estudio, Steve Levy, el ejecutivo del condado de Suffolk, sostuvo que el estudio estuvo hecho por grupos izquierdistas que no habían hecho una distinción entre inmigrantes documentados e indocumentados. "Nadie niega que la inmigración contribuye a nuestra cultura y a nuestra economía", el *Times* citó a Levy. "Aparentemente, en este estudio se tomó información selectiva y se omitió el gasto que se incurre en servicios relacionados con la población ilegal".[29]

Una vez más, Levy estaba equivocado. A pesar de que los economistas están de acuerdo que la mano de obra barata generada por los inmigrantes indocumentados contribuye a bajar el salario de los trabajadores adultos estadounidenses que no se han graduado de *high school*, también están de acuerdo en que el impacto neto es positivo para todos los demás. Los inmigrantes —documentados o no— benefician la economía y contribuyen aproximadamente con $15 mil millones al año en seguro social a través de los impuestos provenientes de sus salarios. Los servicios en las áreas donde se concentran pueden ser costosos, sin embargo los dólares que aportan a las economías locales exceden el costo de los servicios que reciben.[30]

Es posible que nada haya tenido mayor impacto en el condado de Suffolk que una restructuración masiva en el frente político. Jack Eddington, herido por las acusaciones de racismo que le asestaron, se retiró de la política, alegando estar cansado del bipartidismo, el litigio y las jugadas políticas.

The New York Times reportó que Levy "terminó abruptamente su candidatura a un tercer mandato en marzo de 2011, en un acuerdo para dar fin a una investigación criminal de 16 meses sobre su política para recaudar fondos". Levy, quien había alcanzado a recaudar $4.1 millones para las arcas de su campaña política, entregó el dinero a la oficina del fiscal de distrito del condado de Suffolk. Con esto, Thomas J. Spota, el fiscal de distrito, cerró la investigación, que según él había comenzado en el verano de 2009. Spota dijo muy poco sobre la investigación, pero indicó que no había evidencia de que Levy, que hasta el momento había disfrutado de una reputación impecable en asuntos éticos y de finanzas, se hubiera beneficiado personalmente de los fondos de su campaña.

Irónicamente, parte de ese dinero devuelto y no reclamado por los contribuyentes —$17,500— terminó en manos del proyecto Workplace, una organización que aboga por los derechos de los inmigrantes, después de que el reverendo Allan Ramírez, que hoy en día está jubilado, le pidió a Spota una porción de los fondos de Levy.[31]

En enero de 2012, Steve Bellone se convirtió en el nuevo ejecutivo del condado de Suffolk. Bellone no perdió tiempo en delinear las diferencias entre él y sus antecesores durante su discurso inaugural. "A todas esas personas dispuestas a trabajar duro y en busca de una vida mejor, independientemente de donde vengan, las queremos en el condado de Suffolk", dijo.

Contó una historia sobre sus abuelos, inmigrantes irlandeses, y del pequeñísimo apartamento en Washington Heights, en Manhattan, en que vivieron con su madre, sus tías y sus tíos. Dijo que recientemente había regresado con su madre, en la primera visita en cincuenta años a su viejo barrio, y habían sido recibidos por una familia dominicana. "Juntos, somos más fuertes", agregó.

De acuerdo a un artículo de *The New York Times*, "[una] buena parte del discurso [de Bellone] estada dedicada a la importancia de la inmigración, un intento tácito para enmendar la reputación de Suffolk como un lugar dividido por los sentimientos antiinmigrantes y por la violencia".[32]

En los primeros meses de su administración, Bellone nombró a Luis Valenzuela como miembro de la Comisión de Derechos Humanos del condado de Suffolk. Valenzuela, que por años había sido un activista de los derechos de los inmigrantes en Long Island y un pilar de fuerza durante los tumultuosos meses que le siguieron al asesinato de Lucero, fue confirmado unánimemente por la asamblea legislativa. Bellone también se acercó a la comunidad de muchas otras maneras. Presidió el desfile puertorriqueño de Brentwood el 14 de noviembre de 2012; firmó una orden ejecutiva pidiéndole a las agencias del condado traducir los documentos principales y otros formularios en otros seis idiomas —que incluían el español, por supuesto— y ofrecer servicios de traducción a los residentes que no hablaban inglés.[33]

Impávido, Levy continúa enarbolando la bandera antiinmigrante, aún desde las bandas. Cuando le preguntaron sobre el nombramiento de Valenzuela por Bellone, dijo que Valenzuela "es un hombre elocuente, pero su posición es de extrema izquierda cuando se trata de la inmigración ilegal. Steve [Bellone] dijo que mi oposición con relación a la inmigración ilegal es motivo de divisiones, pero en aras de agradarle a todos, ha capitulado ante aquellos que quieren rendirse ante el tema".[34] Bellone declinó hacer comentarios sobre la representación de Levy sobre sus ideas políticas.

Es imposible calibrar cómo realmente se sienten hoy los residentes no hispanos del condado Suffolk sobre la inmigración. Los sentimientos de racismo y discriminación no pueden eliminarse con leyes, pero las acciones, sí. Los habitantes de Patchogue quizás desprecien o teman a sus vecinos hispanos; sencillamente no hablan sobre ello ni toman ninguna acción al respecto. Otras palabras y otras frases han sido sustituidas por comentarios más hostiles sobre los inmigrantes. La preocupación por la vivienda pública, las borracheras y el hacinamiento continúan siendo expresados no tan sutilmente cuando se trata el tema de inmigración.

En mayo de 2012, Pontieri realizó una sesión de chateo por medio del Internet con los residentes del pueblo, con la ayuda de *Patchogue Patch*, una publicación local en la red. Algunas de las preguntas aún reflejan una persistente ansiedad con relación a los hispanos. A continuación, su transcripción:

Comentario de S & L: Señor alcalde, con relación a las casas alquiladas abarrotadas de gente en Patchogue, ¿por qué se les permite hacer eso?

Paul Pontieri: No les está permitido. Tenemos códigos muy estrictos en efecto, pero, como en todas las cosas, es imperativo que los residentes que viven cerca de casas con demasiadas personas nos notifiquen de esos casos. Lo que le garantizo a usted es que si existiera una casa en su vecindario que usted pueda identificar con la dirección, nosotros la investigaremos, le daremos una citación por la violación y la cerraremos si debemos hacerlo.

Comentario de Luke: ¿Por qué hay una bodega al lado de una escuela primaria en Bay Avenue? Esto ocurre en nuestro pueblo. Hay MUCHOS indigentes/drogadictos/criminales que merodean el lugar ¡TODAS LAS MAÑANAS! ¿Qué están haciendo sobre esto?

Paul Pontieri: Luke, le agradezco sus comentarios. Me pondré en contacto con el departamento de la policía del condado de Suffolk para hablar con ellos y mudarlos lejos de la escuela.

Comentario de Tino: Señor alcalde, gracias por el honor de participar en este "chateo en vivo". Tengo una pregunta sobre cuántas de las casas alquiladas en Patchogue usted diría que son alquiladas bajo la "sección 8". Soy una persona que alquilo en el pueblo y no estoy en contra de ello, pero no soy amante de tener una sección 8 vivienda al lado o al cruzar la calle.

Paul Pontieri: Tino, no sé esa cifra, pero los bonos para la sección 8 han sido congelados por el gobierno federal y cualquiera que sea el número en el pueblo en estos momentos, nunca aumentará.

La biblioteca de Patchogue-Medford también ha recibido mensajes de usuarios que no pueden comprender por qué las bibliotecarias tienen interés en los inmigrantes hispanos. En una de esas cartas, con fecha 7 de septiembre de 2010, le llamaron "criminales" a los inmigrantes indocumentados. "En los últimos años, he notado que el boletín informativo de Patchogue-Medford está impreso, en parte, en español. Me pregunto por qué, ya que vivimos en Estados Unidos de América, no en México o en otro lugar al Sur de la frontera", escribió uno de los usuarios, para luego agregar, "¿Han mirado Main Street de Patchogue? Yo no sé si estoy en América o en un pueblo del tercer mundo en México".

Otro residente del pueblo envió un sucinto correo electrónico: "Vivimos en AMERICA NO EN MÉXICO". Alguien más escribió: "Parece que la única razón de existir de la biblioteca PM es para asistir a esos 'incansables trabajadores indocumentados'. Yo prefiero llamarlos por su verdadero nombre, CRIMINALES". Otro más: "Salgan a la puerta de su biblioteca. Noten el olor en el aire; no, no el olor a frijoles y arroz, o a cerveza u orina. Es el olor a cambio".

En enero de 2011, un usuario aparentemente bastante enojado envió un correo electrónico que terminó con la siguiente oración: "Estoy asqueado y cansado de que ustedes continúen alimentando a esos gatos callejeros. Regrésenlos al lugar donde pertenecen. Quizás ustedes pudieran mudarse a El Salvador o a México".

Kaleda, que había ampliado los programas para atraer un mayor número de hispanos, dice que muchas veces conversa con usuarios que no están de acuerdo con los servicios en español de la biblioteca. Ella trata de tranquilizarlos, explicándoles que la comunidad está cambiando y que reconocer ese cambio puede ser difícil. Dina Chrils, la directora de la biblioteca, le envía a todo el mundo la misma respuesta: "Gracias por su comentario. Lo tendremos en cuenta a la hora de planificar los servicios de la biblioteca".[35]

El reverendo Dwight Wolter, que quiso siempre acercarse a la comunidad latina, desde el momento en que llegó a Patchogue, finalmente encontró una forma ingeniosa de hacerlo. Regala bicicletas nuevas y usadas a todo el que necesite transportación y no puede comprar un automóvil; pero desató la ira de un importante segmento de la comunidad latina cuando anunció en julio 2010 que recolectaría dinero para contribuir a la cuenta de la comisaría de la prisión de Jeffrey Conroy. También Eddington fue criticado cuando él y su esposa, Patricia, una oficial de la administración, enviaron cartas al juez Doyle pidiéndole clemencia a la hora de sentenciar a Jeff. Eddington decía en su carta que el crimen era "abominable" y merecía castigo, pero agregó "yo tengo que creer que la redención es posible para un joven que ha crecido en una familia como esa".[36]

El día que Jeff fue sentenciado a veinticinco años de cárcel, su padre perdió los estribos en una escena desgarradora que no dejó dudas sobre los resultados del caso: ocho familias fueron destrozadas.

"¡Tenía solamente diecisiete puñeteros años!", gritó Bob Conroy cuando el juez Doyle dictó la sentencia. Desde su asiento, junto a su abogado, Jeff palideció y parecía apesadumbrado. Su hermana comenzó a llorar. "¿Creen que esto es tener piedad, por el amor de Dios? ¡Jesús mío!". Conroy comenzó a caminar hacia la puerta mientras seguía profiriéndole gritos al juez. La sala estaba callada y las personas en los bancos se retorcían para ver mejor, pero no se atrevían a decir palabra ninguna. Conroy golpeó la puerta al salir, rodeado ya, en ese momento, por oficiales de la policía. Sus hijos lo siguieron callados mientras Jeff era escoltado fuera del juzgado y el juez, impasible, continuaba con la lectura de la sentencia. La familia juró apelar.

Después del juicio de su hijo, el señor Conroy quedó sin un centavo y le tocó acudir a la Sociedad de Ayuda Legal del condado de Suffolk. Uno de los abogados del lugar, John Dowden, presentó la apelación el 7 de diciembre de 2012, más de dos años después del juicio. Dowden argumentó que a Jeff se le había negado el derecho de un juicio justo cuando la corte no respondió significativamente a la nota de un miembro del jurado que pedía leyeran de nuevo el interrogatorio del detective McLeer, y que el juez había cometido un error cuando les ordenó a los miembros del jurado de que tomaran las declaraciones de Jeff con relación a la culpabilidad de Chris no como un hecho, sino como un comentario que reflejaba el estado mental de Jeff. Dowden también argumentó que la sentencia impuesta a Jeff fue excesiva y que debía ser modificada en el interés de la justicia,[37] pero Dowden perdió, y la corte confirmó la sentencia. A pesar de que la familia Conroy tiene aún la opción de presentarse en la corte de apelación de Nueva York y en otras cortes, lo más probable es que Jeff permanezca en la cárcel por lo menos hasta que sea elegible a libertad provisional en el 2030, el año en que cumple treinta y nueve años.

Hasta el día de hoy, Conroy permanece agraviado por la sentencia. Jeff está cumpliendo su condena en el Clinton Correctional Facility, una prisión de máxima seguridad que fue construida en 1844 y que alberga cerca de dos mil setecientos hombres en Dannemora, un pueblo a 365 millas de Medford.[38] Conroy lo visita cuantas veces que le es posible, porque es un viaje largo y la gasolina es cara, pero padre e hijo hablan por teléfono y Jeff le escribe desde la cárcel. Una entrada en Wikipedia de la prisión coloca a Jeff entre los muchos "presos notables" que han cumplido sus sentencias en Clinton. Saber que su hijo vive con los más crueles criminales en el estado, incluyendo a Joel Rifkin, un asesino en serie que cumple una condena de 203 años, le parte el corazón ya adolorido y frágil al señor Conroy. "Está rodeado de hombres malos", me dijo una vez y se quejó de que Jeff había comenzado a decir muchas palabrotas.

El señor Conroy ha tenido varios problemas de salud recientemente, pero trata de mantenerse fuerte, encabezando a una familia que ha cambiado dramáticamente desde el arresto de Jeff. Separado de su esposa, vive con tres de sus hijos en la misma casa donde se crió Jeff. En mi última visita, la casa estaba en mejores condiciones que la primera vez que nos vimos inmediatamente después del juicio. El césped estaba verde y abundante, había tiestos de flores y se respiraba un ambiente de orden y normalidad.

En un breve intercambio de mensajes de texto a principios de 2013, Conroy me escribió: "Es completamente errónea la forma en que lo convirtieron en el chivo expiatorio. Yo no sé si eso es lo que usted piensa, pero 25 años es una puta mierda". Luego me preguntó cuál era mi opinión y si yo pensaba que se había hecho justicia al sentenciar a un joven de diecisiete años a una condena tan larga. Yo le dije la verdad: No lo sabía, porque incluso después de tres años de investigaciones para escribir este libro, hay muchas cosas que nunca sabré.

Lo que sí creo es que Jeffrey Conroy no quería matar a nadie esa noche. También sé que la atmósfera existente en el condado de Suffolk en la primera década del siglo le daría una impresión errónea a cualquier joven: Jeff y sus amigos deben haber sentido que la diversión de ir a cazar *"beaners"* era, tácita e implícitamente, aprobada por los adultos que los rodeaban.

Un reciente estudio nacional muestra que un gran número de estadounidenses, influenciado por las imágenes negativas de los medios de comunicación, tienen opiniones hostiles y no favorables de los hispanos. De acuerdo con el estudio, llevado a cabo por la National Hispanic Media Coalition, muchos estadounidenses tienen como estereotipo de los latinos a trabajadoras domésticas, a jardineros, a personas que abandonan la escuela y a criminales. Por lo menos un tercio de los estadounidenses no hispanos cree que la mitad o más de los casi cincuenta y seis millones de hispanos son inmigrantes indocumentados con una extensa familia y poca educación.[39]

En el cuarto aniversario de la muerte de Lucero, se realizó una vigilia en la iglesia metodista de Patchogue. Asistieron cerca de setenta y cinco personas al evento, que tuvo lugar el 25 de noviembre de 2012, incluyendo el alcalde Pontieri. En el altar estaba una foto grande de Lucero vistiendo overoles de color ladrillo, que parecía estar observando a los que estaban presentes, y detrás estaban colgadas las mantas de la amistad que las mujeres de Medford y Patchogue habían cocido meticulosamente.

Antes de que comenzara la ceremonia, Bob Conroy pasó en su automóvil por delante de la iglesia y habló con Joselo Lucero. Ninguno de los dos quiso decir lo que habían hablado, pero alguien que conoce a los dos hombres y que estuvo cerca dijo haber escuchado a Conroy pedir perdón. Su gesto no es sorprendente. Conroy había pedido perdón por lo menos dos veces antes, incluyendo una vez durante una visita anterior al juicio, mientras le daba la mano a Joselo.[40] El día de la vigilia en el cuarto aniversario de la muerte de Marcelo, Conroy, además de pedir perdón, le preguntó a Joselo si podía entrar en la iglesia. Joselo le dijo que las puertas estaban abiertas para todos, pero Conroy se marchó. Dijo que no quería atraer la atención hacia su persona en una ocasión tan solemne. Joselo quedó un poco estremecido por el inesperado encuentro pero pronto se recuperó.

Dentro de la iglesia, cerca del altar, había flores amarillas, rojas y anaranjadas. Un hombre, acompañado por su guitarra, cantó una canción sobre las dificultades para alcanzar el sueño americano. Una mujer del pueblo leyó un largo poema que había escrito sobre el juicio de Jeffrey Conroy, que tituló "En el tribunal" y luego Joselo, vistiendo un traje de color beige y una camisa blanca, tomó el micrófono.

Comenzó con "no sé qué decir", aunque luego, por supuesto, tuvo mucho de qué hablar. En los años después de la muerte de su hermano, Joselo se había convertido en una figura pública, un hombre joven con espejuelos oscuros para esconder la tristeza en sus ojos, que hace afirmaciones contundentes en un inglés rudimentario, pero que ha mejorado mucho con el tiempo. Joselo se mudó de Patchogue y ahora trabaja como coordinador de actividades comunitarias en la Fundación Hagedorn —una organización sin fines de lucro radicada en Long Island que apoya y promueve la igualdad social. Da charlas en las universidades y en los *high schools* con frecuencia, y participa en simposios, conferencias y programas televisivos sobre los crímenes de odio e inmigración. Su vestimenta también ha mejorado —ya no usa gorras de béisbol en los actos públicos— pero mantiene su sonrisa tímida y su innata cortesía.

Ese día, frente al altar, habló sobre Sandy, la tormenta que acababa de arrasar el Noreste de Estados Unidos, matando a 149 personas, 42 de ellas en Nueva York. Lucero hizo una conexión entre esa tragedia a la situación difícil de los inmigrantes.

"Los inmigrantes son los que van a reconstruir después de

Sandy. Los jornaleros son los que van a reconstruir las casas que los van a proteger a todos ustedes del frío", dijo.

Tenía razón. Cinco semanas después de Sandy, *The New York Times* reportó que los jornaleros estaban trabajando siete días a la semana para reparar las casas destruidas por el huracán Sandy. Uno de los trabajadores entrevistados en el artículo dijo que la entrada de dinero le había permitido comprar una computadora, bicicletas y zapatos nuevos para sus dos hijos en Ecuador.[41]

En Patchogue, la tormenta causó un daño mínimo. El mar subió aproximadamente cuatro pies dentro de algunas casas a lo largo de la costa, se cayeron árboles y la gente se quedó sin electricidad, pero en la mayoría de los vecindarios, la electricidad regresó en setenta y dos horas. Algunas casas necesitaron ser reparadas, pero nadie se vio en la calle, dijo Pontieri.

"Como la mayoría de las cosas en Patchogue, su pasado es lo que lo salva de los estragos del presente" me dijo Pontieri, al explicarme que en la década de los 50, el alcalde de la ciudad en aquel momento, George Lechtrecker, había creado un parque de treinta acres frente al mar. El parque fue lo que protegió y sirvió de barrera a la mayoría de las casas, evitando los serios daños que sufrieron otras comunidades de Long Island durante la tormenta de 2012.[42]

El pasado también ayudó a Patchogue a sobrevivir el asesinato de Lucero, insistió Pontieri, porque el pueblo es y siempre ha sido un enclave de inmigrantes. Las caras y el idioma han cambiado, pero el ethos es el mismo: los recién llegados tratan de encontrar en la belleza y el orden de los suburbios su propio pedacito de cielo.

Puede que Pontieri tenga razón. ¿Cómo llegan los inmigrantes a los suburbios si no por seguir a los que llegaron antes que ellos? ¿Cómo se recuperan los padres de los graves errores de sus hijos? ¿Cómo se entienden los caprichos del viento y las crecidas aguas? La súper tormenta Sandy, como todas las grandes tormentas, siguió su propio curso, independientemente de las predicciones meteorológicas. En 1992, el huracán Andrew destruyó parte del Sur de la Florida, dejando otras áreas intactas. Recuerdo estar caminando por Country Walk, uno de los desafortunados vecindarios por donde pasó el ciclón en el condado de Dade, y encontrarme una pared de color verde claro, en pie, en medio de la total devastación. Había fotos de niños sonrientes en sus marcos todavía colgadas en la pared, y recostada a la pared, una mesa elegante con un juego de vasos y una botella de licor. Intactos.

Quizás Sandy evitó Patchogue porque el parque construido a modo de barrera cincuenta años atrás había cumplido su función, o quizás Sandy, con opinión propia como todos los huracanes terribles, evitó a Patchogue porque el pueblo ya había padecido demasiado.

AGRADECIMIENTOS

No hubiera podido escribir este libro sin la buena voluntad y la cooperación de los hombres y mujeres de Patchogue y de Gualaceo, quienes se sentaron conmigo por horas durante extensas entrevistas y conversaciones o contestaron a mis llamadas y a mis correos electrónicos en numerosas ocasiones durante tres años. La mayoría es nombrada en el libro porque esta es su historia, no la mía, y quiero darles las gracias, porque sin su ayuda, este libro no sería más que una buena idea. Sin orden particular, ellos son Jean Kaleda, Gilda Ramos, el alcalde Paul Pontieri, el reverendo Dwight Wolter, Ángel Loja, Jack Eddington, el embajador Jorge López Amaya, Julio Espinoza y su familia, Pamela Suárez, el rabino Joel Levinson, Hans Henke, Diana M. Berthold, Megan O'Donnell, la detective Lola Quesada, Michael Mostow, Martha Vázquez, Joselo Lucero y su familia, Macedonio Ayala, Denise Overton, el alcalde Marco Tapia, el padre Julio Castillo y Bob Conroy.

Me apoyé en gran medida en el buen trabajo periodístico de los reporteros que se enteraron de la historia antes que yo, principalmente Ángel Canales, Tamara Bock, Jennifer Jo Janisch, Ted Hesson, Sumathi Reddy, Margaret (Molly) Altizer y Bart Jones. Ángel y Tamara me ofrecieron, generosamente, las transcripciones de su documental *Running Wild: Hate and Immigration on Long Island* (Desenfrenados: Odio e inmigración en Long Island). Ted y Sumathi no sólo me facilitaron sus notas, experiencia y amistad, sino también me llevaron de ida y vuelta al juzgado de Riverhead tantas veces que ni se pueden contar. Ted, Bart y Molly también leyeron el manuscrito; Molly, especialmente, hizo numerosos y fabulosos comentarios que ayudaron inmensamente a mejorar el libro.

Gretchen Van Dyck y Ray Katz me asistieron durante los primeros pasos de la investigación. Su ayuda en rastrear los documentos del juicio y en la investigación de la historia de los crímenes de odio en Estados Unidos fue esencial. Michael Sorrentino, Sarah Hartmann y Mark Nolan me ayudaron a comprender mejor a Patchogue. Fernando León, Marlene Matute, William Murillo y Andrea Ledesma hicieron lo mismo en Gualaceo. Les estoy eternamente agradecida por su generosidad de espíritu y su camaradería.

La reportera de la corte Dana Marconi trabajó diligentemente para entregarme las transcripciones necesarias. Michael Lieberman, de la Liga antidifamación, me ayudó pacientemente a comprender la complejidad de las leyes de los crímenes de odio. Laura Itzkowitz estuvo encargada de la monumental tarea de organizar las referencias del libro, y lo hizo con elegancia y con calma, a pesar de las estrictas fechas límites. El señor embajador Gonzalo Andrade tuvo la gentileza de leer las secciones del manuscrito pertenecientes a la historia reciente de Ecuador y me dio acceso a un estudio importante sobre la emigración en Ecuador. Y a S. Mitra Kalita, que un día durante el almuerzo pronunció las palabras que desataron la escritura de este libro.

Sarah, Diane, Peter, Kay y María me ayudaron enormemente con mis hijos. Con amigos como ellos, una madre trabajadora puede, realmente, terminar de escribir un libro. Sam Freedman, como siempre, me dio consejos y ánimo, como también Lindy Hess, una amiga querida e impulsora de los primeros pasos de este proyecto que no alcanzó a verlo terminado.

Mi agente, Anna Ghosh, comprendió el libro aún antes de leer la propuesta, e inmediatamente mostró su entusiasmo. Me puso en manos de Gayatri Patnaik, mi editora en Beacon Press, también una inmigrante, que ha hecho una misión personal y profesional de la publicación de libros que promueven el diálogo sobre inmigración. Ella, junto con otras maravillosas personas en Beacon Press, se ocupó con amor de este libro. En particular, quiero darle las gracias a la directora de Beacon, Helene Atwan; a Tom Hallock, director de ventas y mercadeo; a Bob Kosturko, el director creativo que diseñó la preciosa cubierta; a Beth Collins, que hizo la maquetación con gran destreza; a Rachael Marks, la asistente editorial que estuvo siempre disponible, lista para ayudar y que fue siempre profesional y amable; y al *freelancer* Chris Dodge, el mejor corrector de textos que he tenido desde que salí del *Times*.

Le estoy agradecida a la Universidad de Columbia por proveerme los recursos para investigar y escribir este libro a través de tres becas: *Diversity Research Fellowship Award* y (dos veces) *Research and Travel Grant* del Instituto de Estudios Latinoamericanos. Esteban Andrade, el gerente del programa del instituto, fue una gran fuente de contactos y de información. Nick Lemann, Bill Grueskin y Laura Muha —mis colegas en *Graduate School of Journalism*— me permitieron tomar el tiempo para terminar este proyecto.

Mis hijos, Juan Arturo, Lucas y Marcelo, fueron la inspiración y la motivación para contar esta historia. Más de una vez me levanté de la mesa después de la cena para tomar notas inspiradas en nuestras conversaciones. Hicieron muchos sacrificios en aras de que este libro llegara a término, y se acostumbraron, demasiado, a que los mirara sobre mis espejuelos con una mirada ausente. "¿Estás pensando en el libro?", me preguntaban con frecuencia. La respuesta fue un sí, por supuesto, aunque también yo estaba, como siempre lo estoy, pensando en ellos primero. Espero que recuerden este periodo convulso de nuestras vidas como una época de crecimiento y de aprendizaje.

NOTAS

PRÓLOGO

1. "Most Expensive ZIP Codes, 2006," *Forbes*, http://www.forbes. com/lists/2006/7/NY_Rank_1.html.
2. Bruce Lambert, "Study Calls L.I. Most Segregated Suburb," *The New York Times*, 5 de junio de 2002.
3. Entrevista telefónica con Joselo Lucero, 5 de junio de 2010.
4. Mirta Ojito, "Away from the Big City, Seeking a New Life but Facing New Tensions," *The New York Times*, 30 de septiembre de 1996.
5. Cita de Paul Pontieri de una entrevista el 13 de abril de 2010.
6. Mark Potok, "Anti-Latino Hate Crimes Rise for Fourth Year in a Row," Southern Poverty Law Center, 29 de octubre de 2008, http://www.splcenter.org/blog/2008/10/29/anti-latino-hate-crimes-rise-for-fourth-year.
7. "Hating Marcelo," *Bob Edwards Show*, salió al aire el 22 de diciembre de 2009, http://www.bobedwardsradio.com/hating-marcelo.
8. Ted Hesson, "Suffolk County Appoints New Head of Hate Crimes Unit," *Long Island Wins*, 8 de enero de 2011, http://www. longislandwins.com.
9. "Many in U.S. Illegally Overstayed Their Visas," *The Wall Street Journal*, 7 de abril de 2013.
10. Steven A. Camarota, "Immigrants in the United States, 2010: A Profile of America's Foreign-Born Population," Centro para estudios de inmigración, agosto de 2012, http://www.cis. org/2012-profile-of-americas-foreign-born-population.
11. Steven A. Camarota, "100 Million More: Projecting the Impact of Immigration on the U.S. Population, 2007 to 2060," Centro para estudios de inmigración, agosto de 2007, http://cis.org/ impact_on_population.html.

12. Laura Meckler, "Hispanic Future in the Cards; Whites to Represent 43% of U.S. by 2060, Down from 63% Today, Census Projects," *The Wall Street Journal*, 13 de diciembre de 2012.

13. Sabrina Tavernise, "Numbers of Children of Whites Falling Fast," *The New York Times*, 6 de abril de 2011.

14. Cita de Jack Eddington de una entrevista el 26 de mayo de 2010.

15. Sabrina Tavernise y Robert Gebeloff, "Immigrants Make Paths to Suburbia, Not Cities," *New York Times*, 14 de diciembre de 2010.

16. Conor Dougherty y Miriam Jordan, "Stirring Up the Melting Pot," *The Wall Street Journal*, 7 de septiembre de 2012.

17. "Suffolk County QuickFacts from the US Census Bureau," Oficina del censo de EE.UU., http://quickfacts.census.gov/qfd/states/36/36103.html.

18. Kirk Semple, "A Killing in a Town Where Latinos Sense Hate," *The New York Times*, 14 de noviembre de 2008.

19. Tamara Boch y Ángel Canales, versión inédita del documental *Running Wild: Hate and Immigration on Long Island*, el cual salió al aire en WLIW-TV el 11 de noviembre de 2009.

20. *Climate of Fear: Latino Immigrants in Suffolk County, N.Y.*, Southern Poverty Law Center, 2009, http://www.splcenter.org/get-informed/publications/climate-of-fear-latino-immigrants-in-suffolk-county-ny.

21. Ibid.

22. Entrevistas con Eddington, 26 de mayo de 2010–12 de noviembre de 2012.

23. *Climate of Fear.*

24. Entrevistas con Paul Pontieri, 27 de febrero de 2012.

CAPÍTULO 1: UNA NAVAJA ENSANGRENTADA

A menos que lo contrario sea especificado, la información en este capítulo proviene de entrevistas con Ángel Loja, 30 de mayo de 2012–3 de diciembre de 2012.

25. El estado de Nueva York v. Jeffrey Conroy, Corte Suprema del estado de Nueva York, Condado de Suffolk No. 3032A-2008, 236A-2009, extracto del juicio (24 de marzo de 2010).

26. Folleto de información turística de Señor de Andacocha.

27. Ibid.
28. Centro de Estudios Internacionales (Barcelona, Spain) and FLACSO (organization), *Emigración y Política Exterior En Ecuador*, Agora (Quito: Centro de Estudios Internacionales: FLACSO, Sede Académica de Ecuador: Abya Yala, 2005), 101.

CAPÍTULO 2: PÁJAROS PINTADOS EN EL AIRE

A menos que lo contrario sea especificado, la información de este capítulo proviene de varias entrevistas con Julio Espinoza, enero de 2010–septiembre de 2012.

1. "History [of Ecuador]," http://www.frommers.com/destinations/ecuador/0811020044.html.
2. *Report of the Visa Office 1981* (Departamento de estado de EE.UU., Oficina de asuntos consulares, 1981).
3. Kyle y Goldstein, *Migration Industries*, 5.
4. Ibid., 4.
5. Ibid., 4–5.
6. Ibid., 5.
7. Portes y Rumbaut, *Immigrant America*.
8. Ibid., 40, 41, 59.
9. Kyle y Goldstein, *Migration Industries*, 5.
10. Ibid., 6.
11. Frank S. Costanza, "Planting Roots on Long Island: Surging Hispanic Population Hopes to Break Barriers in America," *Long Island Advance*, 10 de octubre de 2002.

CAPÍTULO 3: BIENVENIDOS A PATCHOGUE

1. Borrador de un artículo inédito escrito por Jean Kaleda, "Public Libraries and Spanish Language Outreach: The Importance of Community Partnerships."
2. Ibid.
3. Ibid.
4. Frank S. Costanza, "Planting Roots on Long Island: Surging Hispanic Population Hopes to Break Barriers in America," *Long Island Advance*, 10 de octubre de 2002.
5. Borrador de un artículo inédito escrito por Jean Kaleda.
6. Julia Preston, "Immigration Cools as Campaign Issue: Largely

Absent from Debate, but Candidates Refine Positions," *The New York Times*, 29 de octubre de 2008.

7. Elisabeth Bumiller y Marc Lacey, "McCain Winds Up Latin Trip in Mexico: Candidate Endorses Immigration Reform," *The New York Times*, 4 de Julio de 2008.

8. Robert Pear y Carl Hulse, "Immigration Bill Fails to Survive Senate Vote," *The New York Times*, 28 de junio de 2007.

9. Ted Hesson, "Five Ways the Immigration System Changed after 9/11," Univision News, 11 de septiembre de 2012.

10. "The Great Immigration Panic," editorial, *The New York Times*, 3 de junio de 2008.

11. "Pushing Back on Immigration," editorial, *The New York Times*, 21 de julio de 2008.

12. Michael Powell y Michele García, "Pa. City Puts Illegal Immigrants on Notice," *The Washington Post*, 22 de agosto de 2006.

13. Adam Nossiter, "Nearly 600 Were Arrested in Factory Raid, Officials Say," *The New York Times*, 27 de agosto de 2008.

14. Susan Saulny, "Hundreds Are Arrested in U.S. Sweep of Meat Plant," *The New York Times*, 13 de mayo de 2008.

15. Thayer Evans, "160 Arrested in Immigration Raid at a Houston Plant," *The New York Times*, 26 de junio de 2008.

16. Janie Lorber, "King, Others Call for More Secure Border Fence," *Newsday*, 11 de junio de 2008.

17. Dave Marcus, "Suffolk County: Speaking Up for Hispanics," *Newsday*, 17 de septiembre de 2008.

CAPÍTULO 4: EN MI PATIO, NO

1. Detalles de la vida de Paul Pontieri provienen de entrevistas hechas entre los años 2010–2012.

2. LaGumina, *From Steerage to Suburb*, 1.

3. Thomas and Znaniecki, *The Polish Peasant in Europe and America*.

4. LaGumina, *From Steerage to Suburb*, 32–33.

5. "Patchogue: Breve Historia," Patchogue-Medford Library, n.d., http://www.pmlib.org/espatchbreve.

6. Ibid.

7. Garland, *Gangs in Garden City*, 34.

8. Jackson, *Crabgrass Frontier*, 13.

9. Garland, *Gangs in Garden City*, 33–39.

10. "Patchogue: Breve Historia."

11. Información acerca de Farmingville proviene de James E. Claffey, "Anti-Immigrant Violence in Suburbia," *Social Text* 24, no. 3 (2006): 74–75.
12. Ibid.
13. Paul J. Smith, "Anti-Immigrant Xenophobia around the World," *International Herald Tribune*, 14 de febrero de 1996.
14. Claffey, "Anti-Immigrant Violence in Suburbia."
15. *Climate of Fear: Latino Immigrants in Suffolk County, N.Y.*, Southern Poverty Law Center, 2009, 11–13, http://www.splcenter.org/get-informed/publications/climate-of-fear-latino-immigrants-in-suffolk-county-ny.
16. Claffey, "Anti-Immigrant Violence in Suburbia," 77, 78.
17. Charlie LeDuff, "Immigrant Workers Tell of Being Lured and Beaten," *The New York Times*, 20 de septiembre de 2000; Slavin: "Queens Man Is Convicted in L.I. Attack on Mexicans," *The New York Times*, 13 de diciembre de 2001; Wagner, "Sentence Reduced in Beating Case," *The New York Times*, 29 de marzo de 2006.
18. LeDuff, "Immigrant Workers Tell of Being Lured and Beaten."
19. Claffey, "Anti-Immigrant Violence in Suburbia."
20. "Fact-checking Lou Dobbs," de *60 Minutes*, 6 de mayo de 2007, subido el 11 de marzo de 2008 por TruthInImmigration, http://www.youtube.com.
21. Bill O'Reilly y Geraldo Rivera, "Angry Fight Immigration," de *The O'Reilly Factor*, Fox News, 5 de abril de 2007, http://www.youtube.com.
22. "Criminals Shot by Joe Horn Are Illegal Aliens," de *The O'Reilly Factor*, Fox News, 5 de diciembre de 2007, subido el 5 de diciembre de 2007 por Dan Amato, http://www.youtube.com.
23. Buchanan, *State of Emergency*, 5.
24. Huntington, *Who Are We?*, 181.
25. Ibid., 185.
26. Kalita, *Suburban Sahibs*, 3.
27. Charlie LeDuff, "Tensions Persist after Suffolk Vote on Immigrant Workers," *The New York Times*, 2 de septiembre de 2000.
28. *Climate of Fear*, 8.
29. Ibid., 11.
30. Ibid., 8.
31. Ibid., 11.
32. Ibid., 19.
33. Ibid.
34. Ibid.

CAPÍTULO 5: A LA CAZA DE *BEANERS*

1. Información acerca de Christopher Overton proviene de entrevistas con Denise Overton, 14 de abril de 2012–10 de diciembre de 2012.

2. Entrevista con Denise Overton.

3. La historia de los eventos que ocurrieron en la tarde del 8 de noviembre de 2008 proviene de las confesiones de Jeffrey Conroy (*Long Island Wins*, 19 de enero de 2010, http://www.longislandwins.com/), José Pacheco (*Long Island Wins*, 9 de abril de 2010), Christopher Overton (*Long Island Wins*, 7 de abril de 2010), Jordan Dasch (*Long Island Wins*, 23 de febrero de 2010), Nicholas Hausch (*Long Island Wins*, 31 de marzo de 2010), Kevin Shea (*Long Island Wins*, 5 de febrero de 2010) y Anthony Hartford (*Long Island Wins*, 7 de abril de 2010) y también del testimonio de la corte de Conroy y Hausch. Donde fue posible, su versión de los eventos fue corroborada por las entrevistas con Bob Conroy y Denise Overton.

4. Tamara Boch y Angel Canales, versión inédita del documental *Running Wild: Hate and Immigration on Long Island*, el cual salió al aire en WLIW-TV el 11 de noviembre de 2009.

5. Levin, *Hate Crimes Revisited*, 17–23.

6. Ibid., 23

7. Ibid., 25.

8. El estado de Nueva York v. Jeffrey Conroy, Corte Suprema del estado de Nueva York, Condado de Suffolk No. 236A-2009, 252A-2009, 3032A-2009, audiencia de sentencia (26 de mayo de 2010).

9. A menos que lo contrario sea especificado, toda la información acerca de la infancia y adolescencia de Jeffrey Conroy proviene de entrevistas con Bob Conroy conducidas desde el 6 de diciembre de 2010 hasta el 4 de enero de 2013.

10. Información acerca de Pamela Suárez proviene de entrevistas conducidas con ella, 29 de junio de 2011 y 1 de julio de 2011.

11. Anne Barnard, "Admired by Many, but to Police a Killer," *The New York Times*, 24 de noviembre de 2008.

12. Manny Fernandez, "A Hate Crime Killer Denies Being So Hateful," *The New York Times*, 30 de abril de 2010.

13. De una entrevista el 20 de mayo de 2012 con alguien cercano a la familia Conroy, quien no quiso ser identificado por miedo a ofender a la familia.

14. Ibid.

15. Levin, *Hate Crimes Revisited*, 27.

16. Ibid., 47.

17. *Deputized*, dirigido por Susan Hagedorn y Amanda Zinoman (Seedworks Films, 2012).

18. Robin Finn, "A Principal Struggles with the Killing's Aftermath," *New York Times*, 23 de noviembre de 2008.

19. De una entrevista telefónica del 2012 con Clarissa Espinoza.

20. Patrick Whittle, "Patchogue ESL Classes to Remain," *Newsday*, 17 de diciembre de 2008.

21. De una entrevista con Michael Mostow, 29 de mayo de 2012.

22. "Long Island Nassau Suffolk County New York Political Forum," *The Schwartz Report*, 25 de julio de 2005, http://www.theschwartzreport.com/.

23. Jennifer Sinco Kelleher, "School Wrestles with Issues of Race," *Newsday*, 18 de noviembre de 2008.

24. Michael M. Grynbaum, "Cheer Fades as Stocks Plunge 9%," *New York Times*, 2 de diciembre de 2008.

25. Ray Allen Billington, "The Burning of the Charlestown Convent," *New England Quarterly: A Historical Review of New England Life and Letters* 10, no. 1 (marzo de 1937): 4–24.

26. Bennett, *The Party of Fear*.

27. Scott Zesch, "Chinese Los Angeles in 1870–1871: The Makings of a Massacre," *Southern California Quarterly* 90 (verano de 2008): 109–58.

28. George E. Cunningham, "The Italian, a Hindrance to White Solidarity in Louisiana, 1890–1898," *Journal of Negro History* 50 (enero de 1965): 25–26.

29. John G. Bitzes, "The Anti-Greek Riots of 1909—South Omaha," *Nebraska History* 51 (1970): 16–17.

30. Richard Griswold del Castillo, "The Los Angeles 'Zoot Suit Riots' Revisited: Mexican and Latin American Perspectives," *Mexican Studies* 16, no. 2 (verano del 2000): 367–91.

31. Gerstenfeld, *Hate Crimes*, 89–90.

32. Roger Daniels, *Coming to America: A History of Immigration and Ethnicity in American Life*, 2nd ed. (New York: Perennial, 2002), xii.

33. Sucheng Chan, "A People of Exceptional Character: Ethnic Diversity, Nativism, and Racism in the California Gold Rush," *California History* 79, no. 2 (verano del 2000): 44–85.

34. Richard H. Peterson, "The Mexican Gold Rush: Illegal Aliens of the 1850s," *Californians* 3 (junio de 1985): 19.

35. William R. Kenny, "Mexican-American Conflict on the Mining Frontier, 1848–52," *Journal of the West* 6 (octubre de 1967): 587.

36. Francisco A. Rosales, *Pobre Raza! Violence, Justice, and Mobilization among México Lindo Immigrants, 1900–1936* (Austin: University of Texas Press, 1999), 78–81.

37. Brentin Mock, "Immigration Backlash: Hate Crimes against Latinos Flourish," *Southern Poverty Law Center Intelligence Report*, no. 128 (invierno del 2007), http://www.splcenter.org/.

38. Rosales, *Pobre Raza!*, 78.

39. Ibid., 77–78.

40. Ibid., 107.

41. Ibid., 102.

42. Ibid., 105.

43. Nancy Cervantes, Sasha Khokha y Sasha Murray, "Hate Unleashed: Los Angeles in the Aftermath of Proposition 187," *Chicano-Latino Law Review* 8 (1995): 2.

44. Carrasco, "Latinos in the United States," 197.

45. Cervantes, Khokha y Murray, "Hate Unleashed," 8.

46. Ibid., 14.

47. Mock, "Immigration Backlash."

48. Ibid.

49. Ibid.

50. Ibid.

51. Ibid.

52. Peter E. Bortner, "Donchak and Piekarsky Face Nine Years in Prison for Mexican's Beating Death," *Times-Tribune* (Wilkes-Barre, PA), 24 de febrero de 2011, www.thetimes-tribune.com.

53. Tamara Boch y Angel Canales, transcripción inédita del documental *Running Wild: Hate and Immigration on Long Island*, el cual salió al aire en WLIW-TV el 11 de noviembre de 2009.

54. Todos los detalles del ataque a Sierra provienen de su testimonio, El estado de Nueva York v. Jeffrey Conroy, Corte Suprema del estado de Nueva York, Condado de Suffolk No. 3032A-2008, 236A-2009, extracto del juicio (23 de marzo de 2010).

55. Boch y Canales, *Running Wild*.

56. Ibid.

57. Ted Hesson, "Marcelo Lucero Trial: Jeffrey Conroy's Written Confession," *Long Island Wins*, 19 de enero de 2010, http://www.longislandwins.com/.

CAPÍTULO 6: INDESEADOS

1. Detalles de la vida de Ángel Loja y de como el estuvo con Marcelo Lucero el 8 de noviembre de 2008 provienen de

entrevistas con Loja, 30 de mayo de 2011–3 de diciembre de 2012.

2. Tamara Boch y Ángel Canales, versión inédita del documental *Running Wild: Hate and Immigration on Long Island*, el cual salió al aire en WLIW-TV el 11 de noviembre de 2009.

3. Jennifer Jo Janish, "Where Two Rivers Separate: Hate Crimes against Hispanics and the Immigration Debate on Long Island," tesis de maestría, escuela de posgrado de periodismo, Universidad de Columbia, 2009.

4. Detalles acerca de la vida de Marcelo Lucero en Gualaceo provienen de entrevistas con su madre en Eduador el 17 de Julio de 2010.

5. Janish, "Where Two Rivers Separate."

6. Boch y Canales, *Running Wild*.

7. Ibid.

8. Entrevista con Macedonio Ayala, 6 de diciembre de 2010.

9. Las cartas de Marcelo Lucero fueron entregadas por su madre y traducidas por la autora.

10. Janish, "Where Two Rivers Separate."

CAPÍTULO 7: ASESINATO EN UN SUBURBIO

1. La historia de los eventos que trascurrieron en Patchogue en la tarde del 8 de noviembre de 2008 provienen de las confesiones de Jeffrey Conroy (*Long Island Wins*, 19 de enero de 2010), José Pacheco (*Long Island Wins*, 9 de abril de 2010), Christopher Overton (*Long Island Wins*, 7 de abril de 2010), Jordan Dasch (*Long Island Wins*, 23 de febrero de 2010), Nicholas Hausch (*Long Island Wins*, 31 de marzo de 2010), Kevin Shea (*Long Island Wins*, 5 de febrero de 2010) y Anthony Hartford (*Long Island Wins*, 7 de abril de 2010), y del testimonio de juicio de Conroy, Hausch, y Ángel Loja.

2. Detalles del horario del tren en la tarde del 8 de noviembre de 2008 provienen de Salvatore Arena, vocero de Metropolitan Transportation Authority, ciudad de Nueva York.

3. Manny Fernandez, "Aid for L.I. Attack Victim Took Time, Court Is Told," *The New York Times*, 19 de marzo de 2010.

4. Sumathi Reddy y Carl MacGowan, "'Not a Good Idea': Witness Says Teens Looked to Beat 'a Mexican' but His Warning Went Unheeded, He Testifies," *Newsday*, 20 de marzo de 2010.

5. Manny Fernandez, "Aid for L.I. Attack Victim Took Time, Court Is Told."

6. Ibid.

7.   Toda la información acerca de Christopher Schiera proviene de su testimonio de juicio.

8.   El estado de Nueva York v. Jeffrey Conroy, Corte Suprema del estado de Nueva York, Condado de Suffolk No. 3032A-2008, 236A-2009, extracto del juicio (18 de marzo de 2010).

9.   Citas del testimonio de Michael Richardsen: El estado de Nueva York v. Jeffrey Conroy, Corte Suprema del estado de Nueva York, Condado de Suffolk No. 3032A-2008, 236A-2009, extracto del juicio (18 de marzo de 2010).

10. Detalles acerca de cómo el equipo de emergencia trató de salvar la vida de Marcelo Lucero provienen del testimonio de Christopher Schiera: El estado de Nueva York v. Jeffrey Conroy, Corte Suprema del estado de Nueva York, Condado de Suffolk No.3032A-2008, 236A-2009, extracto del juicio (18 de marzo de 2010).

11. Manny Fernandez, "Ambulance's Delay May Be Issue in L.I. Hate-Crime Trial," *The New York Times*, 18 de marzo de 2010.

12. El estado de Nueva York v. Jeffrey Conroy, Corte Suprema del estado de Nueva York, Condado de Suffolk No. 3032A-2008, 236A-2009, extracto del juicio (5 de abril de 2010).

13. Información acerca del interrogatorio del detective McLeer a Jeffrey Conroy proviene del testimonio del detective: El estado de Nueva York v. Jeffrey Conroy, Corte Suprema del estado de Nueva York, Condado de Suffolk No. 3032A-2008, 236A-2009, extracto del jucio (5 de abril de 2010).

14. Este detalle proviene de entrevistas conducidas a Bob Conroy, 6 de diciembre de 2010– 4 de enero de 2013.

15. Citas e información en esta sección provienen del testimonio de Ángel Loja: El estado de Nueva York v. Jeffrey Conroy, Corte Suprema del estado de Nueva York, Condado de Suffolk No. 3032A-2008, 236A-2009, extracto del juicio (24 de marzo de 2010), 33.

16. Información acerca de Octavio Cordovo proviene de su propio testimonio: El estado de Nueva York v. Jeffrey Conroy, Corte Suprema del estado de Nueva York, Condado de Suffolk No. 3032A-2008, 236A-2009, extracto del juicio (30 de marzo de 2010).

17. Entrevista con Bob Conroy, 24 de Julio de 2012.

18. Esta corta conversación viene de Ted Hesson, "Marcelo Lucero Case: Jeffrey Conroy's Mother Testifies in His Defense," *Long Island Wins*, 9 de abril de 2010, http://www.longislandwins.com/.

19. Información acerca del cargo de homicidio involuntario proviene del testimonio del detective McLeer: El estado de Nueva York v.

Jeffrey Conroy, Corte Suprema del estado de Nueva York, Condado de Suffolk No. 3032A-2008, 236A-2009, extracto del juicio (5 de abril de 2010).

20. Entrevista con Bob Conroy, 24 de julio de 2012.

CAPÍTULO 8: UNA COMUNIDAD DIVIDIDA

1. Detalles acerca de la reacción de Paul Pontieri al asesinato provienen de una entrevista con él el 27 de febrero de 2012.

2. Según Kathleen Beck, analista principal de investigación del Comando 2000 del departamento de policía del condado de Suffolk, hubo seis asesinatos en Patchogue entre el 1 de enero de 2002 y 31 de Julio de 2012. No hubo asesinatos en los años 2005, 2006, 2007, 2009 y 2012.

3. Kirk Semple, "A Killing in a Town Where Latinos Sense Hate," *The New York Times*, 14 de noviembre de 2008.

4. Entrevistas con Denise Overton, 4 de abril de 2012–10 de diciembre de 2012.

5. Detalles sobre las actividades del reverendo Dwight Wolter después de enterarse de la muerte de Marcelo Lucero provienen de entrevistas con Wolter, 7 de noviembre de 2010–19 de febrero de 2013.

6. Sandra Dunn y Silvia Heredia, eds., "For Marcelo," in *Latinas Write/Escriben* (Sag Harbor, NY: Herstory Writers Workshop, 2011), 65.

7. Información sobre la vida y la carrera de Lola Quesada proviene de una entrevista en enero de 2012.

8. Detalles acerca de la reacción de Julio Espinoza al asesinato provienen de una entrevista con él, 1 de febrero de 2012.

9. Detalles sobre lo que hacía Kaleda cuando se enteró del asesinato y de cómo ella reaccionó provienen de una entrevista con ella, 1 de febrero de 2012.

10. Entrevista con Gilda Ramos, 1 de febrero de 2012.

11. Dan Janison, "Spin Cycle: Levy's Response Walks a Fine Line," *Newsday*, 13 de noviembre de 2008.

12. Steve Levy et al., "Letters," *Newsday*, 14 de noviembre de 2008.

13. Detalles acerca de las esperanzas de Paul Pontieri provienen de una entrevista con él, 27 de febrero de 2012.

14. "Jack Eddington, Suffolk County Legislator," subido por *Long Island Wins*, 12 de noviembre de 2008, y "Luis Valenzuela, Long Island Immigrant Alliance," subido por *Long Island Wins*, 13 de noviembre de 2008, http://www.youtube.com/.

15.   "Dwight Wolter, the Congregational Church of Patchogue," subido por *Long Island Wins*, 13 de noviembre de 2008, http://www.youtube.com/.

16.   "Joselo Lucero, Marcelo Lucero's Brother," subido por *Long Island Wins*, 13 de noviembre de 2008, http://www.youtube .com/.

17.   Detalles acerca de la vida de Joselo Lucero y su reacción al enterarse de la muerte de su hermano provienen de Tamara Boch y Ángel Canales, de una versión inédita del documental *Running Wild: Hate and Immigration on Long Island*, el cual salió al aire en WLIW-TV el 11 de noviembre de 2009.

18.   Herz y Nogueira, *Ecuador vs. Peru*, 47.

19.   La historia de la vida de Jack Eddington proviene de entrevistas con él, 26 de mayo de 2010–12 de noviembre de 2012, y de sus memorias inéditas, "Jack in the Box: One Man's Journey of Self-Discovery."

20.   Detalles acerca del rendimiento de Jack Eddington en la reunión provienen de "Community Forum at Temple Beth El in Patchogue—Legislator Jack Eddington Speaks," subido por *Long Island Wins*, 8 de diciembre de 2008, http://www.youtube. com/.

21.   Angela Macropoulos, "In Mourning an Immigrant, a Call for Unity on Long Island," *The New York Times*, 16 de noviembre de 2008.

22.   Información acerca del servicio de Marcelo Lucero proviene de entrevistas con el reverendo Wolter, 7 de noviembre de 2010 –15 de noviembre de 2012.

23.   Detalles acerca de Joselo Lucero durante el servicio de su hermano provienen de Jennifer Jo Janish, "Where Two Rivers Separate: Hate Crimes against Hispanics and the Immigration Debate on Long Island," tesis de maestría, Escuela de posgrado de periodismo, Universidad de Columbia 2009.

24.   Dwight Lee Wolter, "The Beginning of Justice for Marcelo Lucero," *God's Politics* (blog), *Sojourners*, http://sojo.net/blogs/ 2010/07/08/beginning-justice-marcelo-lucero.

25.   Keith Herbert et al., "Service Brings Out Strong Emotions," *Newsday*, 16 de noviembre de 2008.

26.   Macropoulos, "In Mourning an Immigrant."

27.   Ibid.

28.   Jennifer Jo Janish, "Hate," *Guernica*, 1 de abril de 2010, http:// www.guernicamag.com/features/1654/hate.

29.   Ibid.

CAPÍTULO 9: UN PEDACITO DE CIELO

1. Todos los detalles de la llegada del cuerpo a Gualaceo y del funeral provienen de Bart Jones, "Reports from Ecuador: A Homecoming Marked by Tears," *Newsday*, 20 de noviembre de 2008.

2. Detalles acerca de la casa que construyó Marcelo Lucero provienen de una entrevista con su madre, Doña Rosario, en Ecuador, 17 de julio de 2010.

3. Detalles acerca del impacto de la emigración de Gualaceo provienen de comentarios hechos por el padre Julio Castillo y el alcalde Marco Tapia durante entrevistas separadas en Gualaceo, Ecuador, 18 de Julio de 2010.

4. Orellana, *Patrimonio Cultural de Gualaceo*, 15.

5. Bart Jones, "Reports from Ecuador: The Lost Dads of Ecuador," *Newsday*, 18 de noviembre de 2008.

6. Hurtado, *Portrait of a Nation*, 157.

7. Información acerca del corrimiento de tierras proviene de una entrevista con Fernando León, editor de *Semanario El Pueblo*, 7 de diciembre de 2012, y "Ecuador Landslide Buries Mining Site, Killing at Least 60," *The New York Times*, 11 de mayo de 1993.

8. Legrain, *Immigrants*, 69.

9. Mirta Ojito, "People They Left Behind Want Emigrants Back," *The Miami Herald*, 1 de agosto de 2010.

10. Bart Jones, "Reports from Ecuador: A Friend's Life Cut Short," *Newsday*, 19 de noviembre de 2008.

11. Ibid.

12. Ibid.

13. Bart Jones, "LI Hate Killing: Sorrow for a Son Lost to Violence," *Newsday*, 21 de noviembre de 2008.

14. Ibid.

15. "Kristallnacht," PBS, n.d., http://www.pbs.org/; entrevista con el rabino Joel Levinson, 13 de septiembre de 2012.

16. Todos los detalles de la reunión el 19 de noviembre de 2008 provienen de Molly Altizer-Evans, "Calming Residents' Safety Fears," *Long Island Advance*, 25 de noviembre de 2008, http://www.longislandadvance.net/.

17. Ibid.

18. Detalles sobre la acusación de los adolescentes provienen de Cara Buckley, "Teenagers' Violent 'Sport' Led to Killing, Officials Say," *The New York Times*, 21 de noviembre de 2008.

19. Citas provienen de entrevistas con Bob Conroy, 6 de diciembre de 2010–4 de enero de 2013.

20. Sumathi Reddy, "Timeline of Events in the Federal Hate Crime Probe," *Newsday*, 8 de noviembre de 2008, y Andrew Strickler, "Ready to Take the Reins," *Newsday*, 26 de noviembre de 2008.

21. Strickler, "Ready to Take the Reins," y Gen X Revert, "The Murder of Marcelo Lucero Continues to Shake Things up Here in Suffolk County," *A Long Island Catholic*, 26 de noviembre de 2008, http://revertedxer.blogspot.com/.

22. Strickler, "Ready to Take the Reins."

23. Lawrence Downes, "A Hate-Crime Circus Comes to Patchogue," *The New York Times*, 5 de diciembre de 2008.

24. Entrevistas conducidas al reverendo Wolter, 7 de noviembre de 2010–15 de noviembre de 2012.

25. Buckley, "Teenagers' Violent 'Sport' Led to Killing, Officials Say."

26. Robin Finn, "A Principal Struggles with the Killing's Aftermath," *The New York Times*, 23 de noviembre de 2008.

27. Niña abucheada fuera del escenario: *Deputized*, dirigido por Susan Hagedorn y Amanda Zinoman (Seedworks Films, 2012).

28. Patrick Whittle, "Patchogue ESL Classes to Remain," *Newsday*, 17 de diciembre de 2008.

29. Michael Sorrentino, "Patchogue Patch," *Patchogue Patch*, 27 de mayo de 2010, http://patchogue.patch.com/.

30. Elise Pearlman, "Film Based on Lucero Murder to Play LI Film Festival," *Patchogue Patch*, 15 de julio de 2010, http://patchogue.patch.com/articles/film-based-on-lucero-murder-to-play-li-film-festival.

31. Michael Sorrentino, "Medford SBU Student Wins Scholarship for Lucero Essay," *Patchogue Patch*, 9 de septiembre de 2010, http://patchogue.patch.com/.

32. Ted Hesson, "Remembering the Marcelo Lucero Killing, Residents Seek to Mend Hearts with Quilting Project," *Long Island Wins*, 7 de octubre de 2010, http://www.longislandwins.com/.

33. *Climate of Fear: Latino Immigrants in Suffolk County, N.Y.* (Montgomery, AL: Southern Poverty Law Center), 2009, http://www.splcenter.org/get-informed/publications/climate-of-fear-latino-immigrants-insuffolk-county-ny.

34. Ibid.

35. Ibid.

36. Información proviene de la conferencia por Pablo Calle, representante de EE.UU. de la National Secretariat for Migrant Affairs, en el seminario *Immigration Reporting* de la Escuela de posgrado de periodismo en la Universidad de Columbia, 8 de

marzo de 2011, y de una entrevista con Jorge W. López, cónsul general de Ecuador en Nueva York, 11 de enero de 2013.

37. Bart Jones, "There Is a Lot of Pain Here," *Newsday*, 17 de noviembre de 2008.

38. Sumathi Reddy, "Central Islip: Group Plays Tribute to Lucero," *Newsday*, 23 de octubre de 2009.

39. Laura Rivera and Dave Marcus, "Lucero's Mother Comes to Face Teens," *Newsday*, 17 de febrero de 2009.

40. Detalles acerca de la reacción de Joselo Lucero a su encuentro con Levy provienen de Michael Amon, "Levy Meets Luceros," *Newsday*, 9 de noviembre de 2009.

CAPÍTULO 10: JUICIO Y CASTIGO

1. Información acerca de la vida de Megan O'Donnell y de su preparación para el juicio proviene de una entrevista con ella, 23 de junio de 2011.

2. Estado de Nueva York v. Jeffrey Conroy, Corte Suprema del estado de Nueva York, Condado de Suffolk No. 3032A-2008, 236A-2009, declaraciones de apertura (18 de marzo de 2010).

3. "Film Extras: Interview with Suffolk County Assistant District Attorney Megan O'Donnell," *Not in Our Town*, http://www.niot.org/.

4. Manny Fernandez, "Teenager Charged in L.I. Hate Crime Plans to Testify," *The New York Times*, 8 de abril de 2010, y Sheriff GI Compartment, Incident File Report, GIU-Inmate Security Risk Group Assessment, 10 de noviembre de 2008, autor: Steven Lundquist, Suffolk County Sheriff's Office.

5. "Film Extras."

6. Los cargos provienen de la declaración inicial de Megan O'Donnell: Nueva York v. Conroy, Corte Suprema del estado de Nueva York, Condado de Suffolk No. 3032A-2008, 236A-2009, declaraciones iniciales (18 de marzo de 2010).

7. Información sobre Keahon proviene de Manny Fernández, "Veracity of the Defendant Is Key in Hate-Killing Trial," *The New York Times*, 10 de abril de 2010.

8. Ann Givens, "Showman in the Courtroom: Attorney Bill Keahon Is Both a Believer in Every Person's Right to a Vigorous Defense and Unafraid of Bold Tactics," *Newsday*, 16 de septiembre de 2007.

9. "Film Extras"; Sumathi Reddy, "Fourth Teen Pleads Guilty in Lucero Beating Trial," *Newsday*, 25 de febrero de 2010.

10. "Hate Crimes Act—Ch. 107, 2000—NY DCJS," Estado de Nueva York, Departamento de servicios de justicia criminal, http://www.criminaljustice.ny.gov/.

11. Entrevista telefónica con Michael Liberman, director, Civil Rights Policy Planning Center, Anti-Defamation League, 22 de febrero de 2013.

12. "Facts for Features: Hispanic Heritage Month 2012: Sept. 1–Oct. 15," Oficina del censo de EE.UU., 6 de agosto de 2012, http://www.census.gov/.

13. "What Motivates Hate Offenders?," National Institute of Justice, enero 9 de 2008, http://www.nij.gov/.

14. James Barron, "2 Men Sentenced in Beating Death of Ecuadorean Immigrant in Brooklyn," *The New York Times*, 6 de agosto de 2010.

15. Información acerca del jurado proviene de la correspondencia electrónica de la autora con la reportera de *Newsday*, Sumathi Reddy.

16. Sumathi Reddy, "Jurors Picked for Lucero Slay Trial," *Newsday*, marzo 13 de 2010.

17. Sumathi Reddy, "Riverhead: Slay-case Jurors Tough to Find," *Newsday*, 5 de marzo de 2010.

18. Manny Fernandez, "In Jury Selection for Hate Crime, a Struggle to Find Tolerance," *The New York Times*, 9 de marzo de 2010.

19. Información acerca del jurado proviene de la correspondencia electrónica de la autora con la reportera de *Newsday*, Sumathi Reddy.

20. Fernandez, "In Jury Selection for Hate Crime, a Struggle to Find Tolerance."

21. Reddy, "Jurors Picked for Lucero Slay Trial."

22. Manny Fernandez, "Aid for L.I. Attack Victim Took Time, Court Is Told," *The New York Times*, 20 de marzo de 2010.

23. Manny Fernandez, "Ambulance's Delay May Be Issue in L.I. Hate-Crime Trial," *The New York Times*, 18 de marzo de 2010.

24. Sumathi Reddy y Carl MacGowan, "Cop: Teen Had Knife on Him," *Newsday*, 23 de marzo de 2010.

25. Manny Fernandez, "Jurors in Suffolk Hate-Crime Trial Are Shown Photo of Defendant's Swastika Tattoo," *The New York Times*, 24 de marzo de 2010.

26. Citas provienen del testimonio de Angel Loja, Nueva York v. Conroy, Corte Suprema del estado de Nueva York, Condado de Suffolk No. 3032A-2008, 236A-2009, extracto del juicio (24 de marzo de 2010).

27. Kathleen Kerr y Carl MacGowan, "Riverhead: Expert: Lucero's DNA on Knife," *Newsday*, 1 de abril de 2010, y del testimonio de Stuart Dawson, Nueva York v. Conroy, Corte Suprema del

estado de Nueva York, Condado de Suffolk No. 3032A-2008, 236A-2009, extracto del juicio (31 de marzo de 2010).

28. Manny Fernandez, "Blood on Defendant's Knife Was Victim's, Scientist Says," *The New York Times*, 1 de abril de 2010.

29. Manny Fernandez, "Teenager Testifies about Attacking Latinos for Sport," *The New York Times*, 29 de marzo de 2010.

30. Ibid.

31. Ann Givens y Carl MacGowan, "Conroy 'Upset' after Conviction," *Newsday*, 21 de abril de 2010.

32. Kathleen Kerr, Carl MacGowan y Bart Jones, "Conroy Testifies He Didn't Stab Lucero," *Newsday*, 9 de abril de 2010.

33. Joye Brown, "A Stunning Twist as Conroy Testifies at Trial," *Newsday*, 8 de abril de 2010.

34. Ibid.

35. Manny Fernandez, "Veracity of the Defendant Is Key in Hate-Killing Trial," *The New York Times*, 10 de abril de 2010.

36. Brown, "A Stunning Twist as Conroy Testifies at Trial."

37. Kerr, MacGowan y Jones, "Conroy Testifies He Didn't Stab Lucero."

38. Manny Fernandez, "In Testimony, Teenager Charged with Hate Killing Recants His Confession," *The New York Times*, 9 de abril de 2010.

39. Alfonso A. Castillo, "Suffolk County: Neighbor's Shocking Find," *Newsday*, July 29, 2008.

40. Erik German y Alfonso A. Castillo, "East Patchogue: Slay Suspect Denies Gun," *Newsday*, 5 de agosto de 2008.

41. Castillo, "Suffolk County: Neighbor's Shocking Find."

42. Andrew Smith, "Guilty in Fatal E. Patchogue Shooting," *Newsday*, 18 de mayo de 2011.

43. Andrew Smith, "25 Years for Manslaughter," *Newsday*, 7 de septiembre de 2011.

44. Manny Fernandez, "Verdict Is Manslaughter in L.I. Hate Crime Trial," *The New York Times*, 20 de abril de 2010.

45. Kathleen Kerr, Carl MacGowan y Andrew Strickler, "Historic Words in a Packed Courtroom," *Newsday*, 20 de abril de 2010.

46. Givens and MacGowan, "Conroy 'Upset' after Conviction."

47. Carl MacGowan, "Community Reacts to Conroy Verdict," *Newsday*, 19 de abril de 2010.

48. Kerr, MacGowan y Strickler, "Historic Words in a Packed Courtroom."

49. Sumathi Reddy, "Guilty Verdict in Hate Crime," *Wall Street Journal*, 19 de abril de 2010.

50. Fernandez, "Verdict Is Manslaughter in L.I. Hate Crime Trial."

51. Joye Brown, "In Reaching Verdict, Hate Stood Out," *Newsday*, 20 de abril de 2010.

52. Fernandez, "Verdict Is Manslaughter in L.I. Hate Crime Trial."

EPÍLOGO

1. Ian Urbina, "Federal Hate Crime Cases at Highest Level Since '01," *The New York Times*, 18 de diciembre de 2009.

2. Langton y Planty, *Hate Crime*.

3. Associated Press, "Teen in Bias Killing Hid Knife in Boxer Shorts," *New York Daily News*, 24 de noviembre de 2008.

4. Touré, "Inside the Racist Mind," *Time*, 7 de mayo de 2012; http://ideas.time.com/2012/04/19/inside-the-racist-mind.

5. Manny Fernandez, "A Hate Crime Killer Denies Being So Hateful," *The New York Times*, 30 de abril de 2010.

6. Sumathi Reddy, "Patchogue Hate Crime Defendant: 'I'm Not a Monster,'" *Newsday*, 1 de noviembre de 2009.

7. Andrew Strickler and James Carbone, "Teen in Lucero Case Talks Briefly," *Newsday*, 12 de junio de 2010.

8. Citas provienen de una carta de Thomas Shea Sr., 21 de marzo de 2012.

9. Luis Almonte como el administrador del estado de Marcelo Lucero en el caso Marcelo Lucero v. Jeffrey Conroy, et al., Corte Suprema del estado de Nueva York, Condado de Suffolk No. 09–43986, demanda verificada, 25 de junio de 2010.

10. Jose Antonio Vargas, "Not Legal Not Leaving," *Time*, 25 de junio de 2012; http://www.time.com/time/magazine/article/0,9171,2117243,00.html.

11. Marc Hugo López and Ana Gónzalez-Barrera, "Inside the 2012 Latino Electorate," Pew Research Hispanic Center, 3 de junio de 2013, www.pewhispanic.org/2013/06/03/inside-the-2012-latino-electorate/.

12. Cindy Y. Rodríguez, "Latino Vote Key to Obama's Re-Election," CNN.com, 9 de noviembre de 2012, http://www.cnn.com/2012/11/09/politics/latino-vote-key-election.

13. "¡Estimados Republicanos! The GOP's Immigration and Hispanic Debacles," editorial, *The Wall Street Journal*, 9 de noviembre de 2012.

14. Julia Preston, "Latino Leaders Warn Congress on Immigration," *The New York Times*, 13 de diciembre de 2012.

15. Julia Preston, "Beside a Path to Citizenship, a New Path on Immigration," *The New York Times*, 16 de abril de 2013; David

Nakamura, "Immigration Bill Filed in Senate; Opponents Hope to Use Delays to Kill It," *The Washington Post*, 17 de abril de 2013.

16. Suzy Khimm, "Obama Is Deporting Immigrants Faster than Bush, Republicans Don't Think That's Enough," *The Washington Post*, 27 de agosto de 2012.

17. Suzy Khimm, "Want Tighter Border Security? You're Already Getting It," *The Washington Post*, 29 de enero de 2013.

18. Jeffrey Passel, D'Vera Cohn, and Ana Gonzalez-Barrera, "Net Migration from Mexico Falls to Zero—and Perhaps Less," Pew Research Hispanic Center, 23 de abril de 2012; http://www. pewhispanic.org/2012/04/23/net-migration-from-mexico-falls-to-zero-and-perhaps-less.

19. John Valenti, "Suspects Sought in Robberies of Hispanic Men," *Newsday*, 15 de mayo de 2013.

20. Correo electrónico del alcalde Paul Pontiero, 22 de junio de 2013.

21. Departamento de Justicia de Estados Unidos, división de los derechos civiles, carta escrita al Sr. Steve Levy, ejecutivo del Condado de Suffolk, 13 de septiembre de 2011, Asunto: carta de asistencia técnica del departamento de policía del condado Suffolk.

22. Ibid.

23. Will Van Sant et al., "Feds to Suffolk on Hate Crime Probes: Need to Do Better," *Newsday*, 15 de septiembre de 2011.

24. Paul Pontieri, "Pontieri's Speech from Ecuador Trip," *Patchogue Patch*, 1 de julio de 2010, http://patchogue.patch.com/articles/pontieris-speech-from-ecuador-trip.

25. Jo Napolitano, "L.I. Library Takes Home a National Prize," *Newsday*, 18 de diciembre de 2010.

26. Jennifer Medina, "California Eases Tone as Latinos Make Gains," *The New York Times*, 17 de febrero de 2013.

27. Griselda Nevarez, "Tucson School District Poised to Restore Mexican American Studies," Arizona Ethnic Studies Network, http://azethnicstudies.com/archives/531.

28. Meredith Hoffman, "Study Finds That Immigrants Are Central to Long Island Economy," *The New York Times*, 27 de octubre de 2011.

29. Ibid.

30. Adam Davidson, "Coming to America: Are Illegal Immigrants Actually Detrimental to the U.S. Economy?" *The New York Times Magazine*, 17 de febrero de 2003.

31. Ted Hesson, "Steve Levy Unwittingly Gives $17,500 to Immigrant Rights Groups," *Long Island Wins*, 15 de febrero de 2012, http://www.longislandwins.com/.

32. "A New Day in Suffolk? Here's Hoping," editorial, *The New York Times*, 17 de enero de 2012.

33. James Will, "Suffolk County Aids Non-English Speakers," *The Wall Street Journal*, 15 de noviembre de 2012.

34. Rick Brand, "Clearly, Bellone Is No Levy on Immigration," *Newsday*, 14 de Julio de 2012.

35. Correo electrónico a la autora escrito por Jean Kaleda.

36. Rick Brand, "Suffolk Pols Write Judge Supporting Lucero Killer," *Newsday*, 29 de mayo de 2010.

37. Corte Suprema: Estado de Nueva York, División de apelaciones, segundo departamento, el estado de Nueva York, demandante, en contra de Jeffrey Conroy, acusado, el escrito del apelante, archivado el 12 de junio de 2012.

38. Carl MacGowan, "Conroy Settles in at Prison, as Dad, Pastor Raise Funds," *Newsday*, 5 de Julio de 2010.

39. Luisita López Torregrosa, "Media Feed Bias against Latinos," *New York Times*, 18 de septiembre de 2012.

40. Sumathi Reddy, "A Cordial Exchange," *Newsday*, 20 de marzo de 2010.

41. Joseph Berger, "For Day Laborers, Used to Scraping By, Hurricane Creates a Wealth of Work," *The New York Times*, 31 de diciembre de 2012.

42. Entrevista con Paul Pontieri, 20 de diciembre de 2012.

BIBLIOGRAFÍA

Allport, Gordon W. *The Nature of Prejudice*. Cambridge, MA: Addison-Wesley, 1954.

Bennett, David Harry. *The Party of Fear: From Nativist Movements to the New Right in American History*. Chapel Hill: University of North Carolina Press, 1988.

Buchanan, Patrick J. *State of Emergency: The Third World Invasion and Conquest of America*. New York: Thomas Dunne Books/St. Martin's Press, 2006.

Carrasco, Gilbert. "Latinos in the United States: Invitation and Exile." In *Immigrants Out! The New Nativism and the Anti-Immigrant Impulse in the United States*, edited by Juan F. Perea. Critical America. New York: New York University Press, 1997.

Daniels, Roger. *Coming to America: A History of Immigration and Ethnicity in American Life*. 2nd ed. New York: Perennial, 2002.

Eddington, John, and Beth Rosato. *First Survive, Then Thrive: A Journey from Crisis to Transformation*. Tempe, AZ: American Federation of Astrologers, 1998.

Garland, Sarah. *Gangs in Garden City: How Immigration, Segregation, and Youth Violence Are Changing America's Suburbs*. New York: Nation Books, 2009.

Gaylin, Willard. *Hatred: The Psychological Descent into Violence*. New York: PublicAffairs, 2003.

Gerstenfeld, Phyllis B. *Hate Crimes: Causes, Controls, and Controversies*, 2nd ed. Los Angeles: Sage, 2011.

Hall, Nathan. *Hate Crime*. Crime and Society Series. Cullompton, UK: Willan, 2005.

Henke, Hans. *Patchogue: Queen City of Long Island's South Shore: In the Twentieth Century*. Blue Point, NY: AGC Printing & Design, n.d.
———. *Patchogue: Queen City of Long Island's South Shore: The Early Years*. Blue Point, NY: AGC Printing & Design, 2003.

Herz, Mónica, and João Pontes Nogueira. *Ecuador vs. Peru: Peacemaking amid Rivalry*. International Peace Academy Occasional Paper Series. Boulder, CO: Lynne Rienner, 2002.

Huntington, Samuel P. *Who Are We? The Challenges to America's Identity*. New York: Simon & Schuster, 2004.

Hurtado, Osvaldo. *Portrait of a Nation: Culture and Progress in Ecuador*. Lanham, MD: Madison Books, 2010.

Jackson, Kenneth T. *Crabgrass Frontier: The Suburbanization of the United States*. New York: Oxford University Press, 1985.

Kalita, S. Mitra. *Suburban Sahibs: Three Immigrant Families and Their Passage from India to America*. New Brunswick, NJ: Rutgers University Press, 2003.

Kyle, David J., and Rachel Goldstein. *Migration Industries: A Comparison of the Ecuador-US and Ecuador-Spain Cases*. Florence, Italy: European University Institute, 2011.

LaGumina, Salvatore L. *From Steerage to Suburb: Long Island Italians*. New York: Center for Migration Studies, 1988.

Langton, Lynn, and Michael Planty. *Hate Crime, 2003–2009*. Washington, DC: US Department of Justice, Bureau of Justice Statistics, 2011. http://www.bjs.ojp.usdoj.gov.

Lefkowitz, Bernard. *Our Guys: The Glen Ridge Rape and the Secret Life of the Perfect Suburb*. Men and Masculinity 4. Berkeley: University of California Press, 1997.

Legrain, Philippe. *Immigrants: Your Country Needs Them*. Princeton, NJ: Princeton University Press, 2007.

Levin, Jack. *Hate Crimes Revisited: America's War against Those Who Are Different*. Boulder, CO: Westview Press, 2002. ———. *Why We Hate*. Amherst, NY: Prometheus Books, 2004.

O'Neill, Patrice. *Not in Our Town: Light in the Darkness*. Aired on PBS, 2011.

Orellana, Diego Demetrio. *Patrimonio Cultural de Gualaceo*. Extensión de Gualaceo: Universidad Alfredo Pérez Guerrero, 2011.

Perry, Barbara. *In the Name of Hate: Understanding Hate Crimes*. New York: Routledge, 2001.

Portes, Alejandro, and Rubén G. Rumbaut. *Immigrant America: A Portrait*, 3rd ed. Berkeley: University of California Press, 2006.

Rosales, Francisco A. *Pobre Raza! Violence, Justice, and Mobilization among México Lindo Immigrants, 1900–1936*. Austin: University of Texas Press, 1999.

Thomas, William Isaac, and Florian Znaniecki. *The Polish Peasant in Europe and America*. New York: Alfred A. Knopf, 1927.

Wolter, Dwight Lee. *Forgiving Our Grownup Children*. Cleveland, OH: Pilgrim Press, 1998. ———. *Forgiving Our Parents: For Adult Children from Dysfunctional Families*. Center City, MN: Hazelden Foundation, 1989. ———. *A Life Worth Waiting For! Messages from a Survivor*. Minneapolis: CompCare, 1989. ———. *My Child, My Teacher, My Friend: One Man's View of Parenting in Recovery*. Minneapolis: CompCare, 1991.

2/19 ④ 12/16